寻找教育家成长智慧书系——

龚春燕：创新学习

GONGCHUNYAN CHUANGXIN XUEXI

龚春燕 著

中国当代著名教学流派

首都师范大学出版社
CAPITAL NORMAL UNIVERSITY PRESS

图书在版编目（CIP）数据

龚春燕：创新学习 / 龚春燕著. —北京：首都师范大学出版社，2011.7
（中国当代著名教学流派）
ISBN 978-7-5656-0441-6

Ⅰ. ①龚… Ⅱ. ①龚… Ⅲ. ①中小学—教学研究
Ⅳ. ①G632.0

中国版本图书馆CIP数据核字（2011）第132052号

龚春燕：创新学习
龚春燕 著

责任编辑 孙志强
首都师范大学出版色出版发行
地 址 北京西三环北路105号
邮 编 100048
电 话 68418523（总编室）68982468（发行部）
网 址 www.cnupn.com.cn
印 厂 三河市文昌印刷装订厂
版 次 2011年7月第1版
印 次 2011年8月第1次印刷
开 本 710mm × 1000mm 1/16
印 张 15.5
字 数 238千
定 价 34.00元

寻找教育家成长智慧书系

《中国当代著名教学流派》丛书编委会

卷中教改智慧
笔下育人情怀

「中国当代著名教学流派」出版

柳斌

柳斌

与名师为友，走向优秀
（代 序）

改革开放尤其是进入新世纪以来，我国教育事业取得了巨大的成绩。城乡免费义务教育全面实现，职业教育快速发展，高等教育进入大众化阶段，教育公平迈出了重大步伐，全民素质大大提高，从人口大国向人力资源大国的转变逐步实现。但我们必须清醒地认识到，我国教育还不能完全适应国家经济社会的发展，还不能完全满足人民群众接受良好教育的要求。2010年7月，党中央、国务院召开了新世纪以来第一次全国教育工作会议，颁发了《国家中长期教育改革和发展规划纲要（2010-2020）》（以下简称《规划纲要》），描绘了未来教育改革发展的宏伟蓝图，指明了今后教育事业科学发展的方向。《规划纲要》提出，到2020年，我国要基本实现教育现代化，基本形成学习型社会，进入人力资源强国行列。这是一项艰巨而光荣的任务。要完成这个任务，需要广大教育工作者辛勤劳动、开拓创新，尤其需要一线教师坚守教育理想，提高专业素养，创新教育教学模式。因此，当前教育改革发展的一项紧迫任务，就是要建设一支师德高尚、业务精湛、结构合理、充满活力的高素质、专业化教师队伍。

时代呼唤优秀教师。有一流的教师，才有一流的教育；有一流的教育，才有一流的国家。《规划纲要》明确指出，“有好的教师，才有好的教育”，“倡导教育家办学”，要“创造有利条件，鼓励教师和校长在实践中大胆探索，创新教育思想、教育模式和教育方法，形成教学特色和办学风格，造就一批教育家”。教育改革的一个重要任务，就是培养一大批拔尖创新人才，但正是在这个问题上，我们遇到了瓶颈。当然，杰出人才的培养受到诸多因素的制约，其中一个重要原因，可能就是教育家型的教师还比较少。名师出高徒。伟大的事业呼唤伟大的人才，英才的涌现呼唤一流的教师。出名师、育英才、成伟业，是时代赋予我们的神圣使命。

那么，怎样才能培养出优秀的教师？一个重要途径就是让广大教师们向杰出的前辈、同行学习。只有向最优秀的榜样学习，并在学习的基础上不断创新，一名教师才可能走向优秀。改革开放以来，随着教育改革的不断深入，教育战线涌现出了一批杰出教师。他们痴情教育事业，默默耕耘，刻苦钻研，勇于创新，不断进取，不断超越，形成了各具特色的教育思想和教学风格。正是他们的成功实践，创造了具有中国风格的教育经验，丰富了具有中国特色的教育理论宝库。他们的经验，对广大普通教师的成长具有良好的启示作用和重要的借鉴意义。总结、宣传和学习他们的经验，是打造一支优秀教师队伍的有效途径。中国教育学会、中国教育报刊社和中国教师发展基金会联合组织编写的这套“中国当代著名教学流派”丛书，总结了我国中小学界一批杰出教师的先进经验，尤其是提供了名师教育思想的精华、成功的教学案例以及他们走向优秀的心路历程，这必将对我国中小学教师队伍建设起到积极的推动作用。一个教师如果愿意潜下心来，钻进这套丛书，与名师为友，与高尚的心灵对话，进而反思自己的教育教学生活，那么他在教育教学上必将悟出些育人之道，并且走得比别人更远，超越前人。

古人云：“国将兴，必贵师重傅。”兴国必先强教，强教必先重师。教育大计，教师为本。加强教师队伍建设包括培养一大批优秀教师，是教育事业最重要的基础工作。组织编写“中国当代著名教学流派”丛书这样的工作，就是为了寻找教育家成长的智慧，为丰富中国教育理论、形成具有中国特色、中国气派和中国风格教育理论体系摇旗呐喊，是一件非常有意义的工作。希望这套丛书走进更多的学校，走近更多的教师，为新一代优秀教师的涌现播撒希望。

目 录

第六部分 创新教学的案例

第七部分 创新学习的影响与推广

第一部分

我的成长之路

2010年7月党中央、国务院颁布的《国家教育改革与发展中长期规划（2010－2020）》指出："建设创新型国家，坚持育人为本，以改革创新为动力，以促进公平为重点，以提高质量为核心，全面实施素质教育，推动教育事业在新的历史起点上科学发展，加快从教育大国向教育强国、从人力资源大国向人力资源强国迈进。"同时还指出："着力提高学生的学习能力、实践能力、创新能力，教育学生学会知识技能，学会动手动脑，学会生存生活，学会做人做事，促进学生主动适应社会，开创美好未来。"这个规划的颁布又一次掀起了教育创新的高潮。国家想要成为人力资源强国，创新是基石。早在1997年，我就开始研究创新学习。18年前，以全国教育科学"九五"课题"中小学生学习行为指导与矫正"成果为基础，创新学习研究开始酝酿并启动。13年来，我们先后主持了7项联合国教科文组织、全国教育科学规划办、科技部等单位下达的有关创新学习的研究项目，就创新学习概念、特征、理论基础作了系统研究，初步建构了创新学习的理论与操作体系。在国内，创新学习已成为广大教育工作者认可的、具有现实意义的一种教育新理念，并积极运用于教育教学领域，在大面积、长时期的实验中得到充分肯定，效果明显。在国际上，美国、英国、澳大利亚、新西兰、新加坡、爱尔兰等国及我国香港、澳门、台湾等地区知名专家也对这种创新理论与操作体系给予了高度的评价，并写道"重庆创新学习研究起步早、规模大、成果丰，已在海内外产生了较大影响"。2008年，该成果还荣获重庆市人民政府教学成果一等奖。2009年6月，在国家人力资源与社会保障部编撰的全国专业技术人员培训教材《创新案例》中，全国遴选34个经典案例，其中我主持的创新学习研究是其中之一。反思过去，似乎"创新"二字牢牢地镶嵌在我的人生经历中。

20世纪60年代出生的我，如今已是人到中年。从一个普通的农村孩子，到一名普通的教师，再到今天从事教育科学与评估研究并有所成就，我走过的是一条曲折的道路，可以说是艰辛和欢乐并存，挫折与成功同在。每当回顾自己的成长经历，眼前总要闪现出亲人、老师、同行前辈和身边朋友们一张张熟悉的面孔，我的成长离不开祖国和人民，也离不开他们。亲人的关爱，师长、同行、前辈无私奉献甘当人梯的精神，一直激励着我勇往直前，他们为我树立了榜样。我愿像他们那样，献出自己的爱心，努力工作，在教育评估与科研战线上多出成果，为国家教育事业的发展做出自己应有的贡献。

我出生在大巴山区的一个农村，龚姓占了当地村民的90%，是大姓。那里没有丰富的矿藏，没有肥沃的土地，但那里民风淳朴。即使在普遍比较贫穷的年代，村民之间也能和睦相处，共同用勤劳的双手，艰难地维持了温饱的生活水平。这在当时，是颇受周边村落羡慕的。

我的父亲出生于重庆渝中区七星岗的戴家巷，初中文化，能说会道。他82岁那年去世了，我在老人家的墓碑写下这一段祭文：

诞于重庆，幼居宝城。

供职粮站，公社立身。

务农经商，抚子孝亲。

修嗣族谱，以报宗恩。

光耀龚氏，勇毅朴诚。

老幼咸敬，重义一生。

父亲在我心中留下的印象是能吃大苦、耐大劳，在困难面前不弯腰。他老人家晚年还组织编写了《龚氏族谱》。龚氏嗣传66代，族谱上下历时2000年，编撰的族谱累计80多万字。族谱的编写的确是一件繁重的工作，对一个老人而言，其困难之大更是可想而知。但他广泛查阅资料，走访上千人士，丝毫不以为苦。尽管老人家已离去，但这种坚韧的毅力、不移的恒心，留给我一辈子用之不尽的精神财富。母亲很贤惠，整个家庭在她的操劳安排中井然有序，我是在温馨的家庭氛围中长大的，从父母的为人中我吸收了“勤劳、朴实、为人善良”的养分。

童年的记忆中，有五个和我一般大的玩伴。有几件事至今还清晰地记得。一次玩“电话”的经历很有意思。我们从电线中抽出一根一根细如头发的铜丝（当时电线很珍贵），再先后攀到山上、山下的30多株十来米高的桉树，将铜丝连接起来固定好，总长足有1000多米吧，设了五个“电话站”（话筒是由竹筒做成），每两站间有200米左右，就算在两边通话也真的很清楚。现在想来，那么细的铜丝，风一吹连结处就易折断，又是在那么高的桉树上，连结无数个结头，真是很困难，居然成功了。还有几件事：我们不知从什么地方捡回几个轮子，分工协作，仿照吉普，做出了一辆“大”车；我们通过橡胶管压水，竟然把山下池塘的水提到了30多米高的山坡的沙沟中……对于生活中遇到的每一个问题，我都爱动脑子想一想，并从中得到很多新奇的乐趣。

贪玩的孩子学习要上路特别需要老师的引导和鼓励。小学三年级时，我才8岁（当时农村要7岁才准读书），语文、算术（相当于现在的数学）考试总是不及格。尤其是数学，每次都考很低的分数。值得庆幸的是，我遇到了一个非常好的老师——我们新来的班主任汪老师，他教语文和算术。有一次，我考试卷上加起来只有27分，但他在数学试卷上却给出了72分。说也奇怪，就在那一次后，我的算术成绩真的越来越好了。我现在也没有弄清楚老师当时是搞错了还是有意弄错的，但汪老师的确很注重激发我们学算术的兴趣。有了兴趣，自然就会有动力。那时候书相当少，有一次我偶然看见一本《算术应用题技巧》，便爱不释手，于是花2分钱买了一张白纸裁成32开，硬是全部照抄了一遍。几次考试之后，我就和数学不及格的分数“永别了”，后来我更是喜欢上了数学，高考考出了接近满分的好成绩，被录取到长江师范学院数学系（当时为涪陵师范专科学校）学习。

从小学到中学再到大学，对我个性形成最为重要的是中学阶段的学习生活。艰苦的生活条件，良好的学习环境给我中学时代的成长提供了土壤。正是这样的环境，磨炼了我的意志，使我养成了不怕吃苦和勤于思考的习惯。那时学校的学习风气相当好。在班上我有几个要好的同学，晚饭后或在回家的路上常常一起散步，谈理想，讨论问题，相互鼓励，憧憬美好的未来。在课余时间，我们常常找些题目来做，比比谁做得快，谁的方法巧妙。如果碰到较难的问题，我们就不做出来不罢休，不找出几种解法不丢手。不论是谁找到了一种好方法，大家都很高兴。记忆中，那时的老师们课上课下的作风很民主，鼓励学生当堂提问，也鼓励学生讲出自己的好方法。有一次观摩教学，教室后面坐了很多数学老师听班主任邵老师讲

课。课上，他举了一个有启发性的例题，他在黑板上用他的方法作了讲解，但我想出了一个更简便的方法，邵老师让我讲出来，我不仅不觉难堪，反而很高兴。正因为爱动脑子，所以我也就学得比较灵活。

记得初中的一个冬天，下着鹅毛大雪。全班51人，只有我和两个同学到了学校。从我家到宝城中学要步行5公里，尽管这天没有上课，但班主任邵老师给我们三人讲了平时没有听到的内容——“学习要讲方法”。这是我第一次听到的对学习方法的专门讲解，一生要讲很多知识的老师，也许对这个内容并不特别在意，但我却在那一堂特殊的课中认定了一个观点：“学习要讲方法”，后来学习方法更成了我研究20多年的课题。

进入长江师范学院后，在认真学习数学的同时，我用了大量的业余时间学习教育教学理论、练毛笔字、写排笔字、画简笔画、学国画、欣赏音乐，从多方面积淀作为一名教师的素养。每天的安排都很满，每一项学习，除刻苦之外，我总要花一番工夫探究方法。1984年7月，我以优异的成绩从学校毕业，并被分配到附中工作。工作27年，奋斗27年，近10000个日日夜夜，不知洒下了多少汗水……

一、教书育人，锐意改革奠基础

我一直在长江师范学院附中教了7年书。对于教育，我一直怀着理想主义的情怀。7年的一线教育教学实践，艰辛是不少的，但现在来回忆那段经历，我心中涌现出的却是以甜蜜、幸福为主要内容的一些片段。

刚踏上工作岗位时，我只有20岁，校长看到我在学校的表现还好，就让我当一个班的班主任，教两个班的数学。在教学过程中，我开始学习魏书生的教学经验，开始在数学教学中大胆尝试培养学生自学能力的做法。在没有结果之前，各种质疑声都有，其中不乏尖锐的批评与责难。我顶住各种压力，坚持了三年，改革效果的确很好，总平均、优生率、及格率均在涪陵区名列前茅。尤其是班主任工作，通过学生自主管理，学生能力提高了，全班学习劲头十足。在四川省统一考试中，500分以上33人，另一平行班500分以上仅有2人。到了高中，我仍任两个班的课，高考成绩也很不错。回想当班主任的七年中，我的成绩是很突出的。我是那种喜欢当班主任的老师，现在回想当班主任的时光，幸福和甜蜜就会涌上心头。我坚持对学生坦诚相待，学生就和我亲密无间。学生生病了，我掏钱陪他们看病；学生家中亲人去世，我组织班上其他同学一起去祭奠；由于学生冬天来校要走1个多小时山路，因此衣服常常被露水沾湿，我就把自己的衣服拿出让学生换上；有个学生不小心折断腿不能来校上课，我就每天到他家里去为他补课。集体是在活动中形成的，个人的成长也需要丰富多彩的活动。我还经常组织一些活动，为学生的特长发展创造条件。例如：和喜欢书法的同学一道练习书法；和喜欢音乐的同学一起弹琴、听音乐；同学们比赛就自任“拉拉队”队长；同学们搞“元旦”钟声晚会，几十个同学围着火堆唱跳到凌晨一点，把隔壁的涪陵师专的大学生也吸引过来了；高考临近了，我买来磁带，为同学们反复播放小提琴协奏曲《梁祝》等。人数最多的那一届，全班60多人，尽管有些同学家很远，要步行2－3小时，但我仍坚持家访，无一遗漏；个别男学生有较严重的不良习惯，我让他搬到我的寝室，和他同吃同住，通过言传身教，晓之以理，动之以情，一段时间之后，他们的不良习惯就慢慢改掉了。爱心洒向每一颗幼苗的心灵，孩子们就茁壮地成长起来，我带的班级活泼而有整体性，严肃而有创造性。

我至今还认为，一个从事教育工作的人，如果心中没有了梦想，没有了教育理想的追求，那么为生计而教书的生活将是既苦累又烦人的。我一直不让梦想和追求在心里睡去，为的就是让自己能够超越现实的琐碎和平庸。经过十多年时光的沉淀，七年教育教学经历于我而言始终是一份弥足珍贵的记忆！

7年中，特别值得一提的是涪陵区教科所数学教研员杨老师，他是我在长江师范学院附中任教期间教育科研的引路人。杨老师是东北师大教育系毕业的，又在北方进修学校教过书，理论功底厚实，教学分析独具特色，听他讲课，和他交谈，真有耳目一新之感。我刚开始工作的那几年，他给我的赞许与鼓励最多。不仅如此，他还把最前沿的教育信息带给我，送我最前沿的教育理论书籍。布鲁姆著的《教育目标分类学》是他在上海学习时买回的，但他送给了我。当我在教学中有了一点成绩，他就组织全涪陵区召开数学教研会，让我讲课；全区使用的资料，他让我编；外出到省会成都或外省，他把大会发言的机会让给我。杨老师给了我一次又一次的锻炼机会，让我一步一步地成长。

二、幻方研究，质疑解惑出成果

劳逸结合是搞好教育教学工作的需要。我生活方面习惯于朴素简单的方式，既不抽烟，也不喝酒，最爱吃南瓜、马铃薯一类的大巴山农村土生土产之物。我业余的消遣方式就是读书与研究。

任何事情的起步都是艰难的。尽管我最先一直想研究数学，但不知从何入手，同时，又由于数学理论的积淀还不够坚实，始终徘徊于纷杂的数学问题中目标难定。的确，要想在数学研究领域有点发展是很困难的，因为它发展已经比较完善了。也许是功夫不负有心人吧，经过不断研究，反复思考之后，我终于找到了一个与自身知识实际相吻合的课题——“幻方”。三阶幻方、四阶幻方读者都能填，但五阶幻方、六阶幻方、七阶幻方能填吗？我想找到“幻方”填写的一般规律。通过不断的探索，不断的积累，我终于找到了奇数阶（$2k+1$）、单偶阶（$2(k+1)$）、双偶阶（$4k$）幻方的一般构造方法。1990年5月《新华日报》报道江苏一职工大学的朱老师填写了106阶幻方，是世界上最大的幻方，于是我想超过他，填写了118阶幻方，并编制成计算机程序，可以构造任意阶的幻方。古语说“天道酬勤”，诚哉斯言！在取得上述成果之后，我居然又在很短的时间内相继发现了“积幻方构建法”“$4k$阶双料幻方构造法”。上海著名科学家谈祥柏构建的八阶双料幻方积是最少的，但我根据自己的方法构建八阶双料幻方的积位数比他的又少了五位，后来又研究出了用周易的方法来构建，一共在《重庆师范学院学报》（自然科学版）等刊物发表了16篇论文，并被《数学文摘》《幻方方阵》转载，被著名数学群论专家陈重穆教授所著《组合数学》一书全文录用。在幻方研究中，陈重穆教授给我影响最大，他朴实严谨的学风让我终生铭记不忘。当我刚把奇数阶（$2k+1$）、单偶阶（$2(k+1)$）、双偶阶（$4k$）幻方的一般构造方法写成论文后（文稿纸上），总想找一个人鉴定，于是想到了西南师范大学校长、博士生导师、著名数学家陈重穆教授。之前，我是只闻陈教授之名，从没见过他的面，不知天高地厚的我鼓足勇气，带着论文冒着40度的酷暑，从涪陵来到重庆北碚区的西南师范大学，西打听东打听，终于找到了陈教授的住处。天意安排，陈教授没有出差，还在家中，并热情地接待了我。我恭敬而不安地把论文交给了陈教授。回到学校，陈教授把论文寄回给我，并说研究很有水平，让我寄出发表。当时论文还没有刊出，但陈教授出版的《幻方》一书已经引用，并注释为我所写，我当时真为陈教授高尚的人格所感动，同时暗下决心：要以陈教授为榜样，学习他那种心底无私、襟怀坦荡的作风，学习他奖掖后进、扶持晚辈的高风亮节！今天，我和我的研究伙伴们在处理研究成果时，我一直效法陈教授的精神。也正因为如此，我的科研工作才吸引了那么多志同道合的研究者。正是所有研究人员共同的努力才铸造了创新学习今天的辉煌。因为有了陈教授的举荐，四川电视台、电台来涪陵采访我，《四川青年报》第四版以“破解千古数学难题”为题对我作了人物专访，并安排我出席“国际组合数学会议”，我和我的研究得到了大家的认可。

幻方研究并非是我当初从事的工作，业余时间的专注就有所收获，这让我深深体会到一点：钻研精神是学术探讨不可或缺的因素。一旦目标确定，最重要的就是“咬定青山不放松”，只要有恒心，总会取得成绩的。

三、学习科学，学海无涯觅快舟

陶行知先生是我国近代伟大的教育家。“人生为一大事来，做一大事去。”“要使全中国人民都受到教育。”“只要是为老百姓造福，我们吃草也干。”读着先生的语录，常有感动泪流而心怀震荡之感。

幻方的研究成固可喜，败亦无忧，因为那毕竟只能算是“无心插柳”的工作。那么，人生中“有心栽花”的事业呢？对我而言，自己人生中“有心栽花”的事业究竟该是什么？

六七年时间下来，幻方研究应该说已经解决了诸多的难点，继续研究下去可能收获就少了。而且，从我个人角度而言，所从事的始终是教育事业，那么“有心栽花”的事业应该立足于教育，所以我必须重新确定研究方向。左思右想，反复掂量，我根据自己的研究特色和基础，选择了“学习学”这门新兴学科作为研究内容。如果能在这一领域取得成果并运用于教学实践，对提高我国教育的效益应当是有所裨益的吧！陶行知先生“要使全中国人民都受到教育”，但在新的时代，我们应该有新的奋斗目标，我们要努力的是让全中国人民都受到更好的教育，能更有效地学习，这才是我研究“学习学”的初衷和动力之源。

尽管“学习学”是一门新学科，但其研究领域也是蛮多的，我把“兴趣对学习的影响”作为研究的主攻方向。于是我从外因教学这一领域入手，研究兴趣教学，探讨用怎样的方式引起学生有兴趣的学习。开始，我把过去教学中写的教学反思、教育案例、教育笔记、教改实验研究数据、报告全翻出来，并查阅大量研究文献，整理出兴趣教学的原则与方法，并在教学中实施，不断总结归纳，写出了论文《兴趣学习的思考》。这时“四川省学习学研究年会”在长江师范学院召开，我倍加珍惜这一机会，找到了四川省学习学研究会的理事长、全国大学学习科学研究会理事长、中国学习科学学会副理事长、成都理工大学高等教育研究所所长陈俊忭研究员，就学习学问题和他长谈了两三个小时，彼此都有相见恨晚之感。离开他的房间时，他说：“晚上我仔细读这篇文章，明天和你交流。”我惶恐地等待，这样的大专家看我的文章，肯定是意见一大堆，况且我还是一个“学习学”的初学者。但有了和陈重穆教授的交往经历，我接触专家学者的心态又平和得多了。但等待的感觉真的只能用度日如年这个词语来形容。终于等到了见面的时刻。陈俊忭教授开门见山地说：“文章写得好极了（这是鼓励的话）。”坐下来后，就和我认真谈这篇文章，并悉心给予指点。我抓住这个机会又把我关于《兴趣教学》的书稿呈给陈教授，请他审阅。为了能使《兴趣教学》一书质量高一些，我是在钢版上认真、工整地誊写，共刻了200多页蜡纸，又小心地油印、装订，然后寄给了好几位专家，并请了长江师范学院领导、教育系老师指教。1990年秋，金黄的季节，我收到一封热情洋溢的信，是陈教授寄来的。他在信中说：“你的这部书很有灵气，观点新颖，你把国内有关兴趣教学的理论与实践分析加工，并系统全面地论述，实属国内首创。”并表示要用他们的研究经费资助出版，还随信发来了商调函，安排我调到他的工作单位工作。我就这样到了成都。一到成都，陈教授交给我很多研究任务，同时认为我的教育学、学习学理论功底还不够深，他要求我讲授理工大学师范系的教育学和其他专业班“学习学”两门课程。我开始只上师范系的教育学课，后又上学习学课。面对新岗位，我变压力为动力，参考了大量的书籍，认真备好每一堂课，积累了大量的素材并装订成册，学习科学、教育学方面的理论知识大有长进。由于这里是国家“八五”重点课题“学生学习现状调查与分析”的秘书处，我自然就参与了课题研究的全过程，完成了设计全国的学习现状调查问卷、分解子课题等工作。从中学到了课题研究的基本方法和调查数据分析方法，为日后研究奠定了坚实的基础。在做这些研究工作的同时，我还把兴趣教学、兴趣学习研究与实践列入该项研究的一级子课题，后来将研究成果写成了两本书，书名为《快乐的学习》、《快乐的教学》，由电子科技大学出版社出版。

1992年春天，“四川省教育学会理事会”在四川绵阳市召开，会中我发了言，时任重庆市教育科学研究所的所长、特级教师聂厚德认为我发言有见地，他听出我是重庆口音，于是就有了让我来重庆教育科学研究所工作的意向。同年6月，“四川省学习学年会”在泸州市召开。重庆市教育科学研究所综合室史主任参加了会议，由于我是会议主持人，自然就要负责会议里里外外的各项工作。史主任对我的工作作风与谈吐有了一定的了解，再加上我还在会上作了“快乐的学习”、“幻方与思维”的专题讲座，史主任在热情称赞的同时，又一次问我是否愿意到重庆工作。我经过反复思考，觉得在成都研究的方向主要是高等院校的学习科学问题，这似乎是我的弱项，到重庆是作基础教育科研，应该更贴近我的实际。从地域到研究方向作了综合考虑之后，我选择了后者，于6月28日来到重庆与聂所长、史主任见面，7月13日就办好一切手续，到重庆市教育科学研究院（原来为所）上班了。一家三口来到了重庆定居。

重庆市教育科学研究院是一个人才聚集的地方，我要在教科院扎根，一定要有新的成绩。我继续把学习科学研究作为自己的主攻方向，和史美华主任一道研究重庆市教委的重点课题和全国课题的一级子课题——“重庆中小学生的学习现状调查与指导”。由于有了成都的工作经验，因此我对科研工作的一般程序已相对较为熟悉。但对于中小学教育的发展现状，自己还比较陌生，尤其是对学校也很陌生，工作也有难度。当年，基础教育科研仍处于起步阶段，多数学校对教育科研不了解，对其意义认识不足，认为参与研究没有必要。就是带着这样的困惑，1993年初我到汕头参加“全国中学学习科学学会第三届年会”，会上结识了魏书生、董国华两位知名的专家。我向魏老师请教，向魏老师学习。在春节，我在寄给魏老师的明信片中表达了我心中的敬意：“前进路上的灯塔，生活路上的楷模。”和魏老师在一起，他总是用他的人格影响你，帮助你形成新的世界观、人生观，教会你用大哲学去分析问题、处理问题。后来，我的研究工作取得了较好的成绩，于是惹来很多人的不服，有人告状告到党中央、国务院、国家教育部。我却认为人家也是在关心我，让我做得更好。于是心也宽了，压力变成了动力。魏老师对我的影响是很大的，也是我最佩服的人。但佩服不等于奉承，在讨论一些学术问题时，我会坚持我自己的思想。也正因为这样，魏老师曾对中国教育报的记者说，他最喜欢两个年轻人，一个是中国教育报的张圣华，另一个就是我了。学术研究既要有自己的思想，同时又要有诚实性，不浮夸，不骄傲。顾泠沅老师是知名的教育专家，我请他到重庆讲课，我们也进行过多次交流，尽管只是用了我们重庆市教育科学研究院最低用餐标准的生活接待他，尽管走的是坑洼不平的泥泞朝天门，但顾院长却说，我是他最真诚的朋友。我在学习科学研究领域的成果多，进步快，还和董国华教授的帮助分不开。今天在全国各地作了几百场（次）学术报告，不论在中国社会科学院、北京国际会议中心、香港台湾的讲堂，还是在森工、林场、油田；不论是东部的上海、浙江，还是西部的新疆、西藏；不论是教师，还是学生，我的报告都还比较受欢迎。很多教师说我现在作报告和过去判若两人，这成绩离不开董教授的悉心指导。最初，他每次都要听我讲课，然后分析我的长处、短处，并指出改正的方法，有时就连语句上的疏漏他也不放过，一一指出来。严师出高徒，在董教授的悉心指导之下，我一步一步攀登，进步很快。北京师范大学原党委书记周之良教授，是我在那时接触的职位最高的官员——部级干部、中国有名的演讲家和教育专家，但周书记非常平易近人，一点架子没有。最先不了解，还有点害怕，但这种感觉没有维持多久。周书记善于引用笑话、幽默故事消除谈话对象的紧张感。于是，慢慢地，他成了我心目中最尊敬的长者。周书记主持的全国学习科学研究会，大胆起用年轻人，委我以重任，让我担任学会的常务副会长兼秘书长。他注重发挥学会整体力量，为学会的发展呕心沥血，为我们这些学会后生树立了榜样，也对我学术品格的养成起到了重要作用。

四、创新学习，务实研究响国际

1997年秋天，国家"九五"研究课题 ——"学生学习矫正与指导"也结题了，效果还不错。两大轮学习科学研究，取得了一定的成果。但新的时期研究如何开展、如何深化又成了摆在我面前的难题。夜的黑暗总是要被阳光驱散的，经过长时间的思考后，以培养学生创新学习能力为核心的学习法研究在我大脑中闪现，于是就有了“创新学习”研究的初步构想。1998年元旦我撰写出文章，并与很多专家进行研究，请他们提意见。在当年年初申报重庆市教委课题时，我没有用“创新学习”这四个字，而是名为“学导式教学模式区域化推进研究”，隔了几个月开题时，题目羞涩地加了“创新学习”几个字，即“学导式教学模式（创新学习）区域化推进研究”。开题时专家们又提出了若干意见。对这样一个全新的概念，大家提出意见是应该的，也是自然的。我一方面阐述我的思想，另一方面认真听取意见。为了使我们的研究更加科学化、合理化，谭老师、何老师、林老师我们四人常穿梭于实验学校，并广泛搜集素材。尔后，我和他们又凑在一起，相互讨论，互相切磋。经过不知多少次头脑风暴式的讨论，创新学习研究的体系终于逐步建构起来。但具体实验中要做的工作更多。尤其是我，作为课题的组长，课题的倡导者，每周都要用3天到3所实验学校听课，和教师交流，解答实验中的问题。为了获得更为真切的体验，我还自己上课，探寻有效的实验方法。42中的实验班，有一个学生比较顽皮，我常给她打电话鼓励她，她生日到了，我还送她礼物，学生被我的真诚感动了，学习认真多了。这个学生的实例对全班同学都有教育作用，整个集体学习的劲头也更足了。实验一年之际，为了让大家了解实验的效果，宣传“学为主体、教为主导、疑为主轴、动为主线”的教学思想和“四导”教学模式，我们向社会开放课堂。全市来了近1000位教师与家长，他们真实感受到了课堂的变化和实验的初步效果，自觉地加入到了创新学习的研究行列中。这也使创新学习研究在更大的范围内得到了推广。铜梁巴川中学也是创新学习的实验学校，他们从学生的学习规范入手，养成学生创新的习惯；江津四牌坊小学则把让学生从活动中创新作为实验内容，设计出多种小学生的科普活动，让广大学生动手动脑，两所学校的实验效果都很好。这样的实验学校到1999年底，已有400多所，并且还不断在市内外推广。1999年11月初，我应邀到哈尔滨作学术报告，内容就是创新学习的理论与实践，时逢《人民教育》记者张新洲同志一行在哈尔滨采访，我们又到了新凯湖家农场，那里就是人们常说的北大荒，为农场的700多名教师又讲了一次“创新学习的理论与实践”。记者的思维是敏锐的，而且他们也正在寻找实施创新教育的典型。短短的3天接触之后，我们各奔东西，他回到北京，我也回到了重庆。由于在深圳讲课，香港教育工作者联会的同志也在深圳，并听了我的报告，于是邀请我到香港讲学。12月下旬，我到了香港教育学院、香港教师中心作创新学习的专题报告，反映还不错。元旦前三天回到重庆，一到单位，接到张新洲的联系电话，他们将来重庆实地考察创新学习的研究情况。当时，我既高兴又紧张。高兴的是创新学习研究引起了《人民教育》的重视，紧张的是，时间这么短，任务怎么布置（当时是一个中国最标准的老百姓，无职无权）。但是想到创新学习实验研究的开展是务实的，资料是翔实的，实验教师学习创新学习的理论与模式是认真的，而且实验效果也比较好，我心里又有了自信和勇气。1月3日，新世纪的钟声刚敲完，久雨的重庆突然放晴，时任《人民教育》副总编辑翟福英、总编室主任张新洲一行飞抵重庆，还没有歇一会儿，他们就在下榻的宾馆召开了“创新学习的座谈会”，一些实验学校的校长、教师、实验区县的教研室领导、教委领导参加了会议，时任重庆市教委副主任蒋国昌同志放弃外面的一个活动，也参加了会议。我在会上作了一个总体的介绍，实验学校领导、教师争先恐后发了言。翟主编、张主任在我们发言之中提了很多问题，实验教师们作出的回答，他们还比较满意。于是又要求到实验学校去考察现场。我们把实验的区县、学校给两位客人作了汇报，没想到他们选择了相对遥远的郊县——江津和铜梁。他们深入到学校后，每县一天，听老师的现场课，和教师交谈，了解学生创新学习情况，并提出“什么是创新学习？创新学习与传统学习的区别？”等问题，老师、学生都能较好地回答，采访结束的时候，他们笑了。2000年3期，《人民教育》刊发了《创新学习：21世纪的学习观——重庆启动创新学习研究与实验》这篇重要的文章，全文6000多字，引起了全国广大教育工作者的注意，为创新学习的发展铺设了全新的平台。同时，《人民教育》还收到了很多教师的反馈信息，于是《人民教育》编辑部又到重庆召开了“全国创新学习理论与实

践研讨会”，全国5000多名教师云集重庆，会场水泄不通，分会场也人声鼎沸，很多人没有座位，硬是站着听了两天。时任教育部部长助理、基础教育司长李连宁在大会中说：“创新学习研究意义重大，是推进素质教育的切入点。”傅国亮总编辑谆谆告诫我：“创新学习这面旗帜不能倒。”同年，《人民教育》7、8合刊，用7万字报道了重庆创新学习研究的经验，再次引起了广大教育工作者的注意。后来，《人民教育》连续两年开辟“创新学习”专栏，宣传创新学习的思想与教师们的独特经验。2001年5月，在重庆召开“全国创新学习研究与实验研讨会”，傅国亮总编辑在大会中说：“创新学习是全国教育改革领域内的一面旗帜，他从理论上解读教育创新，从实践上回答了如何培养学生的创新精神与实践能力。”可以这样说，没有《人民教育》，就没有创新学习今天的发展。

由于创新学习研究工作扎实，取得了良好的成果，各大媒体进行了广泛宣传。中央电视台、中国教育报、中国教育电视台、重庆电视台、重庆日报、香港凤凰电视台等媒体都作了大量的宣传和报道，在全国树起了“创新学习”的品牌，使重庆教育走向了全国。2005年3月，中国教育电视台派编导与记者专程赴重庆现场采访，制作了电视专题片《创新学习：引领教育新理念》，在该台黄金时段播出。同时各省市教育媒体如国家教育部信息网站、现代教育报、北京教育等作了近百次报道，在全国产生了积极的影响。迄今为止，我和实验学校已经接待了来自北京、新疆、西藏等26省（市、自治区）的300余个考察学习团。他们通过实地考察后，深有感触地说道：“创新学习研究意义重大”，“创新学习是推进素质教育的重要举措”，“创新学习在‘西部大开发重庆大发展’中具有现实意义”，“创新学习研究具有很强的操作性”，“创新学习已成为全国目前教育改革领域的一面旗帜”，“重庆创新学习研究，步入了全国教育科研的先进行列，为我们西部教育崛起树立了典型”。北京市东城区把全部教研人员组织起来到重庆考察创新学习。东城区教科研中心的领导说：“重庆创新学习研究名不虚传，我们回去以后认真学习，有计划地推广创新学习的研究成果。”同时，他们到4所实验学校听课、与教师座谈后，孟主任说：“重庆的创新学习实验学校是真抓实干，你们的成绩是干出来的。”由于创新学习研究的影响，我和实验教师应全国多地教育部门邀请，前往了31省（市、自治区）作创新学习学术报告1000余场次，直接培训教师近100万人次，受到与会者欢迎。自2002年至今，在教育部、国务院港澳办、国务院台办、中央文明办、团中央等国家部委办召开的创新大会上，我向大会作题为“创新学习：培养学生创新思维新途径”、“创新学习思维”等的学术报告。我们还两次参加博鳌论坛组织的“亚洲教育论坛”并作专题发言。时任国家教育部副部长王湛给予高度的评价，原国务院副总理钱其琛、国务委员陈至立等党和国家领导人到会并接见我们。

2005年6月，在大连向时任全国人大常委会副委员长、中国民主促进会中央主席许嘉璐同志汇报了创新学习研究的概况及全球创新学习大会的筹备情况，许嘉璐副委员长认真听取了我的汇报，并从价值观、教育体制改革等方面出发，为创新学习的进一步深化研究指明了方向。同一天的下午休会期间，许嘉璐副委员长专门来到我的座位前，再次详细询问了课题的研究情况，并对创新学习研究做出了更具体的指示：一是不要照搬西方理论，研究要符合中国国情，在总结过去经验的基础上，进一步突出研究的针对性和实效性；二是不要局限在眼前，要立足于未来，将长短计划相结合，突出研究手段的现代性，把创新落到实处。许嘉璐副委员长对创新学习研究的关怀和指示，不仅让我更加充满信心，鼓足干劲，在研究的道路上大步向前，也为创新学习研究确定下阶段的重点和难点问题打开了思路、指明了方向。

由于全国多家刊物的多篇报道及香港、台湾、美国等刊物的介绍，加上中国教育科研网、中国教育信息网的积极传递，我先后应香港教育学院、香港教育工作者联会、台湾师范大学、台湾逢甲大学、台北市教育局及美国、英国、澳大利亚、爱尔兰、新加坡等地区或国家有关学术研究机构邀请，数十次前往境外讲学，并有多篇论文在境外学术刊物上

发表，在港、澳、台及国外教育界产生了巨大的影响。2002年，“创新学习研究与实验”课题通过联合国教科文组织的审定，成为联合国教科文组织资助立项的课题。2001年，我应台湾逢甲大学、台湾师范大学邀请，作了“创新学习研究与发展”的专题报告；2007年7月，应台北县政府与中华创造学会邀请，再次到台湾讲课。1997年以来，应香港教育局、香港教育工作者联会、香港教师中心、香港创新教育学会等单位邀请，先后20多次在香港作了“创新学习论”、“创新学习的方法”、“创新学习的关键：学会提问”等学术报告，境外的教育、心理专家们都给予了创新学习高度的评价。时任香港教育署助理署长潘忠诚、香港议会教育委员会主席杨耀忠做了热情洋溢的发言：“创新学习正在改变我们的学习方式，影响时代的发展。用创新学习的先进思想对全港教师进行培训，在全港推广。” 2003年、2004年，我先后应澳大利亚皇家墨尔本理工大学教育文化学院、英国伦敦大学教育学院邀请，参加“全球第十届学习大会”及“全球第十届学习大会”，向大会作“创新学习策略”、“创新学习研究与发展”等专题报告，得到几十个国家参会代表的好评。后来美国邀请我到芝加哥作 “创新学习基础”专题报告。对报告的内容，我思索了很久。讲教育、心理学是不行的，美国是这些学科的发源地。最后我选择从中国博大的古文化中挖掘创新的内容作报告内容的框架，从中找到创新学习的基础，得到听众的广泛好评。2003年4月，美国圣地亚哥召开“世界教

育大会”，又是国际学术交流大会的专题发言，我运用我的数学基础，写成了论文《创新学习评价四边形理论》，把知识（方法）、环境（机遇）、性格（品质）、思维（问题）四条线段，构成四边形，根据围成图形的有效面积来评价创新学习的成效，于是我在大会上作了题为“创新学习评价四边形原理”的报告。2008年再次应邀到美国纽约作专题报告，本次国际教育大会上还专设了创新学习的分论坛，我和几位研究人员作创新学习报告，专家们给予高度评价。2009年，应爱尔兰柯克大学邀请，到爱尔兰交流学习。同时，我们也召开国际研讨会，美国、英国、新西兰、澳大利亚、新加坡、法国等国家或地区的专家也参加了会议，同时我们也积极推广了创新学习的成果。通过深入研究，创新学习最终走向了国际。美国印第安州玻尔大学心理教授、博士生导师、著名创造学家K.Kuo博士说：“在香港，我听了创新学习报告，有点怀疑，但到了重庆，了解了学校的创新学习情况和听了老师的几节课，才发现了创新学习的魅力所在。这样大规模的创新学习研究真了不起，在美国是不能想象的。” 在“全球学习大会”上，澳大利亚皇家墨尔本理工大学教育文化学院院长、教授Mary Kalantzis博士给予创新学习高度评价。新加坡南洋理工大学高级院士、国力教育心理学院教授苏启祯博士说：“假如我不是孤陋寡闻，对中国教育学者在创意教学的认识不足，我要承认的是，龚春燕先生的《创新学习：学习方式的革命》是我多年以来所读的有关创意的群书当中，最引我深思的一部。”英国纽卡斯尔大学国际中心教育主任、教授Soerbot博士说：“创新学习课题的开展，将会改进教师的教学，提高教学能力，培养学生的创新性，从而对中国的素质教育作出巨大的贡献。”美国NASA（国家航空航天研究机构）科学家、查尔斯顿大学物理学院院长、博士生导师、教授Hakkila博士在研究我的《创新学习论》一书后写道：“龚春燕先生已经对西方教育中影响创造力和想象力培养的有利因素进行了深入研究，并思考了如何将之创造性地融入中国的教育体系中去……寻求新的、有利于中国教育体系和下一代教育的教育方法，龚先生具有极大的勇气和创造性的视角，并有了自己的理论……他以扎实的实验向世界宣布了创新学习。” 2005年，先后有美国Charleston大学教育学院院长Weriqi博士一行、英国Bristol大学创新项目负责人Ruth Deakin Crick博士一行、爱尔兰Coke大学J.Hang博士一行飞抵重庆，考察创新学习研究，并进行广泛的研讨，就合作研究达成了诸多共识。

教育科研是教育改革与发展的第一生产力，但教育科研的最大障碍却是推广，这既有教育环境的问题，也有成果自身的问题。创新学习研究也不例外。如何推广创新学习研究的成果是近几年来我一直都在思考的问题。我阅读了大量的著述并结合实际思考，最终想到通过软件来转化，让更多的老师和学生受益。2002年8月，我主持课题组的一批研究者与重庆IT界的精英，联合开发“创新智能教学软件”，简称“I3S软件”，其目的是在新课程背景下，把创新学习多年研究的成果转化为生产力，为广大教师教学服务。其中困难是可想而知的，不知熬了多少个通宵，也不知牺牲了多少个节假日和周末，“悟”到一个模式、“悟”到一条建模方法，哪怕是一点点小成果，都支撑着软件的系统。去年10月完成软件开发的初步工作，一共有70000多条代码和13G的资源，通过使用，有效地提高了教学效率，教师们反映还不错。同时“I3S软件”被国家信息产业部确认为“全国电子推广项目”，被国家科技部、财政部批准为“科技创新基金项目”。2007年通过了专家鉴定。软件的开发还需要不断地把成果应用于实际，在实践中感悟，在感悟中修改，无数次的头脑风暴与感悟，才把理论和实践成果转化为编程模块，实现创新教学的最大优化。

五、特色学校，内涵发展促公平

研究创新学习，也需要研究学校的管理与校长的思想。2006年上半年，我开始琢磨学校的发展。过去20多年的研究都是集中在学生或教师身上，但如何让学校领导重视这项研究却是改革的关键。由于我任市教育评估院院长，工作开展比较容易一些，全市180多所学校参加实验。1993年，中共中央、国务院发布的《中国教育改革和发展纲要》中明确指出：“中小学要由‘应试教育’转向全面提高国民素质的轨道，面向全体学生，全面提高学生的思想道德、文化科学、劳动技能和身体心理素质，促进学生生动活泼地发展，办出各自的特色。”虽然明确提出了中小学创办特色学校的要求，但积极开展的学校却是凤毛麟角。2010年，党中央、国务院颁布了《国家中长期教育发展规划纲要（2010－2020）》，再次提出创建特色学校的重要性。我和课题组成员积极探索以教育行政部门为导向、以教育科研机构为支撑、以学校发展为主体的“三位一体”的特色学校发展模式，培育一批特色学校，实现重庆教育的“百花齐放”、“百家争鸣”，丰富重庆优质教育资源。其目的是：探索建构以教育行政部门为保障、教育科研部门为支撑、以学校发展为主体的“三位一体”的特色学校发展模式；总结提炼特色学校的类型、特征、要素和形成条件；形成特色学校发展的基本策略；总结形成特色学校评价标准；促进重庆市特色学校发展，形成一批特色学校，丰富我市优质教育资源。我们多次奔走在各个学校，一起参与学校特色的讨论，每一所学校特色的形成都是创新的结果。一条条校训，凝聚着创新的心血。重庆市九龙坡区杨家坪小学以“书法”为主形成的“立字立人”校训、重庆市南岸区江南小学以“国际象棋”为主形成的“走好每一步”办学理念、重庆市沙坪坝区金沙街小学从“集邮”开始形成“方寸修身”校训、重庆市木洞中学形成的“平民教育”理念等上百所中小学的特色，表明创新随时在呈现。经过4年多的发展，我们策划组织了四次全国中小学特色学校建设的高峰论坛，教育部及中国教育报刊社、中国教育学会的领导专家莅临会议并讲话，每届论谈几乎都有20多个省市的600多名代表参会。《中国教育报》、《人民教育》刊发了重庆特色学校文章约50万字；《人民教育》2009年、2010年分别用专辑刊发重庆特色经验；2011年1、2期的《人民教育》刊发资深本刊记者刘然、赖配根的大型采访稿30000多字，重庆特色学校建设形成了全国特色学校建设的“重庆经验”。全国20多个省市1000多个考察团来到重庆，学习特色建设经验，再一次让我组织的课题在全国推广。

六、监测评估，提升质量引方向

2009年5月，我出任市教育评估院院长和市基础教育质量监测中心主任。尽管创新学习仍是我个人研究的方向，但同时我也必须研究监测与评估。

监测是评估的基础，监测是事实判断，评估是价值判断。

根据《国家中长期教育改革和发展规划纲要（2010–2020）》“建立以提高教育质量为导向的管理制度和工作机制，把教育资源配置和学校工作重点集中到强化教学环节、提高教育质量上来”的要求，我市在全国率先开展基础教育质量监测工作，其目的是提高教育质量，促进教育质量的均衡。开展教育质量监测是促进教育事业科学发展的具体体现。提高质量是教育科学发展的内在要求，是实现教育公平的重要内容。有质量的教育才是科学发展的教育，才能切实实现教育公平。建立健全教育质量的全方位质量监测与评估体系，可以促进各地区、各学校全面实施素质教育，进一步树立以提高质量为核心的教育发展观，坚持规模和质量的统一，全面提高教育质量。

开展教育质量监测是全面实施素质教育、探索人才成长规律的迫切需要。教育是提升国民素质的基础，通过教育质量监测，可以全面准确掌握学生素质的真实状况，可以准确把握教育发展的状况，加强和引导地方政府、学校按照正确的人才观、教育质量观和价值观发展教育，大力促进基础教育的均衡发展，推进城乡教育一体化，实施“教育民生计划”，培养德智体美全面发展的社会主义建设者和接班人，为建设人力资源强国奠定坚实基础。

在评估方面，我带领团队创新研究，对多个领域的评估研究都有评估指标体系，尤其是对义务教育均衡发展评估模型与指标体系，国务委员刘延东和重庆市委书记薄熙来对此作了批示。

27年来，我在国内外多家出版社、杂志社发表著述已逾600万字。先后在红旗出版社、中国青年出版社、科学技术文献出版社、漓江出版社、人民教育出版社、国际文化出版公司、北京师范大学出版社出版了自己的专著《快乐学习》（1992）、《快乐教学》（1994）、《创新学习论》（1999）、《创新学习：学习方式的革命》（2002）、《创新学习论纲》（2004）、《从幻方构造谈创新学习思维》（2005）、《创新智能教学论》（2009）、《创新教学策略》（2010）等8部，主编18部，在《人民教育》、《中国教育学刊》、《中小学教材教学》、《香港教师中心学报》发表论文近60篇。其中多篇论文被中国人民大学报刊资料转载。多部著作、论文及成果获教育部、重庆市人民政府奖励。

很多记者都问我创新学习研究取得成功的秘诀是什么？

我总是回答，既有偶然，也有必然。说偶然，提出创新学习，顺应时代趋势，恰逢党中央、国务院提出了“教育创新”的一系列指示；说其必然，用台湾实践大学教授、国际著名创造学专家陈龙安博士给我的评价是再准确不过了：“龚春燕老师在学习科学领域的十多年，看的、想的、做的都比别人多，当然就能有他自己的一套，所以他的创新学习真了不起。”其实陈博士话外之音是“勤奋”。勤奋是我一生的财富，不论是读书期间，还是参加工作的这些年，我都惜时如金，几乎每天都是学习到深夜。我的学习方式有二：一是读书，二是写作。我读书不只是简单地了解别人的观点和见解，还尽力把人家的观点融会于心，变成自己的，这大概就是不要死读书吧。另外，对工作中的每一项任务，我都一丝不苟，尽力把每一件事做好。我把27年工作划分成了四个阶段：

二十七载苦追求，
论教研学梦未休。
“四七”阶次与时进，
创新学习写春秋。

时光如流水，参加工作至今，我已在教育科学研究与评估的领域耕耘了27载。正如上边小诗所讲，“育人教书（幻方研究）——学习科学——创新学习——监测评估（特色学校）”四个7年的阶次只不过是将“论教研学”之梦融入教育发展大潮，与时俱进而已。此一生，当与教育不离不弃。自参加工作至今，27年过去了。这些年来，我勤勤恳恳，为我的事业倾注了大量心血。回顾过去，我无怨无悔，展望未来，任重而道远。我在心里默默发誓：“任凭岁月更迭世事沧桑，任凭青春流逝容颜衰老，我终会守住心中这盏希望之灯，以万世师表之孔子为师，铸不朽师魂，践无私奉献，不负与教育之间的这份深深奇缘。”

第二部分

我的创新学习观

2010年颁布的《国家中长期教育改革与发展规划纲要（2010–2020）》中再次对创新能力作出了要求，着重培养学生的学习能力、实践能力、创新能力和适应社会的能力。早在1997年，构架创新学习研究最终要达成的结果为：有效改变学生的学习方式，使学生掌握必要的创新方法，学生能进行创新学习；有效改变教师、学校的教育教学观，给学生营造创新学习的环境；通过使学生学会创新学习，促进学生的可持续发展。反思我国的传统教育，人们习惯于将之理解为是有组织、有计划、有目的地培养人、塑造人、训练人的一种活动，是知识的灌输、品德的培养、技能的训练、体质的增强，而其教育对象——学生的独立人格、个性发展、主观能动性等的发挥却往往被忽视；教学中过分注重接受学习、机械记忆和被动模仿，严重地抑制了学生好奇求知、探索创新的意识。如何有效地改变这一状况，真正使学生创新精神、实践能力的培养落在实处呢？这是我国基础教育改革必须解决但尚未得到很好解决的问题。著名科学家钱学森临终前也在呼吁与关注。创新学习课题正是以此为突破口的一项研究，这项研究的目标是：

第一，能力，全面推进素质教育。

第二，指导学生“树立创新志向，开展创新性活动”。激发学生的创新意识、创新动机、创新激情和创新意志，培养学生动手动脑、热爱科学、勇于探索、敢于创新的开拓精神和创新才干。

第三，让学生掌握创新的方法与技巧，开发创新潜能，发展学生的创新思维能力，组织学生创新实践活动，提高学生的学习能力、活动能力和实践能力。

第四，培养学生的创新人格，形成乐于创新的品质。

一、发展观：由“学会”到“会学”再到“创新学”

创新学习研究的发展，经历着从教师“教”到学生“会”的过程，这是一个很漫长的过程，就是大家常说的“学会”，但这只是学习的初始阶段，学生还必须“会学”，这就是学习科学研究的必然。但这还是中级阶段。创新学习最终达到的目的是学生学习其乐无穷，从内心深处产生学习的动力，这需要学生创新的学习，即“创新学”。

1. 学习从“学会”到“会学”

联合国教科文组织教育发展委员会主席埃德加·富尔在《学会生存——教育世纪的今天和明天》一书中指出“科学技术的时代意味着知识正在不断变革，革新正在不断地日新月异。所以……教育应该较少地致力于传递和储存知识，而应该努力寻求获得知识的方法（学会如何学习）”。学习科学研究正是围绕着如何“教会学生学习”而开展的。但无论是重在教知识的“学会”还是重学习指导的“会学”，都是继承性的学习。这种学习方式强调培养对现实社会的适应能力。它的价值基础是预先给定的，主要以公认准则为基础，重视模仿继承，重获取知识成果和积累信息的能力。

2. 学习从“会学”到“创新学”

“会学”在一定意义上是必不可少的，但却不足以适应时代发展的需要。创新学习以一种新的思想观念来研究学习，为学习科学的研究开辟了新的方向和视野，其实质是教育思想和观念的革新。今天人类问题的解决已不可能处在一个封闭的领域内，而必须是以必要的变化为中心，创新学习就是要求系统地提出问题，并运用已有知识集中解决问题。学习化社会更着重培养学生对未来社会的应变能力和独立思考、大胆求索的精神。学习任务不仅仅满足于获取结论性内容，而是要把重点放在学生创新精神、创新方法、创新习惯、创新能力培养，创新潜能的开发，综合素质的提高上。事实上，创新学习的提出使学习科学的研究领域实现了从“学会”到“会学”再到“创新学”的拓展。

二、学生观：学生是创新学习的主体

1. 让学生成为了主体的学习才有意义

主体与客体是哲学概念，是说明人的实践活动和认知活动的一对哲学范畴。主体是实践活动和认知活动的承担者；客体是主体实践活动和认知活动指向的对象。学生学习活动的对象或内容，是学习的客体，学生是学习的主体。在传统学习观中，更多地强调教师的教，强调学生的接受，强调知识的注入。当然，教师的教和必要的接受学习在学生学习过程中的地位毋庸置疑。但主体性是学生作为实践活动、认知活动主体的基本特征，其实质是由于人有自我意识。通过自我意识系统的监控，实现人脑对信息输入、加工、存储、输出的自动控制系统的控制。这样，人就能按自己的意识相应地监控自己的思维和行为。而人在实践活动和认知活动中，自我意识的监控所表现出来的分析批判性，正体现一个人的智力水平和创新能力。美国心理学家研究表明，创造性思维和自我概念存在着相关性。自我认可、独立性、自主性水平较强者，同样也是高创造力者。

2. 创新学习让学生成为真正的主体

创新学习是使学生由“接受型客体”变为“被动型主体”，再发展为“主动型主体”的过程。在这个过程中，学生主体性主要表现为：首先，学生有明确的目标意识，对自己所要达到的学习要求及其社会价值有所认识，并能主动规划和安排自己的学习。其次，学生有强烈的学习动机，主动参与学习活动并积极探索。在创新学习活动中，学生不仅要完成知识的简单累积，而且还要使自身所有的每一部分都与新的知识或经验发生相互作用，并促使其知识、能力、态度及人格等多方面发生变化。这一切变化，只有学生充分发挥主体性，才能实现，从而使其学习更有创新的成分。最后，学生能根据各种反馈信息不断反思自身的学习活动。反思或监控是创新学习的一个重要组成部分。学生在学习过程中的反思，使学生了解自己的学习过程、学习效果以及学习的社会价值，有意识地对自身的学习活动进行自我监控或自我反省，并进而自我调节，不断增强主体意识。

三、教师观：教师创新才有学生创新

在课题研究中，我主持课题组研究人员在重庆、广东、黑龙江、新疆、香港等地进行了学生、教师创造性现状调查，样本近10万人，既有中小学生，也有幼儿园的学生；既有大城市的学生，也有偏远农村的学生；既有汉族学生，也有少数民族的学生；既有学生，也有教师；既有重点学校，也有一般学校。从分析中得出教师、学生普遍喜欢有创意的教师，或者教学方法创新，或者引导学生学习方法创新，或者课程资源的开发创新，不喜欢“呆板”的老师。

1. 变“知识教学”为“创新教学”

求知、开发智力无疑是教育的一项根本任务，但不是唯一任务。课程的功能绝不仅仅只是传授知识，而更应当通过课程使学生学会做人，学会求知，学会劳动，学会生活，学会健体，学会审美，使学生得到全面和谐的发展。当前，世界各国的课程改革都将课程功能的改变作为首要目标，力争使新一代的国民具有适应21世纪社会、科技、经济发展所必备的素质。我国新一轮基础教育课程改革，深刻分析了基础教育存在的弊端和问题，鲜明地提出：“改变课程过于注重知识传授的倾向，强调形成积极主动的学习态度，使获得知识与技能的过程成为学会学习和形成正确价值观的过程。”这一根本性的转变，对于在基础教育领域全面实施素质教育，培养学生具有社会责任感、健全人格、创新精神和实践能力、终身学习的愿望和能力、良好的信息素养和环境意识等具有重要意义。创新学习从开展伊始，就强调将知识与技能，过程和方法，情感、态度、价值观三个方面进行整合，促使教师由单一的知识教学向智慧教学转变。智慧教学也包括了教给学生的学习方式。

改变学生的学习方式，是指从单一、被动的学习方式，向多样化的学习方式转变。为使学生的学习方式发生根本性的变革，保证学生自主性、合作性、探索性的学习落到实处，创新学习通过改变学习内容的呈现方式，确立学生的主体地位，促使学生积极主动地学习。使学习过程变成学生不断提出问题、解决问题的探索过程，并能针对不同的学习内容，选择不同的学习方式，比如，接受、探索、模仿、体验等，使学生的学习变得丰富而有个性。

创新学习14年的研究与实验，始终保护学生的自尊心、自信心，体现尊重与爱护，关注个体的处境与需要，注重发展和变化的过程。注重对学生素质的综合考查，强调评价指标的多元化，对学生的评价不仅要关注学生的学业成绩，而且要发现、发展学生多方面的潜能。改变单纯通过书面测验、考试检查学生对知识、技能的掌握情况，倡导运用多种方法综合评价学生在情感、态度、价值观、创新意识和实践能力等方面的进步与变化。不仅要反映学生的学业成绩，而且要反映学生的学习过程和学习态度，应采用多种评价方法，对学生的学习过程和学习结果进行评价。比如，采用开放式的质性评价方法，如行为观察评价、问题研讨、课题学习、情境测验、成长记录等。让学生能经常尝试到成功的快乐。为学生的评价提供了多种评价的尺度，“一卷定高低”的局面被打破。如重庆50中的考试以学生满意为目的的评价，一张试卷，学生可以多次修改，直到满意为止。从一开始就一直把确立学生的主体地位、改变学生学习方式作为主要的目标。创新学习的方法如自主学习、合作学习、课题学习、问题学习及反思学习，充分体现了以自主合作与问题探究为本的思想。

2. 变“死用课本”为“活用教材”

创新学习在实施过程中，要求广大实验教师改变过于注重教科书、机械训练的倾向，加强课程内容与现代社会、科技发展与学生生活的联系，倡导学生动手实践、主动参与、探究发现、交流合作，开发和利用校内外一切课程资源，为实施新课程提供环境。

过去，对课程资源开发利用的价值认识不够，一方面是有教育意义的自然和社会资源未纳入教育资源范畴，其教育的功能和意义没有被充分地认识和利用；另一方面是教师、学生和家长不知道从哪里找到自己所需要的资源，或者是不知道如何利用这些资源来对儿童进行有效的教育。由于学校教育体系的封闭性，资源拥有者缺乏为社会、为教育服务的意识，不了解学生需求和教育规律，造成各种校外教育资源闲置浪费的现象。

课程资源对学生的发展具有独特的价值。与传统教科书相比，课程资源是丰富的、大量的，具有开放性的，它以其具体形象、生动活泼和学生能够亲自参与等特点，给学生多方面的信息刺激，调动学生多种感官参与活动，激发学生兴趣，使学生身临其境，在愉悦中增长知识，培养能力，陶冶情操，形成正确的态度和价值观，这是传统教科书所无法代替的。为此，在每一学科的课程标准中，都开辟了开发利用课程资源一节，为学校教师利用课程资源提出具体建议，教师在执行新课程时，应当树立新的课程资源观，发挥课程资源的作用，使各种资源和学校课程融为一体，更好地为教育发展服务。

教师学会了根据教学实际和当地实际，处理好教材，这也是教师专业化成长的必然。在创新学习研究中，学生通过了解工厂、农村、环境、经济等多方面的研究，需要和教师进行探讨，这促使教师不断熟悉除本专业以外的知识，使教师成为三级课程实施者、开发者和创造者。

四、方法观：探究与体验是创新学习的重要方法

1. 探究让学生学习从惊奇开始

探究学习，是学生在教师的指导下，以类似研究的认知方式和心理过程进行学习，它会给学生创设一个与生活、社会更为亲近的空间，它使学生在好奇心的驱使下，以问题为导向进行的高度智力投入且内容和形式都十分丰富的学习活动。与接受式学习相比，它拓展了课堂空间，拓展了问题产生的环境，有利于启迪学生思维，培养学生的创新精神和实践能力。探究方式有很多种，既包括自主探究，也包括合作式探究，既有纵向式探究，也有迁移拓展式探究，但探究过程是共通的，不只是简单的发现问题、解决问题的过程，更重要的是学会分析问题的过程。因此，创新学习的过程，由于其“探究性”的特征而演变为学生不断“生疑——质疑——析疑——释疑”的过程。

同时还注重创新学习的实践，研制了创新教学智能系统，一方面有一个可资借鉴的资源平台，为广大教师查阅资料提供了极大方便；另一方面在于极大地发挥教师的创造空间，实现教师的个性化备课。如学习目标的个性化、教学环节的个性化、教学资源选择的个性化等，为新课程实施和创新学习提供现实支撑，催生新的教学方法与思想，实现教育创新。“I3S”系统软件被国家信息产业部确认为“全国电子推广项目”，被国家科技部、财政部批准为“科技创新基金项目”。

2. 体验让学生感知学习的过程

从心理学角度讲，体验就是一种学生亲身感受、探索、接近生活实践的心理活动过程，是学习个体在学习过程中行为、认知、理性与情感的整体参与。孔子曰：“知之者不如好之者，好之者不如乐之者。”情感上乐意学习，才能达到知识与理性的完善。随着新课程改革的不断深入，以人的发展为本，以发展人的个性为本，倡导动手实践、自主探索与合作交流成为变革学习方式的主要方向。创新学习，打破了“双基论”旧观点，支持以传授知识、培养学习能力和创造力为学习目标的

生活性教育论，促使个体学习从认知、理性范畴扩展到情感、人格等领域，使学习过程成为知识增长与身心发展同步的过程。学生个体亲身体验，在体验中思考，在思考中创造，在创造中成才。“体验式学习”已经成为创新学习理念突出的现代特征之一。

在学生学习过程中强调“活动”，一方面是注重了知识的学以致用，在实践中学习；另一方面也培养了学生合作学习的品质，而后者似乎更重要。老子有句名言：“上善若水。水善利万物而不争，处众人之所恶，故几于道。”水不但滋润万物，而且也没有争名、争利、争功、争大的特性。而且，水无论流注到什么地方，都能随遇而安，充分体现水的“和”性。这其实也是我们当代人所需要的。孔子一生讲得最多的莫过于“仁”。“仁”，其本质就是如何处理人与人的关系，学会合作。联合国教科文组织21世纪教育委员会的报告《学习——财富蕴藏其中》一书中曾论述了教育的四大支柱，其中之一便是学会合作。善于交流合作和恪守集体纪律、能乐群合众等品质必然成为新一代人的行为特征。因此学生要能主动适应群体或团队生活，为他人所接纳，与人友好相处。但在现实中，学生的团队性越来越弱，集体感越来越差，虽然生活中的人都是以个体的方式存在的，但是任何单一个体的存在都必然地要以由他和其他个体所组成的群体为存在的基础和依托，任何个人的成就都要以得到他人的承认和肯定为前提。另外，学生作为一个整体系统具有与外界环境物质、能量和信息交流的开放性。也就是说，学生必须与他人进行交往，在交往中学习，在学习中交往，在交往中发展，在发展中交往。每一个学生的思想品质、性格、知识经验和技能大都在合作中获得。不论是课内或课外，我们有意让学生在交往中体会到他人的重要，相互学习、互相鼓励，把活动内容作为信息，通过言语、动作、表情、姿势等方式，从一个人传递给另一人，体会出集体的力量。

五、知识观：问题与方法是创新的起点

从一般意义上说，学习就是获取知识、占有知识，并能在原有基础上创新知识。因此，无论什么样的学习，首先面对的是学习什么知识的问题，而持有怎样的知识观将决定学习的对象与方式。

传统知识观是一种科学知识观，认为知识具有客观性、普遍性和中

立性。在这种知识观影响下，教育以传授知识为基本特征，学生以学习、掌握或运用客观知识为基本任务，学生在学习中处于被动、接受的地位，被剥夺对知识进行独特理解、质疑和批评的权利，其创造性的发挥受到极大的束缚。

后现代知识观认为知识具有不确定性、理解性，知识的获得是主体主动建构的过程。创新学习从后现代知识观出发，强调学生主动质疑、探究在知识获得中的重要作用。学习过程，实质是学生不断“生疑——质疑——释疑”的过程。南宋理学家朱熹说过：“读书无疑者，须教有疑。”因此，“疑”是学生学习的关键。只有疑，学生才能积极思考，去质疑、释疑，只有在不断生疑、质疑、释疑的过程中，才有“创新”。因为“疑问”能使学生心理茫然，产生认知冲突，促使学生积极思考，在这个过程中才能实现创新。在实验学校，我们要求教师给学生提问题的时间与空间，在黑板上开辟“问题栏”或在墙上设立“问题墙”，增强学生的问题意识，长此以往，学生问题意识增强了，学习效率也提高了。

1. 学习方法是知识的重要内容

联合国教科文组织教育发展委员会主席德加·富尔在《学会生存——教育世纪的今天和明天》一书中指出“科学技术的时代意味着知识正在不断变革，革新正在不断地日新月异，所以……教育应该较少地致力于传递和储存知识，而应该努力寻求获得知识的方法（学会如何学习）”。创新学习正是在全国教育科学“八五”、“九五”学习科学研究的基础上发展起来的，有着较为系统的学习方法与策略。在研究中，我们在强调学习方法的同时开始重视各种学习变量对学习方法的影响，把学习方法的选用置于更为广泛的学习情境中进行考察，然后再转向研究各种学习变量、元认知与学习方法的关系。这样就将学习方法的探索提高到了学习策略的水平。如果用战术与战略关系来比喻，学习方法属战术的范畴，而根据学习情境的特点和变化选用最适当的学习方法才是学习的策略，它属于战略的范畴。可见，学习方法由于种类多，又因情境而区别，所以因人而异。这种差异就决定了学生有没有系统的学习方法，能否选用最为适当的学习方法，也决定着学生的创新程度。同时，创新学习的学生，在选择和运用学习方法时，往往遵循学习规律，明确学习任务，利用一切可以利用的学习条件，根据学习的情境、内容、目标和特点而灵活地应用。在学习方法的学习中我们把习惯化与迁移化作为重点。习惯化，表明学生不再需要教师或家长的提示，也不再需要有意识的自我监控，而能够在潜意识的监控下，自发地使用所学方法去完成。在实验中，我们让学生填写《学习习惯表》，一月一习惯，其目的是让许多学生在教师或同学、家长的提示下能够使用所学方法，慢慢养成习惯，也标志着内化过程中初级阶段的完成。迁移化，表明学生在掌握一定学习方法后，当他面对新的学习情景时，不仅能够使用所学过的方法，而且能够依据新条件、新情况加以调整和改变。习惯化是主体对其活动的监控能力的问题，而迁移化则反映了主体心智操作概括化的能力问题。十年来，我们仍把重点放在习惯和迁移上，创新也作为一种习惯，初步养成了学生良好的学习习惯，为学生进行创新学习奠定良好的基础。

2. 知识建构需要从问题开始

学习的过程，其实质是学生不断地“生疑——质疑——释疑”的过程，“疑”是学生学习的关键。亚里士多德曾说过：“思维是从疑问和惊奇开始的。”英国大哲学家罗素曾说过：“唯有大量怀疑论之方策才能扯去把我们与真理隔绝的帐幔。”因为“疑问”能使学生心理上感到茫然，产生认知冲突，促使学生积极思考，在这个过程中才能实现创新。如果在学习过程中，长期处于无“问题”的状态，说明学生思考不够，学业也提高不了，当然就无创新可言。可以这样说，创新创见始于“问题”， 没有“问题”何来创新？因此，“问题”是学生提高学习能力的基础，是创新的关键。过去学生学习初看效率很高，但遗忘率也很高。而通过有问题学习，学生体验了学习中的艰辛与快乐，尝试到成功的欢乐，遗忘率就会大大减低，学习质量也就提高了。

六、人才观：创新学习是培养创新人才的基石

1. 创新学习能力是创新人才的基本素质

很多专家指出，现代人才必须具有的6种主要能力：具有全球化、国际化的语言、文化、知识、视野；能够更新知识结构，掌握新的学习与

科学工作方法，把握科学技术发展前沿和不断更新的社会需要；具备学习、创新、创业与服务的精神与动力；善于吸收与融合世界各民族文化的精华；追求人与自然的协调发展，注重环保；能够将科学精神、科学方法与人文精神与人文艺术方法结合起来，使科学技术的应用更有利于人类社会的文明进步，达到人与自然的协调发展。这实际上就是对新世纪创新人才必备的能力和素质提出的要求。

什么是新的学习方法与学习精神呢？《学无止境》一书中明确提出："人类的学习有两种基本方式。其一是维持学习，是获得固定的见解、方法、规则以处理已知的和再发生的情形的学习，它对于封闭的、固定不变的情形是必不可少的。而创新学习是能够引起变化、更新、改组和形成一系列问题的学习，它的主要特点是综合，适用于开放的环境和系统以及宽广的范围。"因此创新学习是一种适应新的变革与社会发展的学习方式，是一种既尊重已有知识又不拘泥于现有知识和传统，敢于独辟蹊径、大胆突破的学习方式，只有具备这样的学习能力和学习品质的人才可能成为创新人才，才有可能为社会进步贡献创新成果。

2. 创新学习实践是创新人才成长的内在动因

从哲学上讲，外因是事物发展的外部条件，是第二位的，对事物发展起加速或延缓作用。而内因是事物发展的根据，是第一位的，决定事物发展的基本趋向。外因必须通过内因起作用。因此，在创新人才培养中成长主体的自我学习方式将决定其成长的方向。培养创新人才，就是通过创新学习实践，充分尊重学生的差异性和自主性，鼓励学生探索、质疑、大胆创新，保护学生的好奇心和求知欲，保证学生潜能和创造性的发挥，激活学生的创造性思维，引导学生掌握学习尤其是创新学习的方法，最终达到激励学生创造未来、实现卓越的动机和行动，为学生成长为创新人才提供最强有力的内在动因的目的。

第三部分

创新学习理论基础

我从1997年开始研究创新学习，在实践中丰富了创新学习的理论构架，先后出版了《创新学习论》（1999）、《创新学习：学习方式的革命》（2001）、《创新学习论纲》（2005）、《创新智能教学论》（2009）等专著，从书中也可以读出，创新学习的理论在不断的完善中。创新学习（innovative learning）与创新性学习是相近概念。创新性学习最早出现在由James W.Botkin等人所著，牛津、纽约等6家出版社于1979年出版的《学无止境》（No Limits to Learning）一书中，它是针对全球存在的环境问题、能源危机等而提出来的。创新学习是与传统的学习方法——维持学习（maintenance learning）既相联系也相对独立的一种学习。维持学习是获得固定的见解、方法、规则以处理已知的和再发生的情形的学习，它对于封闭的、固定不变的情形是必不可少的。创新学习是能够引起变化、更新、改组和形成一系列问题的学习，它的主要特点是综合，适用于开放的环境和系统以及宽广的范围。

一、创新学习内涵

1. 创新学习的界定

创新学习是学习学与创造学交叉的边缘学科，是学习科学的一个新领域。

学习的本质在于获得一种对主体而言是新颖的经验，这种新经验或是现有的，或是未知的，或是需要探索的。日本著名教育家小原固芳对“学”字指出颇有意味的看法，他认为古希腊人求学就是从惊奇、疑问开始的。于是他说，“学”这个字在希腊语中就是惊奇之意。创新离不开继承，继承的目的也是为了创新。对现代人来说，更需要创新学习。创新学习是人们通过对已有知识、经验的摄取，经过同化、组合和探索，获得新的知识和能力，提高自身素质，使学习者的内部状态和外显行为发生变化的一种活动。学生创新学习能力的形成，是在多种知识和能力发展的基础上发展起来的，是各种能力的综合反应。中小学生创新学习能力的培养，旨在培养他们的创新学习精神、创新学习意识、创新学习思维、创新学习技巧和方法。人的一生只有通过创新学习，才能不断地改造自己，提高自己，才能更好地适应自然界的变化和人类社会的发展。学习者在学习知识时，在学习前人创造的优秀的文化科学技术成果的过程中，要具有创新意识。创新意识是创新学习活动主体必备的素质，是创新学习活动的重要心理机制。因而重视培养、激发学习者的创新意识，使自己具有强烈的创新动机、坚忍不拔的创新意志力和健康的创新情感，养成符合创新学习活动的求新、求异、综合、发散性思维方式。因此，创新学习就要求学习者在学习过程中，在创新意识的激励下，在对前人创造的文化知识进行认真学习，深入钻研，通过分析、综合、抽象、概括的思维加工，并透过表面现象认识其本质和内在联系的基础上，敢于破除迷信，勇于进行探索，勇于提出问题。质疑是创新学习的起点。

我国古代的“在可疑而不疑者，不曾学；学则须疑”和“于不疑之处有疑，方是进矣”就包含了创新学习的意思。创新学习活动的过程，就是不断质疑而后释疑，不断探索，不断前进的过程。朱熹说：“读书无疑需教有疑。有疑者却要无疑，到这里方是长进。”

因此，我们这样来界定创新学习：

创新学习指的是学习者在学习的过程中，不拘泥于书本，不迷信于权威，不依循于常规，而是以已有的知识为基础，结合当前的实践，独立思考，大胆探索，标新立异，别出心裁，积极提出自己的新思想、新观点、新思路、新设计、新意图、新途径、新方法的学习活动。这里的“新”不仅指新发现，也指新发展。因为不可能每个人都能揭示新的原理，发现新的方法，只要把人们已揭示的原理和发现的方法应用在不同的问题上，就是一种创新学习。特别是中小学生，当然不能要求他们像科学家、发明家、艺术家那样创新。学习者更多的是相对自己的创新。更简捷地说，“创新学习就是以创新为目的的学习”（见图3–1）。

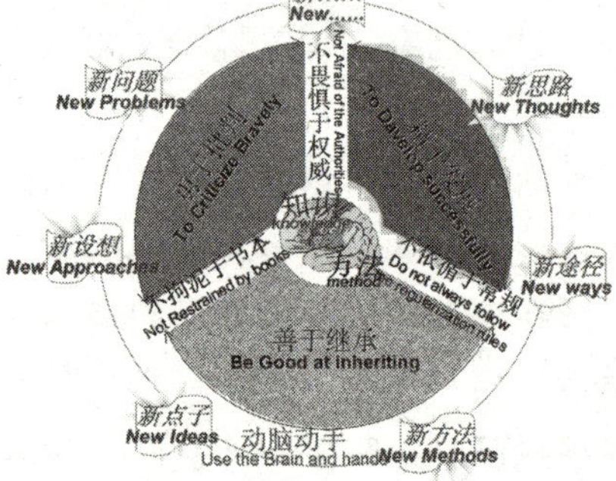

图3－1

从以上界定中我们可以概括为以下几个方面的意思：

第一，要有勇于批判的精神。古代学者治学，常因受前人之见的束缚而不敢提出自己的见解。尤其先贤圣哲著书立说之定论，往往被认为是天经地义的真理。治学人常因自身学识浅薄，以为书上所载，圣人所说，都是不可改变的事实。虽然“学穷千载，书总五车”，总是不敢越雷池半步，不敢提出自己的看法。再就是宋明理学发展以来，人们只在穷理上作功夫，空谈学术，不讲实用，自然难以推出新见。学习若只停留在知识接受或穷理之上，那只能成为知识的储存器或保管人。顾炎武在《亭林诗文集·与人书十》中曾举了一个形象的例子来说明：“尝谓今人纂辑之书，正如今人之铸钱。古人采铜于山，今人则买旧钱名之曰‘废铜以充铸’。而已所铸之钱，既已粗恶，而又将古人传世之宝舂锉碎散，不存于后，岂不两失之乎？”清代学者袁枚认为，学习时应有明确的目标，要打破因循守旧的弊端，冲出治学新路。为学就要像“蚕食桑”和“蜂采花”。“蚕食桑，而所吐者丝，非桑也；蜂采花，而所酿者蜜，非花也。”（《随园诗话》）它要求我们在学习时不要仅仅局限于知识积累，原封不动地把前人成果保存下来，而是要加工制作，进行创造发挥，形成独立见解，从而建造自己的“蚕丝”与“蜂蜜”。

不守旧才有批判，有批判才能开拓，才有创新。这是古今中外名人治学的经验之谈。哥白尼为了创新，不怕牺牲自己。地理学家徐霞客，为了考证长江发源于岷山是错误认识，曾跋山涉水，经过艰难的实地考察，终于使陈陈相因1000多年的“岷山导江”之说得到纠正，证明金沙江才是长江的正源。布鲁诺不畏被大火烧死的威胁，宣传“日心说”；年轻的意大利科学家伽利略不畏权威，敢于向亚里士多德挑战，证明“如果没有空气阻力，重物体与轻物体下落速度相同”的结论，并在比萨斜塔上做实验，千百观众都亲眼看到了两个同样大小的“铁球”与“木球 ”同时从斜塔上下落，同时着地的事实……这些都说明，人云亦云、因循守旧则一事无成，只有具备批判精神，敢于冲破时弊，独立思考，才能推陈出新，有所作为。

第二，要有善于继承的品质。任何事物都是发展变化的，前人总结的思想认识与实践经验，往往受时间、条件与文化背景的局限，即便当时是正确的，具有新意，可是随着历史的发展，就会出现“到了千年又觉陈”的现象，这是正常的现象。因此，在学习前人积累的书本知识或实践经验时，就不应一味地生搬硬套，必须有所取舍，有所变更，才能适应新的发展需要。批判是认识发展的必然趋势。从历史发展的总趋势看，后人的学习条件无论在主观方面还是在客观方面，都比前人的学习条件优越得多，后人的智力也要比前人发达。因此，在学习过程中批判地继承，不但是必然的，而且是可能的。所以，历代学术文化的逐步发展，都是批判继承的结果，是“濯去旧见，以来新意”的表现。

任何一个人，由于受主客观条件所限，根本不可能认识到事物的全面，只能认识事物的某一部分或侧面。然而，人是有继承性的，能把先人长期逐步积累的认识成果在短时间内继承下来，这就是“坐集千古之智”，使人思路开阔，然后“折中其间”，从各种事物的综合比较中发现它们的内在联系，寻找它们的规律性，这样可使人产生新见解，得出新发现。学习者要理清继承与发展的关系，有继承才有发展，发展需要继承前人的学习经验。我们要创新，尽管是旧的成分新的组合，但旧的成分也需要继承，知识有继承，方法思想也有继承，有继承才有发展。发展与创新是紧密联系、不可分割的。在学习的过程中，不因循守旧，处处都质疑问难，养成独立思考的习惯，具备德、识、才、学的创新素质，就为创新打下了基础。古人专门论述创新的著述不多，但从他们发展成才的过程中可以归纳出这样几点：一是独立思考，凡是碰到问题，都提出为什么；二是想象丰富；三是具有创新的灵感。

第三，要有精于发展的眼光。创新使我们由蒙昧走向文明，创新使我们拥有了将自己与其他动物区别开来的宝贵的智慧！但是越来越聪慧的人类，一天比一天更清醒地认识到了我们这个世界存在着的越来越多的苦难和缺陷。

在21世纪，科学技术必将更加快速地向前发展，从而带动人类社会经济面貌更加迅速地变化。这种趋势在高新技术产业中表现得更加明显。日本的汽车制造业以两年为一个产品的生命周期循环，而日本的电子消费性产品制造业则以三个月为一个循环。某些市场上的金融商品甚至只有几个小时的生命周期。微软集团副总裁尼森·麦尔渥特说过：“无论你的产品多好，18个月之后就过时了。”甚至表面上看来稳定并且低技术层次的产业的技术创新速度也在快速提高。以美国啤酒制造业为例，美乐啤酒厂90%的收入来自24个月以前并不存在的产品。

世界发展太快，人们必须改变学习方式，用发展的眼光和未来的眼光来对待学习。创新是连接现实与幻想的通道。只有当学习者用发展的眼光和可持续发展的眼光，对未来的设想通过多种设计变成现实，才能推动社会的快速发展。人类的发展就是一部现实与幻想相结合，从现实不断地走向理想中的梦幻境界的历史。可以这样说，谁在现实中停留太久，不去预测理想中的现实，不去追求明天的现实，谁就会落后。1957年前苏联人造卫星的上天，刺激了美国人加强知识创造性的研究。人类实现了登上月球的梦想，更使世界在震惊中深感知识创新的力量，由此引发出全球性的知识创新革命。邓小平同志指出“发展才是硬道理”，这里的发展已经蕴含了深刻的哲理。

2. 创新学习的特征

创新学习在其自身的界定中，已把学习者所具备的最基本的素质揭示得非常清晰，如有一定的基础、广泛的实践活动、多元的思维方式、唯自己所认为的新等等，但创新学习有哪些最基本的特征呢？

（1）学习个体呈现主体性

学生的学习活动的对象或内容，是学习的客体，而学生自然是学习的主体。在传统的学习观中，更多的是强调教师的教，强调学生的接受，强调知识的注入。当然，教师的教和必要的接受学习在学生的学习过程中的地位是毋庸置疑的。但在创新学习中，我们更强调学生的主体性，教师的主导性通过学生而发生作用。

首先，学生有明确的目标意识，对自己所要达到的学习要求及其社会价值有所认识，并能主动规划和安排自己的学习。

其次，学生有强烈的学习动机，主动参与学习活动并积极探索。在创新的学习活动中，学生不仅完成了知识的简单累积，同时也使自身所有的每一部分都与新的知识或经验发生了相互作用，并促使其知识、能力、态度及人格等多方面发生变化。而这一切变化，只有学生充分发挥主体性，才能实现，从而使其学习更有创新的成分。

再次，学生在学习过程中勇于质疑。学习的过程，其实质是学习者不断地“生疑——质疑——释疑”的过程。南宋理学家朱熹说过：“读书无疑者，须教有疑”。因此，“疑”是学生创新学习的关键。只有疑，学习者才能积极思考，只有在不断生疑、质疑、释疑的过程中，才有“创新”。质疑是创新学习的重要环节，只有当学习者能质疑、会质疑，才有创新的可能。

最后，学生能根据各种反馈信息不断反思自身的学习活动。反思或监控是创新学习的一个重要组成部分。学生在学习过程中的反思，是指学习者了解自己的学习过程、学习效果，以及学习的社会价值，有意识地对自身的学习活动进行自我监控或自我反省，并进而自我调节，不断提高学习效率的一种信息活动。

重庆万盛区中盛小学是一个地道的农村小学，学生在读书的过程中，存在语言文字不规范的现象，于是五年级二班的一个学生提出要调查一下到底不规范的字有多少。万盛区的街道虽然不是很多，但一个人的力量是有限的，于是这一学生找了八个小伙伴，分成四个组，每一条主要街道安排一个组负责，最后用他们所学的知识进行分析，得到如表3－1所示的内容。

表3－1　万盛主城区招牌用字调查表

街道名称	招　牌总数（块）	使用规范字的招牌		有不规范字的招牌	
		数　量	%	数　量	%
万东北路	232	189	81.4	43	18.6
万新路	138	116	84.1	22	15.9
勤俭路	134	116	86.6	18	13.7
松林路	54	46	85.2	8	14.8
合计	558	467	83.7	91	16.3

学生还调查使用不规范字招牌的单位，回答有多种，如“不管是错是对，只要有人知道我是干什么的就行”，“这是做广告招牌店的事”，“这样的字（繁体字）时髦”等等。学生通过调查，一方面了解了社会；另一方面加深自己对学习的兴趣，寓语文、数学的学习于生活中，从而诱发学生学习的动力。

（2）学习内容突出方法性

20世纪六七十年代以来，人们在强调学习方法的同时开始重视各种学习变量对学习方法的影响，把学习方法的选用置于更为广泛的学习情境中考察，转向研究各种学习变量、元认知与学习方法选用的关系。这样就将学习方法的探索提高到了学习策略的水平。如果用战术与战略关系来比喻，学习方法属战术的范畴；而根据学习情境的特点和变化选用最适当的学习方法才是学习的策略，它属于战略的范畴。可见，学习方法由于种类多，又因情境而区别，所以学习方法的选择因人而异。这种差异就决定了学生有没有系统的学习方法，能否选用最为适当的学习方法，也决定着学生的创新程度。同时，进行创新学习的学生，在选择和运用学习方法时，往往遵循学习规律，明确学习任务，利用一切可以利用的学习条件，根据学习的情境、内容、目标和特点而灵活地应用。在这一过程中，学习方法不断内化为学生的学习能力，进而学会创新，而这是通过“反映抽象”的机制来实现的。学法的作用表现为加工处理知识信息，对学习的活动和过程进行调控，最终把客观状态的知识转换为主观状态的知识。在这个转换过程中，学生不仅改变了其原有的知识结构，而且也改变了智力加工的方式。当学生经常使用某种方法时，就会对学法使用的活动和过程加以抽象，并把抽象能力向高级水平发展。心智能力的不断提升，为学生架起许多桥梁，准备许多船只，创造更多获取知识的机会，为学生插上腾飞的翅膀，并为学生进行创新学习、逐步形成创新素质和走上成功的道路铺好基石。

学习方法的习惯化与迁移化，标志着学生主体从方法知识的拥有向学法知识的应用转化，标志着学法内化为学习能力，向创新学习迈出了坚实的步伐。习惯化，表明学生不再需要教师的提示，也不再需要有意识的自我监控，而能够在潜意识的监控下，自发地使用所学方法。有意识监控与无意识监控存在着质的区别。许多学生在教师的提示下能够使用所学方法，一旦没有提示就“忘了”；知道某种方法有效，但在实际学习中却不懂得使用；在短期内知道使用，但间隔一段时间又放弃。这些现象都证明了只有学法使用达到习惯化的程度，才标志着内化过程中初级阶段的完成。迁移化，表明学生在掌握一定学法后，当他面对新的学习情景（即异类学习情景）时，不仅能够使用所学过的方法，而且能够依据新条件、新情况加以调整和改变。在同类情景学习中，能够使用学习方法，一旦处于异类学习又恢复原状，无法使用已学方法，或者只会生搬硬套，缺乏独立地调整和改变学法的能力，都表明学法尚未内化为学习能力。实际上，习惯化是主体对其活动的监控的能力问题，而迁移化则反映了主体心智操作概括化的能力问题。培养良好的学习习惯和能力，是学习主体进行创新学习的必备品质。

学习方法的内化程度，在一定意义上决定了学生创新能力的高低。学习方法内化的心理过程主要从诱发性监控向自发性监控的转化，从有意识监控向潜意识监控的转化，从同类化的专门使用向异类化概括使用的转化，进而带来了学生学习方式从维持性学习向创新性学习的转化。

（3）学习过程强调活动性

学生学习的活动性一方面是注重了知识的学以致用，另一方面也培养了学生的合作学习的品质。古罗马哲学家昆体良始终强调一个观点："大家一起学习，可以互相激励，促进学习。"生活中的人虽然都以个体的方式存在，但是任何单一个体的存在都必然地要以由他和其他个体所组成的群体为存在的基础和依托，任何个人的成就都要以得到他人的承认和肯定为前提。另外，人作为一个整体系统具有与外界环境物质、能量和信息交流的开放性。也就是说，人必须与他人进行交往，在交往中学习，在学习中交往；在交往中发展，在发展中交往。每一个学习者的思想品质、性格、知识经验和技能大都在合作中获得。在交往合作中，学习内容作为信息，通过言语、动作、表情、姿势等方式，从一个人传递给另一人。

重庆市忠县师范附小位于长江北岸，学生大多来自农村。学校附近有许多小溪、河流，还有星罗棋布的池塘。学生通过观察，发现水中常见的鱼类、蛙类越来越少，鱼的种类也在逐渐减少，有些水中甚至没有这些动物，是什么原因使这些动物迅速地减少了呢？五年级一班的学生进行了分组调查：25个同学，按住址分成5个小组，分别选择一条小溪、一个池塘、一条水沟、一段河流、一亩稻田，利用节假日进行观察、调查，并做好统计。调查结果为：水深、流动的河流、小溪鱼类较多，远离城镇的地方青蛙多些，有些小溪、小沟中几乎没有鱼和青蛙；稻田里，约30平方米的范围内只见到3只幼蛙；夏、秋两季，河里、池塘里有许多死鱼；周围的几口池塘，春季能见到十几群小蝌蚪，可是到了夏季连幼蛙也见得不多。

25个同学同做一件事，尽管分工不同，但他们从中体会到同学们相互间的协作、互助所带来的成功感，尤其是独生子女，这样的锻炼使他们懂得合作的重要性，分工相互联系，你中有我，我中有你，相互依存，团结互助。创新学习需要的是共同协调地学习，与人友好相处，共同前进。但我们在调查中发现，多数学习者不喜欢或不愿意与他人共同学习，造成思维缺乏交流，创新的思维难以产生。学习者在实践过程中，容易产生问题与创新思维，同时实践中也强调了学习者相互之间的协作性。由于网络学习形式的兴起，学习者之间可能是陌生人，但他们却是网上学习的伙伴，这也强调了合作。同时这也是新时代一种新的学习方式。

（4）学习感悟着力问题性

恩格斯曾经指出“提出问题对于马克思在创立剩余价值理论中起到了重要的作用”。他还说：“马克思在研究时，前人认为已有答案的地方，他却认为只是问题所在。”因为只有对尚未经过实践检验的既有观念、理论、学说提出疑义的看法，才可能有新的实践经验，或者纠正旧理论，或者突破旧理论创立新的理论。如果没有提出问题这个必要的环节，任何新理论都不可能诞生。法国著名文学家巴尔扎克指出：“打开一切科学的钥匙都毫无异义地是问号，我们大部分的伟大发明家都应归功于此，而生活的智慧大概就在于逢事都问个为什么。”托夫勒也说过：“不问一个为什么，什么东西也学不到。”著名的物理学家爱因斯坦做过这样的评述：“提出一个问题往往比解决一个问题更重要，因为解决问题也许仅是一个数学上或实验上的技能而已，而提出新的问题，从新的角度去看旧的问题，却需要有创造性的想象力，而且标志着科学的真正进步。”高尔基也说过：“要想把情况弄清楚，就不要急着去相信；知识的力量在于怀疑。”因为“疑问”能使学生心理上感到茫然，产生认知冲突，促使学生积极思考，在这个过程中才能实现创新。如果在学习过程中，长期处于无“问题”的状态，说明他思考不够，学业也提高不了，当然就无创新可言。可以这样说，科学创见始于“问题”，没有“问题”何来创新？因此，“问题” 是学习者提高学习能力的基础，是创新的关键。

学习者问题学习尽管是学习者内部的原因，但教师的教学方法对学生问题意识的养成是很重要的因素，下面是重庆长寿区石堰镇中心校六年级学生作的调查。

现在课堂上的情况真是糟透了，同学们手是好好地背着，个个都是专心听讲的样子，可实际上却不知在想些什么，思想已神游去了。老师提出一个问题，多数同学都不予理睬，不认真去思考，不想动脑筋，等着别人去想，等着别人去说，成绩好的同学也不想回答，成绩差的同学就更不用说了。自己只顾张开“口袋”接受知识，这样课堂上回答问题的老是那么几个人，尽管老师一再鼓励和强调，激励同学们积极举手答问，可同学们还是无动于衷，常常让老师在课堂上唱“独角戏”，一节课沉闷又死气。瞧，这就是我们的课堂。面对这一课堂上的“老大难”，我们决定调查了解一下同学们是怎么想的，共在本校随机调查了300人（1–6年级，每个年级各随机选取50人），调查情况如下：

表3－2　答问情况人数统计表

年级	爱回答问题		不爱回答问题	
	人数	%	人数	%
1	35	70%	15	30%
2	32	64%	18	30.5%
3	25	50%	25	50.5%
4	22	44%	28	56%
5	18	36%	32	64%
6	10	20%	40	80%

高年级不爱回答问题的人比低年级多一些，为什么会这样呢？这是因为低年级的同学刚进入学校表现欲强，对老师产生好感和敬仰，对老师提出的问题觉得好玩有趣，听从老师的话，况且老师对回答问题的同学都会给以掌声或给以小红旗、小五星等，以此来鼓励，博得其他同学投来羡慕的目光。对于这种神秘、好奇的感觉，再加上上进心和炫耀心理的支配，就算再难的题，只要他们想到的，不管对与错，他们都敢举手回答。而随着年龄的增长，高年级学生的想法变了，有的想只要自己的成绩好，做得对就行，何必在课堂上发言，有的想这些题太简单了，答与不答没有关系。低年级部分同学本来知道这道题的答案，但由于胆子小，老师叫他说，他就十分害怕，一害怕就慌张，一慌张就讲不出来；而高年级部分同学则是因为害羞，怕答错了受到老师的批评和同学的嘲笑，所以就讲不出来。因而出现了表中1–4年级害怕答问的人数越来越少，5–6年级害怕答问的人数却是上升趋势的情况。

（5）学习思维凸显求异性

信息的琳琅满目，让学习者不知怎样的信息才是有用的信息，有效信息、无效信息充斥在眼前，没有对相关信息的敏锐性，是难以做到有效的多向思维的。

思维求异的本质是新颖，能与众不同，从反面、逆向等多角度思考问题，同时任何一项产品或理论由于当时的特定条件，可能有诸多没有考虑到的因素，研究这些情况，常有新的“产品”出现。同时，学习思维容许各种思维形式的存在和多种结论并存。

聚变是人的大脑在大量信息（包括实践中的信息）、知识、情感激活状态下，信息有序组合产生新的思维。之所以聚变有超越性，是相对思维只求现实，不考虑发展而言的。同时学习者不要受门类、学科、地域的限制，而是要有跨学科、跨门类的全方位思维。

学习思维要突出求异性，需要让学生有求异思维的习惯。有一次我去哈尔滨一所重点小学听课，学生正在围绕“假如我是家长”进行想象，下面是一些学生的对话：

A1：学生一共说了五条建议。

①对孩子，必须做好心理、精神上的教育。

②首先我要对我的孩子进行多次的表扬。

③我孩子犯错时，我不会对孩子打骂，而是和蔼可亲地讲道理。

④我要对我的孩子以身作则，做孩子的榜样。

⑤我要常常启发孩子的好奇心，让孩子有非常强的创新精神。

A2：这位学生一共有6条建议：

①先进行早期教育，让孩子在早期开发智力。

②不会给他（她）施加压力。

③我会给他（她）一个自由发展的空间。

④我会永远支持他（她），鼓励他（她）。

⑤培养他的创造力和独立生活的能力。培养他（她）热爱大自然的爱心，有一颗纯洁的心。

⑥磨炼他（她）艰苦朴素的精神品质。

A3：假如我是学生家长

①不打骂，多鼓励。

②与他（她）像兄弟姐妹一样。

③让他（她）靠打工来挣零花钱。

几乎每个学生都发了言。像这样一个我们大家熟知的话题，学生却有无限的思维，如果我们的学生在学习时都能这样，时时处处发散求异思维，那么学生创新学习的能力就一定能提高。

3. 创新学习的理解

创新学习可以从宏观、中观、微观三个层面上来理解和把握。

从宏观上说，创新学习实际上是一种教育思想，一种充分重视人的主体意识和创新精神的教育思想。这种教育思想实际上是对“教育中的人”的整体关照的教育思想。教育是一种武装人的方式：它对人负有一种无可逃避的责任；它需使人能够适应生存的时代，而不是将他排除在人生的最终伟大目标之外；它将开启世界的钥匙——独立和仁爱授之于人，赋予他作为一个自由人只身跋涉而步履轻捷的力量（何塞·马蒂）。在学校，一切教育活动都倡导着社会的理想、人生的理想、教育的理想，应该始终高举着一面大写着“人”字的旗帜。

从中观上说，创新学习是一种学习方法论。随着心理的发展，人们对学习本质的认识越来越深入。早期的行为主义心理学认识到学习与外部环境的关系，把学习看做是刺激与反映的简单联结，认为严格、精密地控制了环境就能得到满意的学习结果，这对学习的理解过于简单化了。认知心理学吸收了信息加工理论，看到学习内容与学习者内部认知结构的关系，在教学中使知识符合学生的认知结论，但仍没有发挥学生的自主性，因而在实践中也难以提高学习实效。当今在心理学中兴起的建构主义是对行为主义心理学和认知主义心理学的超越，它是在皮亚杰、布鲁纳、维果茨基的理论基础上发展起来的。其基本主张是：世界是客观存在的，但对世界的理解和赋予的意义由个体自己决定。人是以自己的经验为基础来建构现实，或者说解释现实，由于人的经验以及对经验的理解不同，因此，人们对客观世界的解释各异。对待学习活动这一问题上，建构主义者认为：学习是学习者主动建构的过程，一方面是对新信息意义的建构，同时又包括对自己原有经验的改选和重组，而不是被动地接受，知识的意义是个人赋予的，经过了学生的理解与消化，因而有鲜明的个人特色。创新学习可以理解为是基于建构主义心理学的学习方法论。

从微观上说，创新学习是一类学习方式和方法。创新学习本身没有（也不应有）固定的模式。但是为了实施创新学习，我们必须把作为教育思想、方法论的创新学习转化为一种具体的学习方式和方法，否则创新学习就成了脱离实际的“空中楼阁”，收不到实效。因此，学生校内校外的学习活动，只要凸显创新特征的学习方式和方法，都可称为创新学习方式和方法，以此区别相对应的“被动学习”、“维持学习”、“机械学习”和“他主学习”等。

二、创新学习的基础

1. 创新学习的哲学基础

哲学，作为世界观的学说和自然知识、社会知识的概括与总结，为创新学习提供了最为一般的、普遍的、共性的科学理论基础，此处就对创新学习直接提供指导的有关理论加以论述。

（1）人的本质在于不断发展创新

本质是事物的基本规定性，是一事物区别于其他事物的根本特征。人的本质就是人之所以为人的决定因素。我们认为，创新就是人作为人的最为重要的共性特征。正是由于人的不断创新，才使人在认识世界、改造世界的实践过程中，焕发出潜能，满足其发展需要，增强其本质力量。

第一，创新是人类劳动的核心。劳动是使人成为人，从而区别于其他动物的根本所在。在劳动过程中，创新是产生、形成人及其特性的根本动力。正是由于人的不断创新，才使人在认识、改造自然和人类社会的过程中，成为社会活动的主体，成为社会关系的创造者。从人所特有的劳动活动的演化过程来看，劳动由“最初的动物式的本能的劳动形式”到“专属于人的劳动”（《马克思恩格斯全集》第23卷，人民出版社1972年版，第202页），其根本动力是创新。在劳动过程中，创新，使人的本质力量得以展开，使人的社会本质得以实现，使人的历史得以确证。没有劳动，人类便无法生存。而人在劳动中能够能动地表现自己、创造历史、发展历史、改造客观世界、改造主观世界。正是由于人在劳动过程中的不断创新，才使人类摆脱原始的劳动生产方式而进入文明社会。因为“人是唯一能够由于劳动而摆脱纯粹的动物状态的动物”，

“他的正常状态是与他的意识相适应的而且是要由他自己创造出来的”（《马克思恩格斯全集》第20卷，人民出版社1971年版，第535-536页）。

第二，人的意识活动就是无限的创新活动。人的重要特征是“使自己的生命活动本身变成自己的意志和意识的对象”，成为“有意识的类存在物”（《马克思恩格斯全集》第42卷，人民出版社1979年版，第96页）。人之区别于其他动物，就在于人的本质力量不是无意识的、被动的和本能的力量。德国心理学家恩斯特·卡西尔就认为，创新是人的本性。他说：“人只有在创造文化的活动中，才能成为真正意义上的人，也只有在文化活动中，人才能获得真正的‘自由’”，“人性本不是一种实体性的东西……真正的人性无非就是人的无限的创造活动”（恩斯特·卡西尔著，甘阳译，《人论》：上海译文出版社1985年版，第5页）。凡是在社会历史领域进行活动的人，都是具有创新意识、创新精神、创新能力的人。人类的历史就是不断创新的历史。“人的意识不仅反映客观世界，而且创造客观世界”（《列宁全集》第55卷，第二版：人民出版社1972年版，第1825页），这就决定了人的活动是创造性的，决定了人在认识活动中具有对真理追求的人的感情，决定了人在实践活动中具有强烈追求自己对象的本质力量的激情和热情。创新，是以对现实的否定评价为先决条件的。当现实不能满足人的需要时，人就要对现实进行批判，就有对理想世界的追求，就要进行创新。因为，人对现实世界与理想世界的差异的比较和对真、善、美的追求，是人的内在的自觉追求。

（2）教育的目标在于培育创新人才

现代教育哲学认为：“教育起源于人类在劳动过程中形成的超生物经验的传递和交流，是人类特有的遗传方式和交往方式，是人类自身的再生产和再创造。其中，人类自身的再生产是指个体人的形成，直至进入社会，人类自身的再创造是个体和人类社会的不断发展和完善。”（桑新民著：《呼唤新世纪的教育哲学》，教育科学出版社，第116-120页）也就是说，教育就是在自然人的基础上帮助人实现社会化，并增进其发展和成功的活动。而在这一过程中，发展和培育人的创新精神、创新能力是教育的最高目标。

马克思主义从人的本质和人的本性出发，认为人的社会实践活动分为三种境界，首先是人改造世界的主动性发挥，这是人的社会实践活动的基础，也是人的本性。人不仅要适应环境，而且还要改变环境。这种主动认识世界、改造世界的活动是按照自己的意志和目的进行选择的。人“在自然物中实现自己的目的，这个目的是他所知道的，是作为规律决定着他的活动的方式和方法的，他必须使他的意志服从这个目的”（《马克思恩格斯全集》第23卷，人民出版社1972年版，第202页）。这是人在改造世界过程中表现的自主选择性。只有创新的社会实践活动，才使人在改造自然、改造社会、改造人的自身中体现人的本质。因为，人“通过实践创造对象，即改造无机世界；证明了人是有意识的类存在物”（《马克思恩格斯全集》第42卷，人民出版社1979年版，第96页）。创新是人的社会实践活动的最高境界。

按照马克思主义关于人的不同社会实践活动的依次发展与递进增强的关系划分，体现人的本质和人的本性的教育活动，也可分为三种境界：其一是使学生“生动活泼地得到发展”，这是为学生将来能够主动认识世界、改造世界奠定基础。其二是为学生个性发展提供更多的选择机会，“根据共产主义原则组织起来的社会，将使自己的成员能够全面地发挥他们各方面的才能”，并且“每个人都无可争辩地有权全面发展自己的才能”（张武升著：《创新教育论》，上海教育出版社2000年版，第52页）。只有使学生的个性自由发展，使每个学生自由发展、充分发展，才能推动整个社会、整个人类的自由发展、充分发展。邓小平也曾强调，教育要“承认各个人在成长过程中所表现出来的才能和品德的差异，并且按照这种差异给以区别对待”。其三是培养学生的创新意识、创新精神和创新能力，为他们将来创造性地认识世界、改造世界奠定基础，并在此基础上体现人的本质力量。因为，创新可以使人同其他动物区别，创新可以使人的活动越来越脱离人的本能需要，使人成为人。正如中共中央、国务院在《关于深化教育改革全面推进素质教育的决定》中所说“素质教育要以培养学生的创新能力和实践能力为重点”，这不仅是当今世界以创新能力为本位的人才观对教育的呼唤，而且也是合乎人的发展规律和教育规律、追求最高教育的体现。

2. 创新学习的教育学基础

从教育的基本规律来看，教育应促进社会的发展，教育应促进人自身发展，从发展推动创新；从教育目的的超前性来看，教育目的是面向未来的，教育目的代表着社会的期望，从未来的期望引导创新；从教学模式的时代发展来看，不论问题模式、发现模式，还是研究模式，都是以探索实现创新；从教育的研究方法来看，主要的研究方法是观察、调查、文献、个案、总结、实验等，它们都是从认识未知达到创新。

（1）创新是实现教育基本功能的途径

教育作为一个系统，必然具有一定的功能。无论从历史还是从现实看，教育之所以成为人类社会所必需的活动，主要是因为它具有两大基本功能。

第一，教育具有影响社会发展的功能。人类社会的延续和发展必须依靠两种最基本的生产：一是社会物质生产，二是人类自身再生产。人类自身的再生产不仅是指人类的繁衍，而且包括使个体社会化，形成社会的新生一代。显然，社会新生一代的形成离不开各种形式的教育。因为人类文化、思想的世代相传不能通过遗传实现，新生一代只有通过教育才能在较短时间里继承人类历史文明的遗产，并在此过程中达到当代社会对人的要求，有可能在现有社会发展的基础上，发挥新人的聪明才智，创造新的财富、知识和经验，不断向新的领域进军，作出新的贡献。另外，人类社会的物质生产也离不开教育。因此，教育促进社会发展的功能主要表现为它是人类社会延续、发展的必不可少的工具，是架在人类社会的过去、现在和未来之间的桥，教育起着使整个社会不断“扩大再生产”的作用。

第二，教育具有影响个体发展的功能。教育的目标是直接影响人的身心发展，而且教育的社会功能主要通过影响个体的发展实现，这决定了教育必然具有影响人发展的功能。无疑影响人的发展的因素很多，但教育在对人的发展中的主导影响是为人们所公认的。教育的主导影响体现在：教育帮助受教育者选择合适的发展方向；教育应为人终身的发展奠定坚实的基础，为离开学校后个体的继续发展创造条件。（叶澜著：《教育概论》，人民教育出版社1991年版，第237页）

教育促进社会和个人发展的功能主要表现在它帮助实现了社会的延续和更新。在历史的长河中，教育的延续功能是一贯的、基本的，更新功能却是有条件的。教育使社会文化延续和更新并不是以直接的传递或增添的方式实现的，它是通过把人类共创的文化财富转化为个体的知识、才能、思维能力、实践能力等，再通过个体发挥智慧、才能的活动，体现出已有文化对今日社会的功能，或创造出新的文化成果，从而丰富人类文化的宝库，推进人类文化的发展。因此，能否使原有的文化保持活力，能否创造出新文化，关键就在于教育的性质，看教育能否培养出具有创新意识和创新能力的人。在这个科技迅猛发展、国际竞争日益激烈的时代，明确这一点尤其重要，正如江泽民同志强调的："创新很根本的一条是要靠教育，靠人才。"（叶澜著：《教育概论》，人民教育出版社1991年版，第237页）因此，教育要真正实现其促进社会和个体发展的基本功能必须依靠创新。

（2）学习创新是面向未来的教育目的

所谓"教育目的"一般是指"一定社会培养人的总要求，是根据不同社会的政治、经济、文化、科学、技术发展的要求和受教育者身心发展的状况确定的"，"它反映一定社会对受教育者的要求，是教育工作的出发点和最终目标，也是制定教育目标、确定教育内容、选择教育方法、评价教育效果的根本依据"（《辞海》（教育学、心理学分册），辞书出版社1987年版，第1页）。近代以来人们在教育目的问题上曾经作过多种探索，提出了种种不同的教育模式，如面向过去与维持现状的教育目的模式（以赫尔巴特学派为代表）、以教育不变应社会万变的模式（如赫钦斯）等。随着现代社会的急剧变化，传统的教育观念受到挑战，传统的教育目的观念也不例外。联合国教科文组织于1972年推荐的《学会生存》（learning to be：the world of education today and tomorrow）一书对传统的教育目的观念进行了批评性的总结，主张教育目的当从"再现过去社会状态"向"预示某些新的社会状态"转变（陈桂生：《从"再现过去社会状态"的教育目的到"预示某些新的社会状态"的教育目的》《教育丛刊》，1986版，第（2）期）。《学会生存》一书通过科技发展、生产发展、民主发展和人的发展几个方面对教育目的的要求的分析，得出教育的培养目标是：培养现代科学技术、现代生产与现代社会发展与变化的主体，以与现代社会科学技术、生产、社会发展的目标协调；培养民主主义的促进者——承担社会义务的国家公民与世界公民，以与现代政治生活——现代民主发展的目标协调；培养实现自己潜能的主人，以利于实现现代人的使命。（联合国教科文组织国际教育发展委员会：《学会生存》，上海译文出版社1979年版，第215页）

这样的教育目的就是所谓“预示某些新的社会状态”的教育目的，实现这种教育目的必须改革传统教育，尤其是必须重视对人的创新精神、创新能力的培养。《学会生存》从这一教育目的出发，进一步指出有利于培养创新精神的教育有下列特征：保持一个人的首创精神和创造力量而不放弃把他放在真实生活中的需要；传递文化而不用现成的模式去压抑他；鼓励他发挥其天才、能力和个人的表达方式，而不助长他的个人主义；密切注意每一个人的独特性，而不忽视创造也是一种集体活动。（联合国教科文组织国际教育发展委员会：《学会生存》，上海译文出版社1979年版，第205页）

传统教育压抑人的创造性（尤其是符合上述要求的创造性），它已经受到来自各方面的挑战（包括社会变革和个人发展）。因此，从教育目的“面向未来”这一本质要求出发，教育呼唤创新。

3. 创新学习的心理学基础

（1）发现、发明、创造与创造力

1950年，由吉尔福德提出的一个口号在全世界尤其是在发达国家中引起了意想不到的反响，那就是“人人都具有创造力”。到现在，半个多世纪过去了，人们怎样理解创造和创造力？又如何理解创新？

韦特墨在谈到创造性思维时说：“只有当创造性思维过程贯穿整个教学实践中，学生学习起来才会身心与共、朝气蓬勃……创造过程通常是这么一种形式，为了获得正确的认识，人们开始重新怀疑并重新研究一切。”（海纳特著、陈钢林译：《创造力》，工人出版社，第153页）库珀认为：“创新和创造能力属于经营过程”。（甘得安著：《知识经济创新论》，华中理工大学出版社1997年版，第23页）模仿是重要的创新传播方式。所谓模仿是指人们通过逆向工程等手段，仿制生产创新者的产品。由于一个创新商品并不能瞬时占领市场，以及缺乏有效的产权保护手段，模仿者很容易进入市场。有时，模仿者也许比创新者占有更多的市场。日本是最大、最好的模仿者。其实模仿是一种重要的创新传播方式。模仿不是简单的仿制，它包含着渐进的创新，以及对原设计的不断改进。因此，模仿者也应被看做是某种创新家。（阿列克凯·恩克劳斯著：《经济学与经济对策》，商务印书馆，第91页）如美国公司创造的录像机，日本通过摸仿，对其产品进行改造，使录像机性能更加完善，结果日本的录像机占领了世界市场。

创造（Creation）指首创前所有的新事物，其显著特征是其新颖性、独特性，它常常与“发明”联合在一起使用，即“创造发明”。瑞士学者戈特利布·冈特恩认为“创造”必须满足四个方面的要求：新的形式必须是唯一的，即具有独创性、首创性；新的形式必须具有足够能动性，即为了一定的目的而创造；新的形式必须是美的；新的形式必须代表一种社会价值，即具有某种用途。（戈特利布·冈特恩：《创造性领导的挑战》，郑泉水译，清华大学出版社，第12页）日本学者伊东俊太郎认为：“创造就是解决新问题，进行新组合，发现新思想，发展新理论。”（鲁克成·罗庆生：《创造学教程》，中国建材出版社1997年版，第3页）

创新学习与创造力、创新力既有区别又有联系。要说创新力、创造力还要先说创新、创造。

创新与创造是两个联系相当紧密的概念，其联系的纽带就在于二者都有一个“创”字，二者都在追求变革、更新与发展，都是人所独有的心理活动。因此，二者在一些场合可以互相替用。如创新意识与创造意识、创新精神与创造精神、创新思维与创造性思维、创新能力与创造能力等。但在某些地方又不能互换。如观念创新、制度创新、管理创新、服务创新等，若为观念创造、制度创造、管理创造、服务创造等就显得生硬。因此，创造强调独特、新颖，前所未有，而创新并不是强调首创，只是“优化”，重新组合；创造强调绝对意义上的“新”，有专利权、首创权，而创新则是相对意义上的新。另外创造更关心结果，而创新更关心过程。

创造力、创新力又如何理解与区别呢？

创造力既是人的能力的最高形式，同时也是一种综合能力的体现。心理学领域的最新研究表明：创造力是一种认识、人格、社会层面的综合体，是知、情、意的统一。创造力的内涵十分丰富，可表述为：适应知识经济时代要求所必须具有的探求态度、批判与创新能力、必须的知识、经验积累和对知识的开放性（无限性）、多维性（多元性）的认识集合。

创新力意味“创造的能力，才艺智力的开发”，从某种意义上说，创新力似乎与想象和发明两个词义相近。创新力的定义有广义和狭义之分。狭义的定义为：提供新颖的、独创的、具有社会意义的事物的能力。如科学上的发现，技术上的发明，文化艺术上的创作等。广义的定义为：指从事就自身而言是新颖的活动的能力。创新力要求学习者具有敏感性（容易接受新事物，发现新问题）、流畅性（思维敏捷，反应迅速，对于特定的问题情境能顺利产生多种反应或提出多种答案）、灵活性（具有较强的应变能力和适应性，具有灵活改变定向的能力，能发挥自由联想）、独创性（产生新的非凡思想的能力，表现为产生新奇、罕见、首创的观念和成果）、再定义性（善于发现特定事物的多种使用方法）、洞察性（能够通过事物的表面现象，认清其内在含义性或多样性，能进行意义的变换）和善于发现问题、解决问题的学习品质。而创新学习主要是培养学习者具有创新意识、创新精神和创新方法，学生具有任何独创的学习方法、新奇的想法等都是创新学习，学生长期坚持，定能发展自己的创新力。

从目前来看，人们对创新力较为一致的看法是心理学界的定义："根据预定的目的和任务，运用一切已知信息，开展能动思维活动，产生出某种新颖、独特、有社会或个人价值的产品的智力品质。"（甘德安著：《知识经济创新论》，华中理工大学出版社1997年版，第13页）这里的产品是指以某种形式存在的思维结果，它既可以是一种新概念、新设想、新理论，也可以是一项新技术、新工艺、新产品。很显然，这一定义是根据结果来判别创新力的。其判断标准有三：一是是否新颖，"新颖"就是要不墨守成规、破旧布新、前所未有（这是从纵向看）；二是是否独特，"独特"主要指不同凡俗、别出心裁，有新义（这是从横向看）；三是是否具有社会或个人价值，有"社会价值"，是指对人类、国家和社会的进步具有重要意义，如重大发明、创造、革新，有"个人价值"则是指对个体的发展有意义。这和北京师范大学副校长董奇教授对创新力的定义"在一定目的和条件下，个体可能产生出某种新颖、独特、有社会或个人价值产品的能力"是一致的。当然，创新力就学生的表现来说，他可能就是一种设想，一种新的解题方式，一种新的学习方法。尽管我们说新颖性、独特性、价值大小是判断创新力的标准，但这并不意味着没有创造活动、没有创造产品的学习者就没有创新力。因为有无创新力和创新力是否体现出来并不是一回事。大概这就是"创新潜能"与"创新力"不是一回事的充分例证。

创新力也有内隐和外显两种形态。只要学习者有创新的思想，或许就有创新力。

创造是指最终产生新的有社会价值的成品（包括物质的和观念的产品）的活动或过程，是解决问题的最高形式。（邵瑞珍：教育心理学，上海教育出版社1997年版，第218页）科学家提出能解释某些现象的原理或发明新技术，文学家写出新的有社会价值的作品，音乐家谱写出新的受人欢迎的歌曲，都属于创造性活动。创造又分真创造和类创造。真创造是科学家和其他创造发明家最终产生了对人类来说是新的和有社会价值的成品的活动。类创造是对个体而言的，如仅学习过求矩形和三角形面积的学生，他发现了把梯形分割成矩形和三角形，从而求出梯形面积的方法。这种发现的思维成品和发现的思维过程同科学家的发明创造过程在本质上相同的，同样具有创造性。不过其思维成品只对个人来说是新的，而对人类来说是已知的，所以这种创造性活动称为类创造。类创造的概念，对于解释学生在创新学习中表现出的创造性是大有帮助的。处于成长、学习过程中的学生也能创新吗？这是许多人包括老师在内心中存在的疑问。实际上，创新就是问题解决的高级形式，任何人都具备这种能力，因此我们鼓励学生在学习过程中大胆探索、质疑问难，通过新旧知识的有机组合，提出自己的新见解、新观点、新做法，只要对学生个体经验来讲是新的，那就是创新。

人的创新心理的集中体现是创造力。创造力是以个体的认识、行动和意识的充分展开，进行创新思维并取得成果为标志的。创造力因个体心理基础的不同而表现出不同水平的差异。美国心理学家阿瑞提就指出：每个精神健全的人都具有普通创造力，但伟大的创造力只有像牛顿、爱因斯坦那样能创造出人类伟大成就的人才具有。创造力是由低到高逐步发展的。美国心理学家泰勒将创造力由低到高分为五个层次：一是表达式创造力，以自由和兴致为心理基础；二是生产式创造力，以模仿、应用现成原理、原则为心理基础；三是发明式创造力，以一种新眼光看待事物为心理基础；四是革新式创造力，以对创新问题的全面把握，创新知识的必备和创新领域的充分了解为心理基础；五是高深创造力，以具有处理复杂、深奥资料和创立新的理论学说能力为心理基础。按照泰勒的观点，表达创造力是其他创造力的基础，常见于儿童和青少年的创新心理，而其他创造力都是依此由低向高逐步形成和发展的。从创造力的形成和发展理论中我们可以看出：创造力不是少数人特有的，每个人都具有创造力，都可以通过创新学习的活动进行培养和提高。而较高层次的创造力也不是凭空得来的，需要从小培养起来，因此在中小学生中开展创新学习的活动是大有裨益的。

（2）创新与创新学习的心理研究

① 创新学习兴趣

兴趣是一个人积极探究某种事物或趋向某种活动的心理倾向，表现为一个人渴求深入认识某种事物并力求接近该事物或该种活动的心理倾向。人一旦对某种活动产生了兴趣，就能提高完成这种活动的效率。兴趣是影响创新学习活动效率的一个重要心理因素。个体只要有了创新学习的兴趣，就会产生乐于刻苦钻研、勇于攻克难关的强大原动力。兴趣的产生基于需要，但不能归结为需要。需要表现为必要性，兴趣表现为个人对某种活动的爱好。深刻而巩固的兴趣可以成为需要。兴趣的含义非常广泛，有物质的兴趣，也有精神的兴趣；有间接的兴趣，也有直接的兴趣；有短暂的兴趣，也有稳定的兴趣。兴趣是可以培养的，兴趣的发展也是有规律的。创新学习兴趣具有以下特点：

第一，创新学习的兴趣稳定地指向创新。兴趣总是指向于一定的对象和事物，一个人的兴趣指向不同，努力的方向就不同。有些人对于学习缺乏稳定的兴趣，凡事见异思迁，事后兴趣就烟消云散。学习是一个人终生都必须面对的事情，创新学习是学习的一种精神、方法和技巧，要求兴趣指向于创新的目标，成为具有个人特色的主攻方向，形成自己的独特体系。在兴趣广泛的基础上，要形成持久的、稳定的创新学习中心兴趣，以中心兴趣统辖其他兴趣，才能在事业上作出成绩。世界上许多革命家、科学家都是以形成一种中心兴趣，以执著追求的热情获得成功的。马克思的一切兴趣都围绕着为解放全人类的革命事业而展开，祖冲之的许多创造发明都是建立在对数学研究的基础之上的，而达·芬奇的许多发明都与绘画艺术有关。

第二，兴趣一旦产生，必须使创新向纵深发展。人的兴趣是发展的，一般经过有趣——乐趣——志趣三个阶段。有趣是兴趣发展的低级阶段，往往是由某些外在的新异现象所吸引而产生的直接兴趣；乐趣是兴趣发展的中级阶段，是在有趣的基础上逐步定向而形成的；志趣是兴趣发展的高级阶段，与崇高的理想和远大的奋斗目标相结合。伴随着人类的创新活动，是艰苦曲折的过程，创新学习也要比一般学习付出更多的辛劳。因此，创新学习要求有稳定的、集中的兴趣，最后上升到志趣阶段，全身心地投入到创新学习活动中去。

② 创新学习情感

当一个人看日出、读书、听音乐、寻找问题的答案或者向往未来的时候，除了有各种不同的认识活动外，还会表现出自己对周围世界高兴、悲伤、害怕、恐惧、喜悦、苦恼等各种各样的态度，即情感。情感就是人对客观现实中对象和现象所采取的态度的体验，是人对不同事物所持不同态度的表现。也就是说，情感是以客观事物能否满足人的需要为中介的特殊反映，是人对客观事物与人的需要之间关系的反映。

一个人的情感具有两种职能，即调节的职能和信号的职能。调节的职能表现在稳定的情感能指引和维持一个人的行为，排除其他一切阻碍，能消除情绪的过分激动。情感的信号职能表现为人的各种情感都伴随着丰富的表情动作，如面部表情动作、手势、肌肉运动等。

在创新学习活动中，情感虽然不起直接的作用，但如果一个人有了学习的热烈情感，就会增强其学习的积极性，主动地探求新的知识，顽强地克服各种困难，大胆地进行创新，从而提高学习效率。孔子就将学习分为知学、好学、乐学三个不同的层次，并把乐学作为一种最高层次的学习热情。他说："知之者不如好之者，好之者不好乐之者。"所以，适当的激情、良好的心境、饱满的热情是创新学习的重要心理品质，是推动创新学习活动的强大动力，是一个人取得学业成就的先决条件。我们每个人都是自己情感的主人，在创新学习活动中，既要通过学习活动形成和发展自己的积极热情，又要保持和激发积极的情绪状态，满腔热情地投入到创新学习中去。

③ 创新学习意志

创新学习必须具有很强的学习意志。我国著名教育家陶行知曾将育才学校的创学宗旨总结成"十字诀"，即"一个大脑、二只壮手、三圈连环、四把钥匙、五路探讨、六组学习、七体创造、八位顾问、九九难关、十必克服"。其中的"十必克服"就是指一个人不仅要有学习的情绪和学习的智慧，而且还要有学习的意志，这样才能克服困难，取得学习的成功。意志是指一个人"为了达到一定目的，自觉地组织自己的行动，并与克服困难相联系的心理过程"。例如，一个学生根据培养目标勤奋学习，刻苦锻炼，克服各种困难，使自己在德、智、体诸方面都得到发展，就是他的坚强意志的表现。意志是一个人的心理能动性的集中表现，总是与行动相联系的，通过克服困难以有目的的行动来改变和改造客观世界。因此，一个具有坚强意志的人，不仅能促进其情感和智力的发展，而且可以调节和控制自己的情感，主导和支配自己的创新学习活动，并按照自己预定的目标，克服困难，勤学创新，向知识的高峰顽强地攀登。创新学习的意志特征表现为以下四个方面：

第一，坚强的目的性。进行创新学习的人，善于结合自己的实际，提出明确的个人创新目标，并为达到自己的目标而顽强拼搏。他们一般不在琐事上耗费精力，而能将个人的目的与社会的要求和利益相结合，能将社会目的与个人目的和谐地融合在一起，将争取达到促进社会进步的目的作为实现个人人生价值的最高标准。目的坚定的人一般做事比较入迷，知道自己为什么而学习，应朝着什么方向前进。

第二，独立的自主性。进行创新学习的人，能按照自己的目的独立地学习，一般不用外人的帮助就能发现问题，也不受外人的干扰和约束；能积极坚持自己的正确观点，不受别人暗示的影响，不迷信权威，不屈从于别人。

第三，百折不挠的恒心。意志过程一般要经历决心、信心、恒心三个阶段，恒心是意志过程的最高阶段。创新学习一定要有恒心，要善于抵制不符合行动目的的主观因素的干扰，持久地维持已经开始的符合目的的创新学习活动。持之以恒，百折不挠，直至取得学习的成功。

第四，创新学习性格。性格是指一个人对现实的稳定的态度以及与之相适应的习惯了的行为方式的心理特征。性格在个性特征中具有核心意义，它制约着一个人的能力特别是创新能力的施展与发展。良好的性格特征可以促进能力的形成与发展，可以补偿某些能力的相对弱点；而不良的性格特征，则会阻碍能力的形成，甚至还可以使已形成的能力衰退。一个具有优良性格特征的学生，可以保证其创新学习具有正确的动机、稳定的情绪、持久的兴趣和顽强的意志，获得创新学习活动的圆满成功。

创新学习要求一个人要具有坚强、果断的性格特征，利用一切可能，合理地组织自己的学习活动，战胜各种障碍，达到既定的目的。同时，创新学习的性格应该具有可塑性和动态性。一个人的性格一旦形成以后，虽然颇为稳固，但也并不是一成不变的。随着社会生活、学习环境的变化，性格也会发生变化。性格在主客观条件相互作用的过程中形成，同时又在主客观条件相互作用的过程中发生某些变化。创新学习目标一旦确定，学习者就要改变自己不利于创新学习的性格，通过多种途径培养自己良好的性格。

4. 创新学习的脑科学基础

现代科学正面临着四大问题的挑战，即物质的本质、宇宙的起源、生命的本质和大脑的奥秘。为此全世界有众多的科学家都在研究“脑”。大脑是人的心理的物质基础，更是学生素质提高与发展的物质基础。进行创新学习，必须了解和掌握有关脑科学研究的新成果及脑科学对学习提出的新的启示或要求。

（1）脑科学研究的新成果：全脑模型

关于脑科学研究，自20世纪70年代以来，已不断取得突破性的进展。首先是斯佩里（Roger Sperry）、波根（Joseph Bogen）、葛萨纳嘉（Michael Gazzanaga）三人进行的著名的“分脑手术”，发现了左、右脑结构与功能的区别，提出了左右脑分工说（见图3-2 ）。

这一发现在20世纪70年代初期影响很大，甚至影响到了教育领域，一些教育研究者纷纷进行关于右脑的教育开发研究，发表了许多研究报告。（董奇、陶沙：《脑与行为》，北京师范大学出版社1986年版，第2000页） 大脑两半脑在结构和功能上存在着巨大差异，左脑的思维方式更多是程序性的，就好像一个侦探，一步步推理，而右脑则更多是通过类似于“直觉”的方式，往往只需要扫一眼就可以在一群人中间找到想要找的人。或者更形象地说，左脑好比是通过串联的电路思考，右脑则犹如通过并联的电路思考。到20世纪70年代中期，美国国家健康学会的麦克连（Paul Mclean）又提出“脑部三分模型”，依照人类进化历程划分人脑的功能区：从爬虫类脑、哺乳类脑到新皮层（见图 3-3）。但直到20世纪80年代，坚持左右脑二分法观点的人仍占优势，而关于边缘系统的研究成果则不被重视。

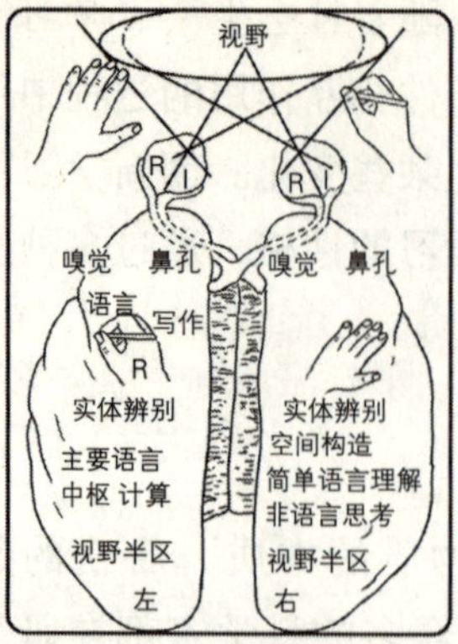

图3－2　斯佩里脑部分工图解

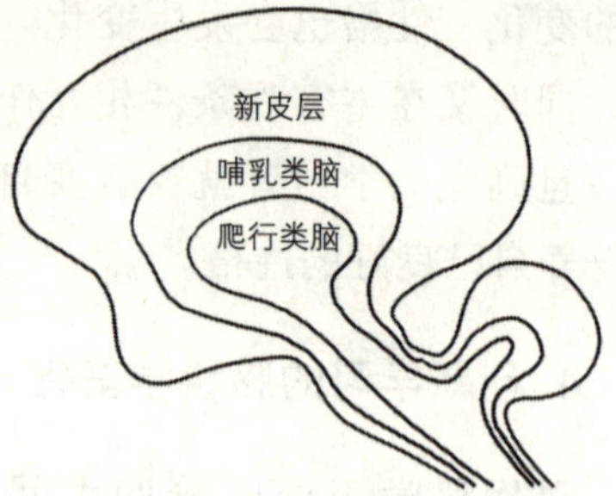

图3－3　脑部三分模型

赫曼在斯佩里和麦克连两个研究成果的基础上，把二者综合起来，提出了全脑四分构造模型，并认为这个四象限的模型可以当做大脑运动方式的一个组织原则：四大象限分别比拟人大脑皮层的两个半脑和边缘系统的两个半脑。这一全脑模型可以用图3-4和图3-5来描绘。四个构成部分之间相互联系、依存，构成一个统一的整体。

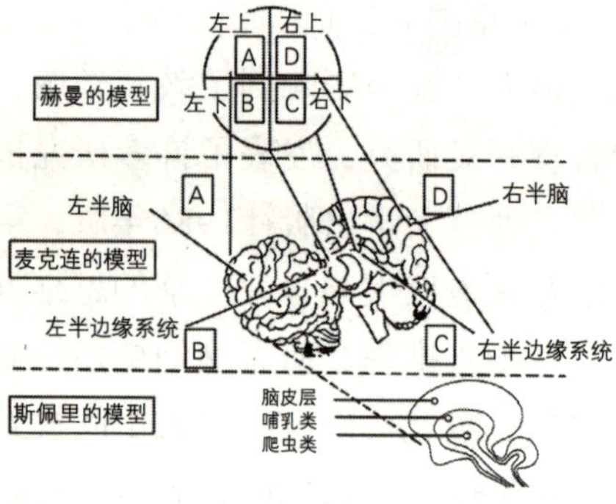

图3-4　全脑模型及其生理学根据

图3-5　全脑模型

（2）全脑模型与创新学习

全脑模型为学生创新精神和创新能力的培养提供了科学的新模式，即全脑式创新模式。赫曼认为，大脑是创新和创造的源泉。有许多人认为，创造、创新纯粹是由右脑控制程序，赫曼却认为这是一个全脑活动的过程。他运用全脑模型研究创造或创新的过程，提出了一个新的由兴趣、准备、酝酿、领悟、检验、应用六个阶段组成的全脑创造过程模

式。在不同的阶段，大脑发挥作用的部位不同，但在整个过程的启动和完成阶段，要靠全脑发挥作用。（见图3-6）

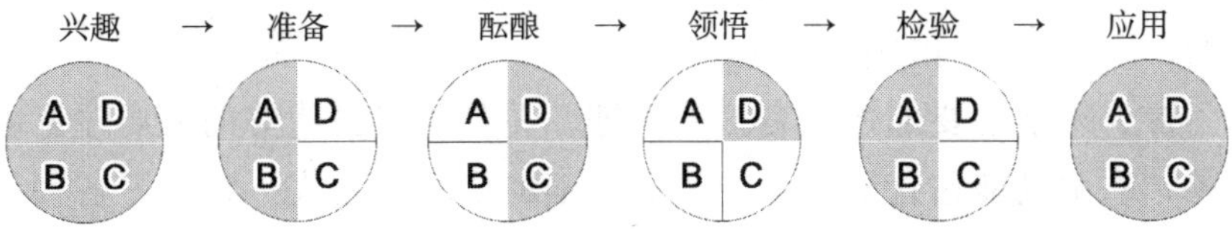

图3-6　全脑创造历程

兴趣是创造或创新活动的启动阶段，它表明主体对某一问题集中关注并产生创造、创新的动机。在这一阶段，大脑的四个部分均发挥作用。在准备阶段，进行资料收集和事实分析，并将事实按照时间排列出来，正确说明问题所在。在这一阶段，脑的A、B两部分发挥作用。酝酿是大脑在有意识和无意识两个层面上同时处理问题，主要是右脑开展心智活动，运用的是直觉和概念式的理解能力，将可能的解决方法提升到意识的层面上来。在酝酿的基础上产生领悟，这时解决问题的思维突然产生，犹如茅塞顿开、豁然开朗。在这个阶段，主要是大脑的D部分发挥作用。之后是对产生的解决办法进行检验等，在这个阶段起作用的是大脑的A、B部分。应用，是对检验成功的解决方法投入使用和推广的阶段，这一阶段涉及的因素很多，因而大脑的四个部分都投入运行，共同发挥作用。这一创造过程的模型，对于我们理解学生的创新思维的产生过程或指导学生完成一项创新性的活动，都具有很大的启发和帮助作用。

传统观点认为，脑的左半球是优势半球，右半球是从属半球。现代科学则认为，一个半球对另一个半球的优势，主要是通过学习和训练的结果，而不是天生的特性。长期以来，人们重视左脑的训练与开发（包括学校教育与社会习俗），形成了左脑是优势半球之说。要使大脑的思维活动产生创造性的思维结果，必须左右脑协同思维，因此，要在继续开发左脑的同时，积极训练和开发右脑。

左脑是记忆、语言、逻辑推理、计算、排列、分类、书写、分析和求同思维的控制中枢；左脑是视知觉、空间关系、音乐、节奏、舞蹈、身体协调、身体活动、直觉、综合、态度、情感和求异思维的控制中枢。左右脑功能各异，左脑承担着语言思维和逻辑思维，称为“理性脑”或知识“司令”；右脑承担着形象思维和直觉思维，称为“感性脑”或创造“司令”。只有当逻辑思维与形象思维能力分别达到一定值时，才会产生突变，出现创造性思维。此时，两半球的功能达到了相对平衡，产生了协同的作用。

青少年学生要加强左右脑的训练，左脑功能占优势的人要注意锻炼右脑，右脑功能占优势的人要注意左脑的锻炼。首先，在学习各种科学知识的同时，加强音乐、美术、书法和艺术体操的学习与欣赏；第二，要经常进行推测和想象、假设与幻想的训练。如推测电影、电视和小说的结果，幻想设计未来社会的各种变化；第三，要丰富自己的学习、生活内容，扩大兴趣领域；第四，加强左右侧身体的活动与锻炼。擅长于用左脑的人要加强左侧身体的锻炼，善于用右脑的人要加强右侧身体的锻炼。可以根据实际情况自己编排单侧体操，如善于用右手的人，可以用左手持筷子夹黄豆进行训练。

第四部分

创新学习的策略

美国著名的教育心理学家加涅深入研究了教学与学习的有效策略。加涅认为，许多研究结果表明，教师取得成效上的差别反映着他们管理和指导策略上的差别，“管理策略”用来使学生接触教材，并使这种接触保持相当长的时间，而“指导策略”可用来易化教材的学习。加涅关于教学策略的研究是富有成效的，他以大量的实证研究成果，极有说服力地证明，教学策略对教学效果和学生的学习有重要意义。加涅指出，更为重要的是，教学策略是可以学习和训练的。加涅提出了“什么是教学策略”的问题，从他提出的策略的具体内容来看，他把“策略”等同于“方法”、“步骤”之类。“策略”一词最早来源于军事科学，指大规模军事行动的计划和指挥。从更一般的意义上讲，策略是为达到某种目的而使用的手段或方法。在教育学中，这个词一直与方法、步骤同义。笔者认为策略是方法的方法，属哲学中的方法论。因此，创新学习策略就是创新学习方法的方法论。本章主要论述思维与问题策略。

一、创新思维策略

所谓创新思维是相对于常规思维而言的，它是运用新的认识方法，开拓新的认识领域，开创新的认识成果的思维活动。能够想出新点子，创造出新事物，发现新路子的思维都属于创新思维。简而言之，创新思维是指对事物间的联系进行新的思考，从而创造出新事物的思维方法，是一切具有崭新内容的思维形式的总称。

创新思维包括突破旧有模式建构较新模式和通过旧有模式的系统开放运动两种思维状态：一种是创新思维结构，从而解决实际问题；另一种是不改变思维结构，而直接系统综合运用经验去解决实践问题。

创新思维不是单一思维类型、思维方式的思维过程，而是复合思维类型、思维方法综合起作用的复杂的思维过程。创新思维是创新主体从事的系统的复杂的高级思维活动，它要综合运用各种思维形式。创新思维大致可以分为逻辑思维和形象思维，单一思维和综合思维，正向思维和逆向思维，求同思维和求异思维，发散思维和收敛思维。

创新思维主要是发散思维与收敛思维的辩证统一。发散、收敛都是创新思维方法，在一个创新思维过程中，发散和收敛方法是创新思维的两个组成部分，发散是为了收敛，收敛是发散的必然结果；发散是收敛的基础，收敛是发散的目的。

1. 批判思维

批判思维是学习者创新思维的前提。在批判思维中，要求学习者“不拘泥于书本，不拘泥于权威”，敢于向权威挑战。马克思的女儿问马克思最喜欢的座右铭是什么，马克思脱口而出：怀疑一切。这句话表现出革命导师最强的批判意识。2000年度诺贝尔经济学奖获得者赫尔曼在华中科技大学讲座时说过，开放式的讨论，广泛地思考与批判、创新观点，而不一味地遵循权威的观点，才是一个学者进步的阶梯。创新思维就是要有这份勇气，敢于挑战，敢于批判，这样才会有真正的见解。

批判思维应该是学习者具有的思维品质。在人类历史上有很多批判思维的成功典例。1590年，物理学的奠基人伽利略在比萨斜塔上做了两个铁球同时落地的实验，批判否定了古代天才亚里士多德，结束了他统治人们思想两千多年的“物体坠落速度与它重量成正比”的物理学理论。墨子在孔子儒家文化形成之时，还独树一帜，建立墨家学说。我国传统经典之一的《庄子》，就是一部最早的批判哲学，“圣人不死，大盗不止”大胆的批判，惊世骇俗。诸子百家的批判意识，掀起了百家争鸣的文化热潮，推动了我国春秋战国时代学术的空前繁荣，创新蓬勃发展。在创新学习研究中，我始终鼓励各个课题组及实验学校把培养学生的批判意识摆在首位，不会批判的人就不可能创新。如复旦中学在研究中，让学生批判老师在教学中的问题，并指出教材中的问题，并把语文教材中发现的不足，写信给出版社总编，同时还得到出版社社长热情洋溢的回复。

当然，因缺乏批判思维而阻碍社会进步的事例也屡见不鲜。古希腊著名数学家毕达哥拉斯由于晚年缺乏自我批判意识，以致造成“无理数”的悲剧。由于中国人不善批判思维导致古代中国形成“独尊儒术、罢黜百家”的传统。封建社会的思想禁锢，导致国人形成了唯上、唯书、惟权威的陋习。从根本上说，这是思维定势造成的结果。在批判思维中，人们常从逆向思维开始。这是在正向思维难以取得效果或效果不理想情况下，向相反的方向寻求解决问题途径的思维方式。运用这种思维方式，往往能收到“山重水复疑无路，柳暗花明又一村”的效果。世界是矛盾的统一体，矛盾的两个方面是互相对立统一的。肯定了一方面，也就等于否定了另一方面。但是由于惯性思维的缘故，学生往往只侧重一面而忽略了另一面。这种钻牛角尖的思维方式，常使学生陷入思维的僵局。例如，王老师在讲授李白的《梦游天姥吟留别》的第一自然段时，提出问题："作者极言天姥山之高，压倒群山，目的是什么？"学生顺利地解答出："写天姥山高大雄奇，令人神往，为下文梦游做铺垫。"但进一步提出"这段极言天姥山之高，与篇末揭示的不事权贵的主旨是如何呼应的？"学生一时不知从何处入手解答。教师适时从反向进行启发："山高了什么低了？""天低了。""天象征了什么？""皇权！封建统治！"问题迎刃而解。学生不仅深切地体会了诗人高超的创作技巧，更在思维方式上登上了一个新台阶。

创新思维最大的障碍就是使人们取得过成功的思维定势。所谓思维定势，是指人们在长期的思维实践中，由于受民族文化、科学技术、实验条件、生活环境、个人经历等多种因素的影响，在头脑中形成的特定的思维和思维框架，固化为一种惯常的定型化思维风格和思维模式。它具有强大的惯性，一旦建立起来后，就会"不假思索"地支配人们的言行举止，具有很强的稳固性和顽固性。同时创新思维必须要有冒险精神，不愿冒险是一种扼制创造力成长的心理因素。所有创造性的尝试几乎无例外地面临着失败、遭受磨难的可能。十拿九稳的创造几乎是不存在的，因而创造是从无数失败中滋生的。有心理学家做过这样的实验：一个甘愿冒险试做三件事而只期求两件事成功的孩子，和只愿试做一件事但力求完美的孩子，他们的精神状态大有差别，那力求完美的精神，对创造性的努力是有抑制作用的。

头脑风暴法为学生营造了一个充满鼓励、严禁批评的环境，使受训练者大胆尝试，无所顾虑，从而有利于克服这些心理障碍。另外，奥斯本认为，要克服这些不利心理因素的影响，除营造有利的环境以外，个体自身的心理暗示或训练也是十分必要的。除此之外，有益的尝试是极其有效的，在一些相对简单的事物上作一些创造的尝试，尽管不是很辉煌，但这是"在开创一种习惯"，对于培养创造性的心理习惯是非常有利的。

2. 发散思维

在日常生活中我们会发现，某些人在思维过程中跨度很大，能够海阔天空地联想；而有些人则缺少应有的思维广度，只能在一个问题的圈子中绕来绕去。从创新的角度来说，思维的广度是必不可少的。法国哲学家查提尔说过一句名言："当你只有一个主意时，这个主意就太危险了。"在许多场合下，把思维广度扩展一下，便会引出一连串的创意，这就需要发散式思维。

发散思维是创造性思维的基本成分之一，又叫辐射思维、求异思维、开放思维，是由美国心理学家吉尔福特作为与创造性有密切关系的思考方法提出来的。这种思维既无一定方向性，也无一定范围，是一种推测、想象，是一种朝着多种多样方向变化、试探的创造性思维过程。

发散思维是指在思维过程中，从同一来源的材料出发，充分发挥人的想象力，产生出为数众多且方向各异的输出信息，以便找出更多更新的可能答案、设想或解决方法的思维模式。它是创造性思维结构的一个组成部分，但不是人类思维的基本形式。其作用只是为创造性思维活动指明方向，即要求朝着与传统的思想、观念、理论不同的另一个（或多个）方向去思维。发散思维的实质是要冲破传统思想、观念和理论的束缚。利用发散思维方法能使创造主体的思维趋于广阔、灵活，不受传统观点的束缚，把所研究问题的所有因素和可能的方案都记录下来，用它来把握问题的全部情况，从中作出选择，即在人类已知的认识范围内找出尽可能多的方案和相关因素，满足创造主体所要达到的目的。

发散思维是创新思维的重要组成部分，有人称为主导性成分，但发散思维不等于创新思维。一般用流畅性、变通性和独特性来衡量一个人发散思维水平的高低。所谓流畅性，是发散思维的低层次的特性，体现了思维量的特征。一般是把对某个问题发散思维的回答个数作为分数。流畅性决定于一个人记忆信息和知识的多少，它反映一个人知识广博的程度。所谓变通性，是发散思维的较高层次的特性，它常能给思维带来一些新型思路和想法。通常我们是把发散思维答案类别的个数作为其分数。所谓独创性，是发散思维最高层次的特性，它常常突破常规和经验的束缚，使发散思维具有独特性。

由此可见，发散思维能使创新主体的思维趋于广阔、灵活，不受传统观念的束缚，积极运用各种创新思维方法在思维中构成新的思维形式。发散思维不同于分析思维，分析思维是利用概念、命题、推理等各种逻辑形式对思维对象进行分析，以认识它的基本矛盾、基本性质、基本结构，要求实事求是，不允许有想象、联想、夸张等手法；发散思维虽然以分析思维为基础，但不能完全归结为分析思维，它还包括想象、联想、直觉和灵感等思维活动。分析思维的宗旨是认识、获得真理，发散思维的宗旨是创新，获得新思路。发散思维方法的全新性是发散方法的重要特征，也是进行发散的目的。它要求解题方案突破常规习惯和经验的束缚，创造出全新的观念。这是创造性思维全新性在发散中的表现。

在发散思维的特点中，流畅性、变通性是创造性思维灵活性在发散中的表现。变通性是发散方法的一个关键因素，是流畅性的条件。在发散中，创造主体思维沿某一个方向运作的同时又重视其他思维方向，多向选择使变通性得以实现，流畅性也大为提高。变通性也是形成全新性的条件。一般来说，创造性思维在发散的开始总是在记忆中提取过去已有的往往是常规范围内的知识和经验，以求可行性高的答案。当解决不了问题时，创造主体就通过不断变换思维方向，寻找新的解题方式，以产生新型独特的设想。这就是思维创新的组合过程。在这里，一个思维方向的改变，可以认为产生了一次灵感，只是每个灵感的产生不一定全得到一个可行的结论。卞小娟老师在教学“亿”的概念时，让学生回家设计如何认识“亿”，于是有的学生用笔打“点”的方式，算出打1亿个点的时间；有的学生用天秤计算出100粒大米的重量，然后计算出1亿粒大米的重量；有的学生测量出100张纸的厚度，然后计算出1亿张纸有多高，这样的教学方式让学生对亿的概念有了更深的理解。有一次，一所农村学校两个班的学生围绕“距离”口头作文。“距离就是美……”一位教师滔滔不绝地阐述了一阵，使学生茅塞顿开，于是这位教师的观点被学生们“克隆”了。而另一堂课则不同，大概是这位教师笃信“青出于蓝而胜于蓝”吧。“同学们，我们生活中哪些现象与‘距离’有关？”这一问居然欲罢不能，从两点间的距离到人与人之间的距离，足足写了两黑板。看来学生头脑中积累的信息远远超过教材，超过教师。把这些信息提取出来，反馈下去以达到信息资源共享，这样的美事何乐而不为呢？三个臭皮匠能顶个诸葛亮，我们决不能低估了这些生于信息时代的后生。重庆江津四牌坊小学的李老师曾执教一堂作文课《创新作文题目》，大屏幕显示一片正缓缓落下的树叶，鸟巢中一只小鸟正张开嘴，让同学们自拟作文题目。同学们说出了上百个作文题目：“小鸟找妈妈”、“一片树叶的诉说”、“世界充满爱”、“救救地球”，等等。

发散思维是创新思维结构中的一个要素，但不等于创新思维的全部。发散思维没有自身特定的思维材料，也没有自己特定的思维加工手段或方法。因此，它不是人类思维的基本形式，所以不可能成为创新思维活动的主体（即主要过程），它只起指引思维方向的作用。主要的创新思维过程只能由另外三个要素（形象思维、直觉思维、时间逻辑思维）来实现。

3. 聚合思维

通过发散思维所获得的一系列方案、因素和信息并不都是可行的，并不能有效地获得所需的信息目标，因为最终只需要少数或唯一的思维结果。所以，为了达到创造性思维的目的，必须把发散得到的各种组合集中起来，在这些方案、设想和因素中选择、组合出最佳方案，这种选择方法叫做聚合思维方法。利用聚合思维可以把众多的信息逐步引导到条理化的逻辑序列中去，以便最终得出一个合乎逻辑规范的结论。正如数学上的一题多解，工程设计中的多种方案，分析一个问题时的多种角度，解决一件事情的多种办法一样，在多种多样的思维结果中要进行收敛思维，选择出最佳结论，突破前人、打破常规，从已知领域中探索未知领域，达到不断创新的思维目的。

聚合思维又称收敛思维、集中思维、辐合思维，是以某种研究对象为中心，把发散开来的不同部分、不同方面、不同来源、不同角度以及众多的思路和信息汇集于一个中心点，通过比较、筛选、组合、论证再创造地组合为一个整体，从而得出在现有条件下解决问题的最佳方案。创造性的组合过程同样要求多方位、多角度、多结构、多线索与多关系。聚合思维，其思维特点是，以截然不同的事物的特性为基点，从事物的边界出发，向中心移动。聚合思维以问题为中心，围绕中心组织信息，从不同方面向中心收敛，以达到解决问题的目的。聚合思维有点像足球比赛，以把足球有效地射入对方的球门为目的和焦点，是一种目标明确、有规律可循的思维，是寻找正确答案甚至寻求唯一正确答案的思维。

聚合思维一般用于探索真理、寻求规律、抽象出概念等。在课堂上，教师讲授新知识，学生获得新知识的过程，一般就是靠这种集中思维的方式进行的。所以集中思维是学生接受教师传授知识的一种重要的思维过程。学生根据教师传授的知识和方法，可以迅速地解答习题，节省时间和精力。集中思维是人们长期从事某一工作、解决某一问题时所形成的一种习惯性思维。虽然它是解决问题时不可缺少的思维方式，甚至可节省时间和精力，但很难使人们的思维达到高级的水平。这种思维不易提出新问题，解决新问题，开创新局面，常常是创新的一种阻力。聚合思维的特征主要表现为聚焦性、整体性、可行性。

由此可见，发散思维与聚合思维都是创新思维方法。在一个创新思维过程中，发散与聚合是创新思维的两个组成部分，发散是为了聚合，发散是聚合的基础；聚合是发散的目的，聚合是发散的必然结果，两者决不可偏废任何一个。只注重聚合可能会造成思维的贫乏和刻板，不利于创新思维的进行。同样，如果只注重发散又可能使发散的任意性太高，由于得不到聚合的帮助而使思维成果付诸东流，所以只有将两者系统地组合起来运用，才能有效地从事创新思维。

4. “TADI”思维

在创新学习10多年的实践中，我对具有创新学习的学生进行了数百个案例的分析，总结出学生创新学习的“TADI”思维：

思（THINK）：凡事多思考，并对搜集到的信息进行分析，产生强烈的学习动机。

问（ASK）：在思考的基础上提出问题，并进行广泛的扩散，多思路考虑。

动（DO）：动手实验或动手检索资料。实验既可以是实验室的“精”实验，也可以是生活中的“粗”实验。并在动中反思。

创（INNOVATIVE）：创是创新，创新先是评价，对自己设想进行修正，使其有独创性、新颖性、合理性与社会性。

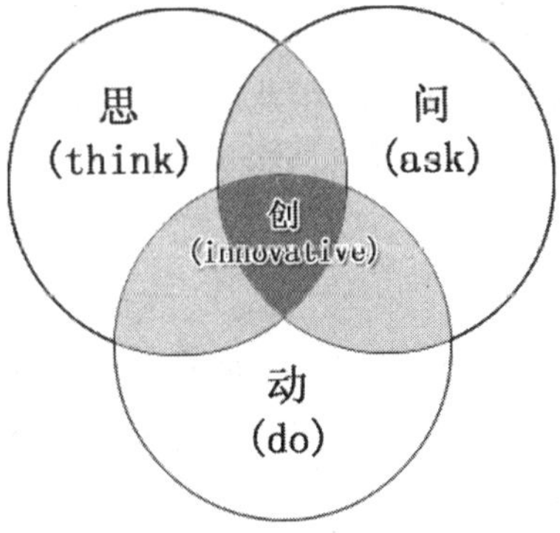

图4－1　TADI思维图

二、学会提问策略

什么是问题？或许你没有思考过这个问题，但你几乎每时每刻都会遇到问题或思考问题。“所谓问题就是你遇到一个情境，一个没有直接明显的方法、想法或途径可遵循的情境。”问题情境不仅仅包括已知与未知的客观关系，而且要求主体参与这一关系，并反映出主体和客体相互作用的特殊类型。国外的一些专家也给予了多种定义。如“当生物有一个目的而不知如何去达到该目的时，问题就发生了。”（Duncker：1945年版，第1页）“问题是‘所应该’与‘所实际发生’之间的差异。”（Kepner 、Tregoe：1965年版）“问题是‘所有’与‘所要有’之间的差异。”（de Bono：1973年版）“当对一个情境的反应受阻时，便有了问题。”（Maier：1970年版，第203页）“当某种条件会成为具有诱惑力，而当事者缺少产生那种条件的反应时，便有了问题。”（Skinner：1974年版，第123页）“能使人探究、考虑、讨论、决定，或解答的询问便是问题。”（Webster’s：1968年版，第1807页）“问题是属于各行各业中具有危机性的知性问题。”【（美）郭有迁：《创造性问题解决法》，心理出版社2001年四版，第117页】这些定义都在论述条件与结论之间的一段距离。这首先是在发现新知识的过程中产生的主体的某种确定状态。在这一过程中，随着主体对新知识的发现，主体的心理状态也同时发生变化，并构成新的心理形成物。因此问题情境中的探索过程是与形成新的基本的心理形成物的过程是相一致的。问题的核心成分是新的、未知的东西，当然这是相对于学习者本身而言的。因此，前苏联教育心理学家马秋斯金认为：“问题情境是主体与客体思维上相互作用的一种特殊类型；它的特点首先是当主体完成要求发现新的、主体前所未知的知识或动作方式的作业时产生的一种心理状态。”【高文：《问题教学》，外国教育资料1988年版，第（2）期】

1. 问题的结构

一个“问题”必须具有三要素：一是关于问题条件的给定；二是关于问题结论的目标；三是条件与结论之间，需经过一定的思维方能达成。

（1）问题的条件

学习者在提出问题时，或者发现了问题时，首先要明确问题的条件，如果缺少条件，就不能称其为问题了。如“已知圆的半径为5厘米，求圆的面积是多少”或“如果能做一双大面积的轻便鞋底的话，在水面上‘行走如飞’的武功就会变成现实”，它们的条件分别是“半径为5厘米”、“做一双大面积的轻便鞋底”，这很容易知道，但有一些问题的条件隐藏在语句中，需要认真分析。

（2）问题的结论

问题的结论，也称问题的目标，是问题要求的答案或者目标状态。如上面的问题，结论分别为：“圆的面积是多少”和“在水面上‘行走如飞’”。

（3）问题的思维距离

由于问题的“条件”与“结论”间有“差距”，学习者就要寻找解决的方法，这就需要有一定的思维活动，有些可能短时就能解决，有些可能需要很长的时间，这就要分析问题的“条件”与“结论”间的“差距”。陈景润为了找到“任何一个大于 4 的偶数等于两个奇数之和”（简称1 + 1）的方法，用了二十多年时间，解决了“1 + 2”，离“1 + 1”还差一步。如上面“已知圆的半径为5厘米，求圆的面积是多少”只需几秒钟时间就能算出。寻找“条件”到“结论”解决的方法，是学习者经主体思维而找到“方法”的心理过程。它可能是有现成答案的常规性问题解决和无现成答案的创新性问题解决。

问题可有多种形式，按不同性质有多种分类方法。问题按表现形式可分为以下几类。

第一，基础型问题。学习者根据学习内容，提出的有关基础知识的问题。如学习数学的同底数幂的除法法则 $a^m \div a^n = a^{m-n}$这一法则，学生可能提出一系列问题：法则条件是什么？结论是什么？条件能否增减？能否更换？法则有什么特征？在什么范围内成立？怎样证明？除书中证明方法外还有其他证明方法吗？该法则是否有几何意义？在哪些方面能够运用？可否推广……有些问题可能还需在实验中解答。如一些学习者常常学习数学中的“浓度问题”有困难，就用食盐加水，从加食盐的多少对溶液浓度高低的配制的溶液有感性认识，从而使问题得到解决。

第二，开放型问题。开放，主要指题目的条件不完备或结论不明确，从而蕴含多种可能，而要求学习者自行推断。它主要有三种形式：一是有关条件的开放性问题，这种题型一般缺少条件，答案有可能是多种，只要答案与题设条件对整体题目而言是充分的、相容的、独立的，便可认为是正确的；二是有关结论的开放性问题；三是存在性的开放性问题，有些问题不能用一句话说它存在或不存在，它的存在需要有一定的条件。

开放性问题一般具有形式新颖、构思精巧的特点，通过训练能使学习者在错综复杂的事物联系中，发现问题的实质，客观评价事物，并能够再现、理解、巩固所学基础知识。留美博士黄全愈在南京讲课时给小学生现场出了一道题：以下四类动物，挑出不同类的一个。全白的猫、花狗、绿色的鸟、黄色的狮子。学生们争先恐后地发言，有的说是鸟，因为鸟能飞；有的说是花狗，因为其他动物的颜色是单一的；有的说是狮子，因为狮子吃人……答案五花八门，尽管黄博士心中的答案是"鸟是禽类，其他是兽类"，但他认为同学们的答案都正确，因为他们都能自圆其说。（黄全俞：《美国的素质教育》，《新华日报》2000年6月8日）其实这一问题本身是开放性的问题，因为问题条件是开放的。

第三，研究型问题。有一些问题，需要学习者广泛涉猎资料，进行演绎或者用实验来探究。研究性问题与发现问题分不开，是学习者自己想出来的，不是别人提供的。黄全愈的儿子8岁时就"研究"了蓝鲸。这个孩子有了这一问题， 就让妈妈陪他去图书馆查阅有关蓝鲸的资料，通过子阅读这些资料，他对蓝鲸有了比较清楚的认识，比如一天要吃掉4吨虾，寿命是90–100年，等等。我们在创新学习实验学校中，有一个学生提出了"减法能否从高位减起"，尽管是个小学生，但他到重庆少年图书馆、学校图书室查阅了很多的资料，并和他爸爸一道来解决这个问题，后来他构造了"减法从高位减的法则"，很有创意。

学习者提出的问题，需要在实践或者讨论中进行，如重庆南坪实验学校的学生提出"城市居民生活垃圾分袋装"的问题，他们先设计调查问卷，并对城市居民生活垃圾的处理情况进行调查并作数据分析，然后走访环境保护局及环卫所，再到图书馆查阅资料，最后提出可行性意见：将目前公用的垃圾筒统一改装，由"一筒式"改为"分隔式"。这样有利于资源回收，有利于环境工人处理，尤其是杜绝了填埋不能腐蚀的白色垃圾、塑料制品等。还有一些问题，需要学习者相互讨论，效果会更好。但需要讨论的问题，一定要目标明确，方法可行，有一定难度，有趣味，并有一定的价值。如在学习《致橡树》一文时，一学生就把握住了主题“我们应确立什么样的爱情观”，几个学生围绕这一问题，各抒己见，并结合现实发散思维，最后形成多种观点。

以上只是一种分类方法，其实问题的分类有多种方式，如按问题的性质分有明确问题和模糊问题；按形式分有实践问题、讨论问题、应用问题等。以上分类方法只是为了突出创新学习。不同类型的问题应有不同提问与解答的方法。

2. 学会提问的策略

学生在学习中，不能提问题，或者不敢提问题，最重要的原因是学生学习观念陈旧，正如王充所说：“即徒诵读，读书讽术，虽千篇以上，鹦鹉能言这类也。”（王充：《程材》）王充又说：“世儒学者，好信师而是古，以为圣贤所言皆无非，专精讲习，不知问难。”（王充：《问孔》）意思是学生不要只背诵文章，还要大胆“问难”。

（1）更新观念大胆提问

古代学者治学，常因受前人之见的束缚而不敢提出自己的见解。尤其先贤圣哲著书立说之定论，往往被认为是天经地义的真理。治学人常因自身学识浅薄，师心自是，以为书上所载，圣人所说，都是不可改变的事实。虽然“学穷千载，书总五车”，总是不敢越雷池半步，更不敢提出自己的看法。但王充给我们作了表率。他在《问孔》中写道：“凡学问之法，不为无才，难于距师，核道实义，证定是非。问难之道，非必对圣人及生时也；世之解说说人者，非必须圣人教告乃敢言也。苟有不晓解之问。迢难孔子，何伤于义？诚有传圣业之知，伐孔子之说，何逆于理？”王充敢于大胆问难，具有彻底的批判革新的精神，他主张“距师”、“问难”，反对“信师是古”，要求学习者能提问，多思考，实中求学。尽管孔子是大学问家、教育家、思想家，但他对孔子的一些教学方式不敢恭为，而有自己独到的看法，是“濯去旧见，以来新意”的表现。这也是我们今天的学习者所必须具备的学习品质。不守旧才有批判，有批判才能开拓，才能有问题，才能有创新。

中国科学院院士、著名化学家、香港中文大学化学系教授黄乃正分别在上海、香港及美国学习、工作、生活过，他对自己在学习中不断发现问题有独到的看法：“少给自己规定条条框框，要大胆发挥，大胆提问。有了问题，自己要独立思考，设法解决。简单地说，就是‘自己把

问题弄明白’。”（情系香江的化学家，《少年科学》2000年版，第（7–8）期）

学习者要让自己敢“问”，首先要克服自卑的心理。可通过阅读名人故事提高对“问题”重要性的认识。爱因斯坦从小爱问为什么，长大后成为举世闻名的科学家 。其次还要提高自己问“问题”的兴趣，消除懒得问“问题”、怕问“问题”的思想情绪，激发起想问“问题”的欲望，锻炼敢问“问题”的勇气。再次，学习者对自己提出的“问题”要认真对待，不论问题多么肤浅或异想天开，都不要觉得不好意思。有疑，自然要向同学、老师、家长等发问，只要大胆地提出来，就不要怕他人耻笑，因为提问是学习者的权利，应该受到他人尊重。张载在《经学理窟·学大原下》中说：“人多是耻于问人，假使今日问于人，明日胜于人，有何不可？”只要能从他人回答“问题”中，捕捉到“智慧的火花”与“灵感”，就达到了目的。以至于促使自己不断地提出新“问题”，最终达到提出有水平的问题的目的。当然如果学习者融入的是一个本身爱问“问题”的环境，可能问“问题”的积极性就会更加高涨。黄全愈在《素质教育在美国》一书中写得最多的莫过于美国的教师如何尊重学生提问，如何创设提问的环境。尽管学生提出的问题常常让教师“难堪”，但他们认为这是正常的，因为教师不是“圣人”，况且现在知识更新很快，学生学习知识的途径增多，教师不能回答学生的问题是正常的，但只要善于组织，如广泛讨论、图书馆查阅资料、走访专家学者等，教师就一定能解答学生提出的问题，使学习者的学习真正具有了创造性。

我们今天的学习者常说自己不会问“问题”，或者不爱问“问题”，或者没有问“问题”的习惯，其实，这是因为过去的教师教我们学习，几乎没有给我们有问“问题”的机会。

很多中小学生都说，我们每天的作业太多，几乎没有提问的时间。由于“减负”的着力推进和教学改革的不断深入，很多教师都压缩了作业量，并给学生提供了提问的时间，如创新学习实验，所有的实验教师每节课原则上都留了不少于10分钟让学生提问的时间，并实行学生无错原则，解放学生，大胆提问。有一次我去一所实验小学听一位小学二年级的教学课“三、四位数的竖式减法”， 按照创新学习课堂原则，需要有提问题的时间。在提问的时间内，学生相继提出了“竖式减法是谁发明的？”和“竖式减法是什么时候产生的？”等问题。当然除了课内有时间保障外，课外也尽可能给学生问“问题”的机会。同时学习者还要给自己确定提问的时间，不要被作业埋没了提问，每天规定提问题的数量，只有不断地产生问题，才能不断地思考。

提问，教室或许是一个很好的场地，但有时不在教室或学校，有问题也要问，但要采用其他方式如电话向教师提问。为了不放过任何“问题”与“灵感”，学习者应备一本“问题”本，随身携带，及时记录。笔者在香港讲学，看到一些学校采用了“问题”墙或“问题”园地，满满的问题不拘形式粘贴在墙上，下面有联系方式，可能其他同学能解，就解决了这一问题，到一周或一个固定时间就组织一次讨论，专门解决疑问或者到图书馆查找资料或者请求专家学者来解决，学习者通过这种方式学习，记忆深刻，效果甚好。这正如郑板桥所说：“使疑窦释然，精理迸露，故其落笔晶明洞彻，如观水观火也。”（郑板桥：《随猎诗草》）问题解决后，学习者又以愉悦、欣慰的情绪提出又一新的问题来，提升了学习质量。

（2）掌握方法有效提问

第一，会疑。任何事物都是发展变化的，前人总结的思想认识与实践经验，往往受时间、条件与文化背景的局限，即便当时是正确的，具有新意，可是随着历史的发展，就会出现“到了千年又觉陈”的现象。因此，我们在学习前人积累的书本知识或实践经验时，就不应一味地照学、照搬，必须有所取舍，有所变更，根据现实的情况，提出问题，才能有新的发展需要。

学习是否深入的一个重要标志，就是是否善于提出问题、分析问题。明代教育家陈献章指出：“前辈谓学贵如疑。小疑则小进，大疑则大进。疑者觉悟之机也，一番觉悟，一番长进。章初学时，亦是如此，更无别法也。”（陈献章：《论学书》）王夫之说：“由不疑至于疑，为学日长；由疑至于不疑，为道日固。”（王夫之：《诗广传》）他们都说明了一个道理：学习的过程，始终围绕着一个“疑”字，有疑才产生问题，有问才引人深思，螺旋上升，这就是“学则须疑”的意义之所在。质疑是问题的开始，质疑是创新的基础，只有当学习者能质疑、会质疑，才有创新的可能。

学习者在学习中可通过设疑形成“问题”空间，促使自己为“问题”而思，为“问题”而问，为“问题”而学，为“问题”而创。如通过一题多解、一题多变等方式，迫使自己一题多问，特别要注意设计一些非规模式而对启迪智慧有挑战性的“问题”，激发自己探究、解决“问题”的欲望。

第二，会问。孔子在《学记》中说：“善问者如攻坚木：先其易者而后其节目；及其久也，相说以解。”意思是说提问要由易到难。以劈木材为例，先从容易砍的地方入手，然后攻其他关节，随手就劈开了。同样，提问题要先提容易解答的问题，通过对容易问题的解决，取得经验，树立信心，难题也会得到解决。

著名教育学家陶行知先生极为重视“提问”的方法，他在一首诗中这样写道：“我有几位好朋友，曾把万事指导我。你若想问真姓名，名字不同都姓何：何事、何做、何人、何如、何时、何地、何去。还有一个西洋派，姓名颠倒叫几何。若向八贤常请教，虽是笨人不会错。”（陶行知：《陶行知文集》，湖南教育出版社）台湾著名教育学家陈龙安教授经过多年的教学实践，得出了提问的技巧，用十个词提问：“假如”、“列举”、“比较”、“替代”、“除了”、“可能”、“想像”、“组合”、“六W”、“类推”。（陈龙安：《创造性思维与教学》，中国轻工业出版社，第250页）通过这十种提问的方式，学习者一般都能较好提出问题，并且每一问题都有一定的发散性，没有固定的答案，培养学生的发散思维。

学习者从敢于问“问题”到善于问“问题”，是一个飞跃的过程，只有多问、勤问才能最终实现这个飞跃。知识来源于问号，著名发明家保尔·麦克克里德说得好：“唯一愚蠢的问题是不问问题。”只要学习者坚持不懈，就一定能悟出自己提问的方法，成为一个善问的人。

提出问题是学生学会学习、学会创新的关键，只要学生能提出问题，并不断解决问题，又不断地提出新的问题，逐渐上升，由发散思维到聚合思维，由聚合思维到发散思维，再到聚合思维，学生学习的效果就一定会很好，这样学生才乐意学习。

第三，会思。强烈的问题意识是创造型人才的重要特征。“问题——探究——问题”教学就是以“疑问”作为中枢开展教学活动的。“善思则疑”，思维自问题始，问题是学科的心脏，是思维的发动机，是教学的血脉，决定着课堂教学的流向和走势。教学过程本身就是一个不断提出问题、分析问题、解决问题的过程。疑问可以揭示学生认识上的矛盾，对学生的心理智力产生刺激。因此王培德老师认为，在教学过程中要高度重视学生自信心的培养，以此来激励学生的问题意识。

当今数学教育界把“问题解决”作为中小学的热门话题。1980年4月，美国全国教师联合会理事会公布了一份名叫《关于行动的议程》的文件，其中议程第一条就提出“必须把问题解决作为80年代数学的核心”，认为，直到下一个十年，发展解题能力应该是数学教育工作者直接的奋斗目标。1982年英国公布了一份关于中小数学教育的报告，即著名的“cockcroft report”报告，指出数学教育的核心是培养解决数学问题的能力，强调数学只有在能应用于多种情况下才是有用的。当前日本数学教育界也把“问题解决的教学”作为研究焦点之一。在我国也有不少数学教育工作者正在进行这方面的研究和探讨，并取得一定成果。总之，问题解决正成为当前国际上中小学数学教学中的热门话题。

郭有迁教授认为寻找问题可从三个方面入手：一是方法类别，如组合法、审问法等；二是问题类别，如确认、改进等；三是问题情境，如学术、管理等。他给出了寻找问题的三维结构图，如图4-2所示。（（美）郭有迁：《创造性问题解决法》，（台）心理出版社2001年第四版，第119页）

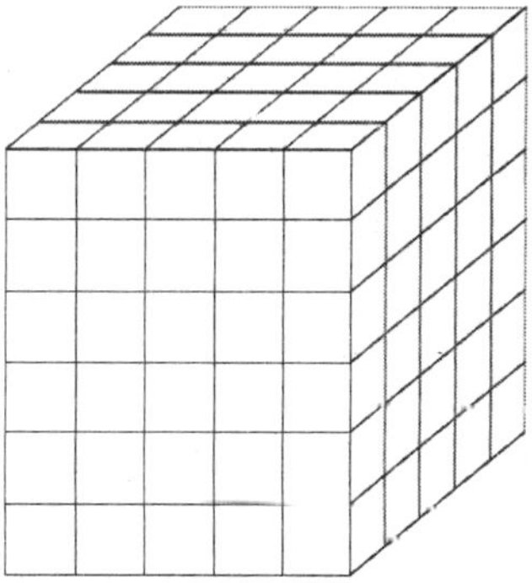

图4－2　问题的三维结构

这样，按照组合的方式，就可有$5\times5\times6=150$种方法。

（3）建构知识互动提问

建构观认为，知识必须形成网络，在学生头脑中建构，才会形成力量。知识建构是指认识主体在学习过程中对学过的知识有一个系统的整体评价的认识过程，把原先孤立的、割裂的知识内容建成一个全面的、系统的、有机的结构体系。结构是建构的结果，结构对认识起中介作用，学习过程中知识的掌握就是结构的不断建构。

认识主体在掌握知识之间相互依存关系的过程中，不是消极地、被动地反映或是机械直观地一次完成，而是在原来获得知识的基础上进一步掌握新东西，再扩大、深化，逐步构建起来的。

建构观要求我们的学习者要从实际出发，在累积性、目标指引的积极建构中完成，参与问题形成与解决的过程。

提出问题的目的是便于探究，最终使问题得到解决，建构新的知识，这实际上形成了“疑问——推理——建构——留疑——平衡——建构”的动态整体结构。留疑阶段的开放性问题打破了学习者认知结构的平衡，促使引起认知结构不平衡的新知识输入。学习者在探究学习过程中，不断接受新知识，打破原有平衡，建立起新的平衡，通过调整和同化，使两种活动过程达到相对平衡。学生在平衡的不断发展过程中提高自身的自适应、自组织、自调整能力，促进整个心智的发展。

从目前的学习内容看，基础知识的相对稳定和传统内容的更新及其反映社会经济、文化、科学技术发展的要求，是一个不平衡的系统；从学习者的发展看，知识的积累、智能的提高、态度的形成，也是一个平衡的系统；从学习方法看，自学、探索、讨论，同样也是一个不平衡的系统。

整个系统在频繁的信息交换、反馈与调整过程中，不断向前发展，产生出新的更加高级有序的组织，建构起新的知识点。

建构的目的是最大限度地激发学习者的创新智力活动。例如在探疑阶段，为了鼓励学生标新立异，给学生提供充分的创新机会，对学生提出的新奇想法，哪怕乍看起来有些荒谬的想法，但只要有创新成分就要及时给予鼓励和奖励。在质疑阶段通过各种各样的变化训练，如改变条件、改变结论、变换角度等方法来寻求问题的变异。在释疑阶段，师生以创新性为标准，各抒己见，共同评价学生的思维结论，对探索性、开放性的问题树立尊重差异性、追求新颖性的概念，通过发散性的答案引导学生以创新为标准去评价别人与自己的思维成果。留疑阶段是知识的应用阶段，应给学生以极大的余地和广阔的探究空间。知识只有在创造性运用中才能产生巨大的力量，也才能超过原有价值。

3. 解决问题的策略

根据解决问题的认知方式，可以将问题区分为常规性问题和非常规性问题。常规性问题的解决方法可以直接从已知的认知结构中提取，在加涅和奥苏伯尔看来，这类问题并不是真正的问题。非常规性问题的特点是：初次遇到的不能直接用已知经验来处理的情景，所解决问题需要以原有的认知结构作思维素材，通过独立思考形成新的认知结构，而且形成新的认知结构是可以迁移的。学习过程的问题首先是以获得知识为目的的问题，这类问题是对学生发展过程的再模拟，使之成为师生、生生共同参与，共同探索最终解决问题的过程，其结果是在学习者头脑中生成概念，再发现规律，在过程中学习方法，形成能力。其次是学生在学习过程中所暴露出的问题，如各种前概念、各种疑难和错误，需要通过问题进行诊断并给以修正，需要通过一定的问题巩固学习成果。最后是应用知识过程中的问题，这类问题相当于应用题，并以非常规性问题为主。不论哪一种问题，解决的关键是建立新的场，使问题在新的场中显现。

问题解决有不同层面的理解，它是学习、应用知识的过程中的一种能力，是我们学习的目的。问题解决是一种学习活动。信息心理学认为：问题解决是寻找和接受信息，回忆知识和方法并进行加工处理的过程，是一种较高层次的定向活动。加涅就把问题的解决放在人类学习之最。现代建构学已涉及问题解决的研究。建构观认为，人的认识的本质是主体的“构建”工程。问题解决作为高层次的学习活动更不例外。它是以思考为内涵，以问题目标为定向的心理活动或心理历程，是一种构建过程，从而也是一种探索的过程。在这一过程中不断提出设想，验证设想修正和发展设想。在探索的过程中，广泛应用分析综合、归纳和演绎、联想和类比等多种思维方法，并辩证地应用集中思维、发散思维、逻辑思维、形象思维和直觉思维。这种探索活动是在一定的社会环境中实现的，主体通过表达、交流、辩证、调整等社会构建形式获得问题的解决，而问题的解决的结果往往是导致对某种主体而言是有意义的发现或新的认知结构的形成。

学生在学习过程中，对教科书中的问题存在着如下一些看法：

一是思考或练习题型的封闭性， 表现为完备的条件和单一的答案，不需要或很少用假设进行推理和判断。

二是解题的机械性，表现为题目中问题不能激起学生的兴趣，问题与学生建构的场有很大的距离，所求的结果未必有意义。

三是解题的被动性，表现为题目习惯于教科书上例题的思维定势，而很少是学习者欲“做”先“探索”的习惯，缺少自主意识、自我评价和反馈监控，这样是培养不出学生的独立思考和创新的能力的，而是死记了各种套路和模式，把学习者训练成对习题作出快速反应的解题机器。

四是解题研究的局限性，表现为侧重于解题方法的探讨，或思维方法与某些题目的对号入座。

当然习惯和问题、解题和问题解决应该是辩证统一的而不是毫无关系的，在实际学习中解题训练和问题解决兼而有之。

第五部分

创新教学策略

在教育研究和实践过程中，教学策略已经越来越引起人们的重视。人们普遍认为，教师是否能够在教学中灵活地开发和应用教学策略，反映了教师专业素质的水平和教学能力的高低，也影响着教师的教学效果和学生的学习效果。在20世纪70年代，美国的一些研究人员开始关注教学行为与学习成绩的关系，从而引申出许多具体的教学策略，并启动了对教学策略的研究。1976年，美国教育家史密斯提出了以经验为基础的两种教学策略，即内容限制性策略和非内容限制性策略。前者注重师生与教学内容的关系，后者则强调师生之间的关系。我国学者对教学策略的理解各不相同，概括地说，主要有五种观点：第一种观点将教学策略理解为教学方法；第二种观点将教学策略理解为教学观念或原则；第三种观点将教学策略理解为整体的教学决策；第四种观点将教学策略理解为具体的教学活动或教学行为；第五种观点将教学策略理解为由教学谋划和教学措施构成的整体。笔者认为，教学策略是在特定的教学任务中，为了提高教学的实效性，在某种教学观念、理念和原则的指导下，根据教学条件的特点，对教学任务的诸要素进行的系统谋划，以及根据谋划在执行过程中所采用的具体措施。本章中创新教学策略主要是创新教学的思想、原则与方法。

一、创新教学思想

1.“四为主”教学思想

我主持的课题组，在课题设计中就明确提出了“四为主”的教学思想，这主要是基于过去10年学习科学研究总结的“学为主体，教为主导，动为主线”的教学思想，并就现在教学的主要弊端提出了创新教学“学为主体，教为主导，疑为主轴，动为主线”思想，在后来10多年的研究实践中，更加坚定了这一思想。教师变教为诱，变教为导；学生变学为思，变学为悟；变传统课堂的“灌输、适应”为“探究、发现”；变“教室”为“学室”；变教师的“教案”为“学生课堂学习策划方案”，让广大学生动手、动脑，多方进行实践操作，把“问题”贯穿于整个教学、学习过程中，体现学生的创造性，实现课堂是安全、问题、开放、情感的价值取向。

2. “四导” 教学模式

基于课堂教学模式构成的基本要素，赋予各构成要素符合创新学习新内容并以此为切入口，可以为构建创新学习课堂教学模式提供一定的启发性思路。

（1）理论基础

教学模式都是在一定理论指导下建立的。正如乔以斯和威尔所说：“每一个模式都有一个内在理论基础，也就是说，它们的创造者向我们提供了一个说明我们为什么期望它们实现预期目标的原则。”教学模式所赖以建立的教学理论或思想，乃是教学模式深层内隐的灵魂和精髓，它决定着教学模式的方向性和独特性。鉴别一个教学模式成熟的程度，一般从理论基础中即可窥见一斑。“四导”教学模式其理论基础是什么？在创新学习理念观下构建创新学习课堂教学模式，要解决的核心问题在于如何充分发挥学生在学科过程中的主动性、积极性和创造性，变维持性学习为创新性学习；教师由知识的传授者、灌输者变为学生创新学习的组织者、指导者、帮助者和促进者。创新学习理念下构建的课堂教学模式的核心是：学为主体，教为主导，疑为主轴，动为主线。在教学过程中，教师的教和学生的学是一个辩证的统一体，教学过程是在教学引导下，充分发挥学生的主体性，让学生主动学习、创新学习的过程；课堂的主体活动是学生自主学习活动，教师的活动则作为一辅线，融于学生的各项活动之中；教师的导与学生的学以“疑问”为牵引，展开在学生实践训练的主线上；教学的目的是为了让学生最终离开教师后也能独立地、创新性地学习，达到叶圣陶先生所谓“教是为了达到不需教”之境。

（2）功能目标

任何教学模式都指向一定的功能目标，或者说总是为了完成特定的功能目标而设计创立的。功能目标是人们对教学活动在学习者向上产生“什么样的”和“有多大的”效用所作的预先估计。它在教学模式构成因素中居于核心地位，对课堂教学模式具有定向功能，对其他要素还起一定的制约作用，功能目标的实现程度以及人们对教学目标认识的发展，往往又作为一种反馈信息，帮助人们调整或重组组织程序，使教学模式日臻完善。传统的教学模式大多把目标定位于引导学生掌握知识，向学生灌输知识（陈述性知识），凸现的是单一智育目标。而创新学习理念视学生为具有多方面发展需求和发展潜力的人，具有主观能动性并有可能积极主动参与教育活动的人，把教学目标定位于学生全面和谐发展。不同的教学模式具有不同的功能目标。创新学习课堂教学模式是在素质教育理论指导下，以民主合作的教学关系为基础，以导学的教学程序为主线，充分激发学生的问题意识并通过教学系统诸多要素的优化组合，以实现其“学生自学能力、创新能力和整体素质共同提高”的功能目标，培养学生的创新意识和创新能力。

（3）实现条件

这是指促使教学模式发挥效力，达到一定功能目标所需要的各种条件。任何教学模式都是在特定的条件下才能有效。教学模式的实现条件包括的内容很多，有教师、学生、课程内容、教学手段、教学的时空组合等。认真地研究并保障教学模式的实现条件，可以更好地掌握和运用教学模式，成功地达到预期的目标。教学模式的实现条件包括教师、学生、教学内容、教学媒体、教学时空组合。课堂创新学习要得以实现，必须赋予这些条件要素以“创新”的内涵。对于教师和学生，总课题组强调，学生是具有多方面发展需求和发展潜能的人；是具有主观能动性，有可能积极、主动参与教育活动的人；是学习活动中不可替代的主体。教师则应该是学生创新学习的组织者、指导者、帮助者和促进者。对于教学内容，我们认为：第一，从性质上看，教材只是提供教师和学生展开教学活动的材料，并不完全等同于教学内容；第二，从类型上看，呈现教学内容的形式不拘泥于文字，有文本形式和超文本形式；第三，教学内容不等于知识点，还包括情感态度、能力和方法等。对于教学媒体，我们认为它已成为课堂教学中具有独特意义而又不可忽视的因素。运用多媒体技术于课堂的交互式学习，既是创新学习，又有利于在学习中创新。对于教学组织形式，创新学习的课堂，主张全班集体学习、小组学习、独立自学三种形式有机结合，特别强调合作学习。因为师生之间的平等交流或角色互换，既能发挥教师的指导、示范作用，又能提高学生的参与度与责任心。生生之间的交流合作，更易激发学生的学习动机、参与意识和主人翁态度。对于教学环境，我们认为教师应努力营造出民主和谐的教学氛围，这有利于激励学生的创新，萌发创造动机。以上这些方面的实现条件，总课题组将之归纳并研究制定“创新学习课堂教学评价表”和“创新学习课堂教学规范要求”。

（4）教学程序

任何教学模式都有一套独特的操作程序，详细具体地说明教学活动的逻辑步骤，以及各步骤所要完成的任务等。一般说来，教学程序的实质在于处理教师、学生与教学内容的关系及其在时间顺序上的实施。由于教学过程中既有教材内容的展开顺序和教学方法交替运用的顺序，又有内在的复杂的心理活动顺序，所以人们常从不同侧面提出教学活动的基本阶段及逻辑顺序。教学程序只能是基本的和相对稳定的，而不应是僵化的和一成不变的。

把握教学过程的本质，制定科学的教学程序，构建有利于培养学生创新意识和创新能力的教学模式，是实施创新学习的关键。在对于教学过程中教学主体的认识上，长期以来，“教师中心论”一直占统治地位，因而在课堂教学程序设计上主要立足于教师的“教”。而现代构建主义教学论认为，教学过程是在教师启发指导下，学生自主构建认知结构的过程，即学生自定目标、自我评价、自我调整、自我实现的心理组织过程。“教是为了达到不需教”，课堂教学必须致力于学生自主创新能力的培养，课堂教学程序的设计，必须立足于学生的创新学习。相对稳定的教学程序是教学模式的要素之一，但稳定性并不等于一成不变。一个相对稳定的教学模式，可根据教学中不同的具体情况，对教学模式的操作程序进行调整，也可对教学模式的主客体要素的组织形式和结构关系进行调整。

通过“设计——尝试——修改——完善——升华”的方式，不断完善，不断创新，我们构造了“四导”课堂教学模式：

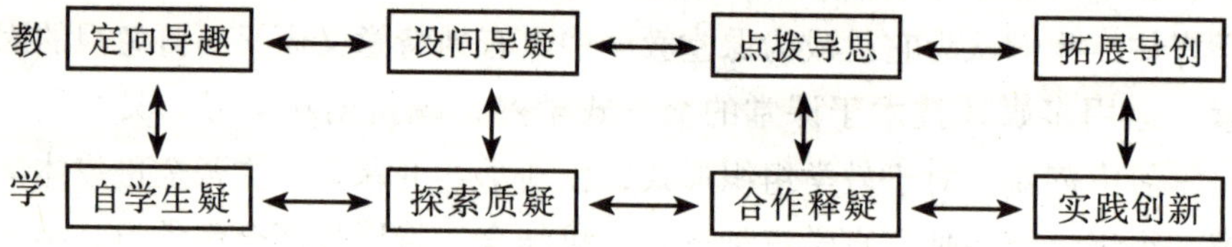

图5－1　四导教学模式

二、创新智能教学

1. 创新智能教学的内涵

创新智能教学是指在新课程背景下，以学生发展为本，应用多元的教学目标，多方位、多角度、多途径地培养学生的创新素养与创新能力，实现从课堂到课外、从知识到能力、从现在到未来的立体化教学（龚春燕：《创新智能教学》、《今日教育》，2007年版第（1）期）。它从教学设计理念、教学目标、教学内容、教学方法、参考资源、教学反思和课堂管理等方面，为广大教师提供所需的各类丰富的教学策略与措施，实现资源共享，有效地提高了课堂教学的质量与效率，推动着课程改革顺利进行。

创新智能教学概念的内涵包括以下三个方面：

首先，创新智能教学是建立在多元智能理论之上的教学。第一，每一个学生都有自己的优势智力，有自己的学习风格和方法，教学中要根据学生的智力特点、学习类型和发展方向去教育学生，学校的教育评价应通过多种渠道，采取多种形式，在多种不同的实际生活和学习情景中进行，我们的教师应从多方向观察、评价和分析学生的优点和弱点，并以此来服务学生，促进学生积极发展。教学时要注意发现他们的优势智力并加以挖掘和发展，要从不同角度去了解和发现其闪光点，并采取适合其智力特点的有效方法，使其特长得到有效发挥，在人们的欣赏、钦佩和尊重中，他们的自尊心和自信心就会逐渐提高，他们就会产生对教师、同学和学校的积极情感，并逐渐对学习产生兴趣。第二，人的智力领域是多方面的，各种智力的发展是相互影响的，教师在设计教育教学活动时，应充分体现学生智力的多元性，提供多种多样的与学生发展水平相应的智力活动，以学生现有知识为基础来设计，而非为智力而智力，否则学生的兴趣支点就无法支撑，智力的培养也就失去了意义。第三，每一个学生都有其自己的优势智力和弱势智力领域，教育者应该对不同的智力一视同仁，充分认识、肯定和欣赏他们的优势智力领域并鼓励和帮助学生将自己的优势智力领域的特点迁移到弱势智力领域中去，实现以优扶弱的智力互补。第四，从智力的本质上讲，解决实际问题的能力也是一种创造能力，我们的教育应该把落脚点放在学生实践能力和创造能力的培养上，教学时，教师应尽力挖掘创造因素，增加培养创造能力的内容，如课内外、校内外的实践活动，让学生多动手、动脑等，并进行创造性的教与学，使学生的创造意识不断萌发，创造能力迅速提高。

多元智能理论注意整体性、强调差异性、突出实践性和重视开发性特征为我们的教学活动指明了根本原则。整体性强调的是我们的教学活动要从人的全面发展角度来组织教学活动，而不是限制在狭隘的本学科所强调的能力培养。差异性是强调教学过程中要注意个体各种智能的不同发展程度，教师应当了解学生各种智能的组合情况，扬其长避其短，促进其整体能力的提高。实践性同样强调“实践出真知”的真理，强调实践是人类认识的最根本途径，因而是教学活动中不可或缺的原则。重视开发性在于强调教育活动的“启智”和“学会学习”功能，成为学校教育的终极性目标。因此，教学过程应当高度重视并合理地运用这些原则，才能从根本上摆脱“分数至上”的教育误区，走向以培养学生能力为目标的轨道。

其次，创新智能教学是以创新智能的开发为导向的教学。第一，创新智能不属于某一种具体的智能，它是创新思维指导下的一种高级智能。它既表现为各种智能之上的一种综合智能，又依赖于具体智能，以各种智能为基础，存在于一切智能之中，是各种智能自身的高级形式。第二，创新智能以创新思维为核心，表现为不墨守成规、批判继承、勇于探索、不断成功的创造力，而创造力又是形成新的形象、理论、信仰的能力。我们所说的成功，其实就是创新智能不断实践、不断强化、不断验证的过程。第三，创新智能具有强烈的时代性。因为时代的多元化发展必须要求具有潜在的多元智能的人不断展现和发展多元智能来适应时代，创造时代。任何智能都需要不断地更新、创新。时代前进、教育发展、个人进步都需要创新智能强有力的支撑。

创新智能教学理论揭示了智能是先天与后天的共同产物。智能的形成既有先天的基础，又有赖于后天的开发。因此，启示教育关注人本身的先天特质的同时，充分发挥其影响价值。我们要相信“每个儿童都是各具智力特点，内含巨大发展潜力的幼苗”，对大多数人而言，只要教育得当，每个人的8种智能或更多的智能都能得到较高的发展水平。

再次，创新智能教学是一种以培养学生创新精神和能力为基本价值取向的教学。它的教学理念是以培养学生创新精神为中心，以知识为桥梁，以活动化的课程与教材为依托，以学生为主体，以探究、实践为基础，促进每个学生创新性学习，培养其创新态度、思维、习惯和品质的教学实践。这种教学并未增添新的教学要素，也不排除各种已有教学方法的使用。但是，由于有了新的目标和理念，使原有的教学要素有了新的组合，具有了新的功能；使原有的方法在新的教学环境中为实现新的教学目标服务。

创新智能教学的过程就是开发学生“智能”的过程，就是学生不同智能之间相互影响、相互促进的过程，是一个创新的过程。从教育资源（包括教材）出发，以学生为主体，分层分类找到发挥每个学生智能优势的“切入点”，以教师为主导，在教学过程中运用多种智能手段传授知识与技能，发动学生参与，给学生提供展示才华的舞台。这样的课程，以学生的强项智能进行引导，不仅使学生获得知识，令学生有成就感，而且能增强自信，达到自我悦纳、自我肯定、自我实现，从而发挥潜能。

2. 创新智能教学的取向

（1）学生发展为本的价值取向

“天生万物，唯人为贵”，时代的发展要求现代教育成为发展的教育，把人的发展当做目的。“以人的发展为本”是新课程改革的出发点和归宿，也是国际教育发展的主要方向。主体性是学生做人的发展的核心部分，是其他一切素质发展的基础。充分发挥学生的主体性，有利于培养学生的创新智能。正如我国教育家陶行知所言：“解放学生的大脑，让他们去想；解放学生的眼睛，让他们去看；解放学生的口，让他们去说；解放学生的时间，让他们做自己喜欢的事；解放学生的空间，让其自由发展。”（陶行知：《陶行知文集》，四川教育出版社1992年版，第（258）期）这正是发挥学生主体作用的体现。因此，教师在教学活动中应该充分培养学生的多元智能，发挥他们的主体作用，使他们主动参与到学习中，从而实现自主创新。

教师要构建民主、和谐的课堂环境，让学生在轻松愉快中参与思考、交流，使课堂教学成为多边交流、多向流动的过程。教师在课堂上教书，自己是在服务，要让每一个孩子都能满意，让每一个孩子都能发展，所以教师必须放下师道尊严的架子，走下“神坛”，与学生的目光平视，做学生的伙伴朋友，走到学生中去，走进学生的心灵，与学生平等对话平等交流。热情鼓励学生大胆发言、敢为人先、标新立异，让他们各抒己见。教师还要善做一个“引导”者，认真倾听学生的心声，善于觉察他们独特新颖的视觉，捕捉有价值的问题，再为学生搭建一个合作交流的平台，引导学生展开讨论，让他们相互切磋相互启发，在相互交流碰撞中悟出“真谛”！这样，学生的个性才会得到充分的彰显。

卞小娟老师应邀在台北县政府举办的创新教学论坛中作“轴对称图形”的示范课教学，台湾师范大学教育系教授、台湾校长联谊会会长林春光听完课激动地说，卞老师板书全部使用繁体字，写得很工整，写得很好，说明她研究了台湾的学生。她教学时，让每个人都能发言，经常说一句“还有谁没发言，没发言的人优先”，照顾到每一人，真正体现了以学生发展为本，值得台湾老师学习。

坚持以学生发展为本的价值取向，教育者应该大力实施发展个性的教育，“不拘一格育人才”。用统一的教学计划、大纲培养出来的人才基本上是千人一面的“批量产品”，而独具慧眼、有独特见解的人才都是有个性、不盲从的人才。国外高校创新教育的成功经验已充分表明，个性教育是培养创新人才的必由之路。

（2）教育目标开放的价值取向

传统的课堂教学目标不仅是单一的知识性目标，而且是刚性的、制度性的目标，是封闭性的目标。也就是说，传统的课堂教学目标没有给教师留下发挥的余地，束缚了教师的教学思维和教学行为，用统一的目标来要求和塑造每一个学生，使学生缺乏个性和创造性。

目标开放的课堂不囿于教师课前设计好的教学流程。它关注学生的生活，关注学生的处境、学习的需要与感受，关注不同学生的经验背景。这种关注的目的，不是为了教师能够把握预定的教学进度，而是为了使学生能够有真正的收获。只有能够使学生成为完整的人（有着广阔的精神生活背景，能够全身心地投入课堂生活）的课堂，才是有助于学生全面成长的课堂。

教育目标的开放性有以下含义：

其一，创新智能教学本着全面发展教育的价值诉求，要求处理好知识本位、学生本位与社会本位的矛盾，协调好知识目标和发展性目标、显性目标与隐性目标、近期目标与长远目标之间的关系。课堂教学目标从知识、技能、情感三者相互统一的立体角度出发，全面提高学生的基本素质，强调创新精神和创新能力的养成，重视科学素养与人文素养的整合，培养学生成为“完善”的、具有独特个性品质的人。

其二，不同的学生有不同的教学目标。莱布尼茨曾说过，世界上没有两片相同的树叶。学生的文化背景、知识结构、学习方式、情感需求、生活经验等不同，对文本的理解可能不一致。正如鲁迅先生所说，读《红楼梦》，“道学家看见‘淫’，经学家看见《易》，才子看见了缠绵，流言学家看见‘宫闱秘事’，革命家看见排满……”。

其三，课堂的教学目标可以根据学生的学习进行调整。教学目标不是一成不变的，要根据学生学习状况不断调整目标。曾庆宇老师在创新智能教学中长期致力于差生的教学。几年的教育使学生的学习效果大为改观，其关键就是不断调整学习的目标，让学生有成功感。

可见，创新智能教学目标关注学生的发展。一方面，关注学生全面发展。教师在教学设计时，目标要关注学生的知识与技能、过程与方法、态度情感与价值观三个维度。如果仅仅关注获得知识、“考试学科的成绩”，那么，教学目标关注太狭隘了。另一方面，关注学生个性发展。孩子是有差异的，孩子的发展也是不平衡的，这种差异表现为个性。教学目标设计要关注学生的个性发展，设计分层目标，使每个学生发展自己的个性和创造潜能。因此，在教学目标方面，根据需要适当拔高引深，或降低难度等，如教学单位换算的方法，较好学生的要求是能进行正确的换算且能自行出题练习，一般的学生要求为能复述换算的方法，并能进行正确性换算，学习能力较弱的要求只是听懂，会换算就行了。

（3）感受生活经验的价值取向

卢梭的自然主义教育理论认为，教育要适应儿童的自然发展，要保持儿童的自然本性，并提出“我们最好的老师是经验和感觉”。杜威认为教育应以儿童及其活动为起点、目的、中心，并提出“教育即生活”的思想。陶行知的“生活教育”也给予了我们有益的启示，赋予了新课程改革以新的含义。对于一些与学生生活经验接近的内容，教师应以学生的自然环境、家庭环境、学校环境等为背景来组织学习活动，使学生运用多样化的学习方式从生活中去发现并加以感受，改变教育远离生活、给人以神秘色彩的局面。使教育走向平凡的生活，既可以调动学生的生活经验，又可以满足更多学生的学习需要，是当今教育的一个必然要求。

课程既源于生活，又要回归生活，特别是要与学生的生活体验相结合。由于学生对生活的发现，对生活的感受是源于课程之前的积累，那么在进行教育教学时，就应该从学生的生活出发，使之与文本知识相融通，让课程重返生活世界，实现科学世界与生活世界的和谐统一。

就数学学科而言，数学无处不在，它与生活发生着千丝万缕的联系。华罗庚曾说："宇宙之大、粒子之微、化工之巧、地球之变、生物之谜、日用之繁，无处不用数学。"数学课堂教学中，创设实际需要的情境，加强数学与实际生活的联系，可增强数学的趣味性和应用性。

若教师们能够把握好生活中的点点滴滴，不但可以活跃课堂气氛，提高学生的学习兴趣，还能增进学生对知识的理解。

（4）问题贯穿始终的价值取向

创新智能教学过程是以学生为主体的教学过程，这一过程始于问题的发现、提出，推进于问题的研究、探索，深化于问题的解决，这个过程应是学生自然而然产生的愿望，这当然是创新教学的前提。然而在教学中如何让学生提出问题，如何组织学生探讨问题，问题最终又是以什么形式解决，这些环节都会因学生的认知水平、学科内容的特点、教学过程的重点、难点及对教学进度的要求而产生相应的变化。

提问对启发学生的思维有很好的作用。但提问必须有启发性，不要老是问"为什么"，就多问几个"为什么是这样"。提问的好，可以"一石激起千层浪"，提问不当，太深或太浅，没有点中要害，则将启而不发，有的只是"吹皱一池春水"，有的甚至"扑通一声，余音全无"。

疑难问题引人深思，趣味问题令人向往。选择学生不易理解的概念或容易混淆的问题，让学生分析讨论，从错误中引出正确的结论，学生的印象将特别深刻。

开放的课堂注重引导学生对学习过程的反思与总结，注重对学生自我认识活动的监控。发展内省思维，不仅有助于学生形成良好的学习品质，而且也有助于学生形成严于律己的人格品质。问题引领法就是学生能带着问题学习，并不断寻找信息提出解决问题方案的学习。第一步是酝酿问题。学生在学习过程中，可能对某些内容产生疑问，经过一定时间的准备，可提出问题。第二步是发现问题。从发现问题的过程看，它体现了学生的主体地位，这一过程不仅包含学生的知识素养，也与学生的思维品质和学习习惯有关。第三步是明确问题。学生明确"问题"，既是一个学习的过程，也是一个不断尝试、不断探索的过程。在这一过程中，学生自己界定问题的存在，自主地分析问题情景，自主地构建解题思路和策略，有意识地进行自我监控。第四步是解决问题。解决问题是寻找和接受信息、回忆知识和方法、进行加工处理的过程，是一种较高层次的定向活动。在这一学习过程中，学生积极围绕问题进行思维，最终构建和完善解题方案直到问题解决。第五步是再生问题。教学的最终结果不应是用所授知识消灭问题，而应是在初步解决问题的基础上引发新的问题。这些问题出现的意义，不仅在于它能使教学延伸到课外，而且还在于它最终把学生引上创造之路。

如《麻雀》一课教学结束时，教师没有急于总结，而是问学生有没有新的问题。一个学生站起来说："老师，我觉得作者屠格列夫很没有爱心。小麻雀掉下来了，他只把猎狗唤走了，也不帮助小麻雀回到窝里。"问题一提出来，教师马上把问题交给学生，同学们开始各抒己见，为小麻雀想了很多种回到窝里的办法。最后，老师还抛出一个问题："你们想的办法到底可不可行呢？下来自己查查资料吧，下次再告诉老师。"毫无疑问，同学们发现和解决新问题的过程，使学生在探索中得到主动发展。让学生经历发现问题、提出问题、分析问题、解决问题、应用问题、反思问题的全过程，使问题贯穿课堂教学的始终，是创新智能教学的一个重要特征。

（5）思考创造多元的价值取向

思考是人类最大的乐趣，思想是万物伟大的杠杆。2500年前的孔子在《论语》中提出"学而不思则罔，思而不学则殆"的名言；17世纪，法国数学家、哲学家笛卡尔提出了"我思故我在"的基本公式；号称骑在马背上的"世界灵魂"的拿破仑也对思考极力推崇，他认为世上只有两种力量，一种是剑，一种是思想，而思想最终总是战胜剑。华罗庚曾经说过，独立思考能力是科学研究和创造发明的一项必备才能。在历史上任何一个较重要的科学上的创造和发明，都和创造发明者的独立、深入地看问题的方法是分不开的。

开放的课堂宽容并鼓励学生大胆质疑。允许有不同的答案，鼓励多元思考，注重培养理性的怀疑与批判精神，是课堂开放的重要标志。质疑是学生建构知识的重要环节。质疑应当是有根据的怀疑，即把一切问题放在理性的天平上去考量，而不是简单地接受别人的观点。不论学生提出的问题有多么奇怪、多么荒诞，也不论学生对问题的理解是多么离经叛道，教师都应当能理性地、心平气和地对待，并将此作为重要的教育契机，引导学生有条理、有根据和有主见地思考。如此，我们才能培养不轻信、不盲从、不唯书、不唯上的民主社会的建设者。"横看成岭侧成峰，远近高低各不同”，教师应引导学生进行多元思考，多元思考法就是对每件事情不要期待只有一种答案，而应多方面思考，创造多种的解决可能性。习惯多元思考法的人，不论面对任何问题都能从不同角度与观点分析，即使再大的难题，也能找出解决办法，“一题多解”就是多元思考法的结果。

加德纳说过：“对任何复杂概念的充分理解，都不能局限于单一的认知模式或表现方法。”按照多元智能理论，智能既可以是教学的内容，又可以是与教学内容沟通的手段或媒体。这个特点对于改进现在的课堂教学是很有意义的，例如物理中的定律部分，一些学生的数学逻辑智能不好，往往在学习的过程中可能会遇到一些困难，因为学生所要学习的定律，多数隐藏在数学逻辑的推理过程中，只能运用数学公式来沟通。也就是说，物理定律无法完全翻译成书面文字来理解。在学习的某个阶段，物理定律只能用数学公式来“自我表达”。学习者在这种情况下就会遇到困难，当学习者（无数理天赋）和问题（物理难题）无法协调时，数学公式作为一种媒体的功能就失败了。根据多元智能理论，我们还可以想出其他的解决方法。以这个例子来讲，教师可以设法找到其他通向该定律的途径，例如运用视觉空间模式甚至身体运动形体作比喻，如此一来学生就有了解决问题的第二条途径，也许是用作替代物的另一种媒体，对该生而言恰恰是属于强项的那一种智能。

近期，重庆掀起了唱红歌的高潮，学生时常在排练，于是我们实验学校的教师就要求学生分析歌词，并联系旋律中强音、切分音等进行分析，提高了学生对唱歌的兴趣，又很好地完成了合唱的任务。

思考更大的价值在于与他人进行交流。许多思想移植到他人脑中之后，会比其在原来生长的地方长得更为茁壮。思想交流不同于物质的交换，两个人手中各有一个苹果，将他们的苹果交换后，每人手中还是一个苹果；两个人脑中各有一个思想，将他们的思想交换后，每人脑中就有了两个思想。因此，在课堂教学的过程中，教师应引导学生积极思考、交流合作，在思维的冲击和碰撞中，迸发出思维的火花。

三、创新教学境界

1. 评价多元，让学生有安全感

美国著名心理学家马斯洛认为，人的一切行为都是由需要所引起，而需要又是分层次的，最底层是生理需要，中间层是安全需要等。学生在校学习，尤其是现在，教师受“师道尊严”思想的侵袭，往往对学生有种种的责难，导致学生在学校或课堂上总是害怕，束手束脚。为此，创新学习提出给学生一个安全的空间，给学生一个安全的课堂。要做到这一点，我们就要从以下三个方面入手：一是确保学生“无错”原则，从多角度评价学生；二是民主的原则，多和学生商量；三是尊重学生人格的原则，不挖苦、诋毁学生，不伤害学生自尊。

学生“无错”原则，是指学生在回答问题时，教师要充分尊重学生的发言，不要对学生的回答动辄就以“错”、“大错而特错”、“这么简单的问题都回答错”等语言来刺伤学生，而是要从多方面找到学生正确的地方，以鼓励为主，让学生有话敢于说，有思想敢于表述，不求标准答案。一次一位实验教师在让学生说出两只苹果有什么不同的地方？一位小朋友说：“老师，你左手的一只苹果破损了”。老师马上纠正说：“这只苹果表面有痕迹，不能叫破损。”试想，这样的次数多了，学生心理存在着不安全感，还能积极表述自己的想法吗？另外一位实验老师在重庆的一次执教公开课中，由于是借班上课，回答问题时，找了一个同学回答，老师刚一说完，同学们就哄堂大笑，原来他是全班最差的同学。老师领悟了意思，看到这位同学站了起来，老师给他鼓励，但他始终没有回答老师的问题。这时老师却说：“刚才这位同学敢于站起来，说明他自信心很强，同时他皱了眉目，说明他思考了问题，只是语言还没有组织好。”这样评价，学生会不高兴吗，还会有“害怕”感吗？美国著名心理学家加德纳的多元智力理论，为我们每一位教师找到学生的长处提供了理论基础。

2. 激发情感，让学生有体悟感

学习过程是以人的整体心理活动为基础的认知活动和情意活动相统一的过程。认知因素和情意因素在学习过程中是同时发生、交互作用的。传统的教学论研究忽视了教学中的情感问题，把生动、复杂的教学活动囿于固定、狭窄的认知主义框框之中。在新课程理念的背景下，教学中的情意因素和过程被提高到一个新的层面来理解。它强调情感、态度、价值必须有机地渗透到课程教学内容中去，并有意识地贯穿于教学过程之中，成为教学过程的灵魂。因此，创新学习的课堂教学要求教师在传授知识的同时，必须把情感教育渗透到教学活动的各个环节中，要突破单纯地注重传授知识和发展智力的局限，把培养学生积极的学习情感放到至关重要的位置，使学生具有学习的热情，积极、主动地学习。因此，课题实验教师在整个教学过程中基本做到了随时调整自己的教学，激发学生的学习动机，这凸现了以下五个观念：第一，由教师权威转变为互相尊重、相互信任；第二，由强调苦学转变为乐学，激发学生兴趣；第三，由单纯的说教转变为多向情感交流；第四，由一味批评学生转变为让学生品尝成功；第五，由害怕学生在课堂上出错转变为允许学生出错，增加学生自信，鼓励学生大胆发表意见。

2002年5月，我在香港为香港福建中学的学生执教观摩课，在谈到《愚公移山》一文时，学生联想到启德机场，虽然为香港的发展作出了贡献，但同时由于填海也造成了一定的环境问题。很显然，学生不是以固定的思维去理解课文，而是用另外一种方法去感悟、去理解。

3. 师生互动，让学生有主人感

教学是教师教与学生学的统一，现代教学论指出教学过程是师生交往、积极互动、共同发展的过程。首先，必须承认教师与学生都是教学过程的主体，都是具有独立人格价值的人，师生之间是一种平等、理解、双向的人与人的关系。其次，强调师生间、学生间动态的信息交流，通过信息交流实现师生互动，相互沟通，相互影响，相互补充，从而真正实现教学相长。师生互动的教学关系是现代教育改革的主要措施，教师与学生确立合作关系也是教学的关键所在。改革课堂教学必须改变教师唱“独角戏”的局面，要积极建立师生密切合作的教学关系。没有师生的合作，教学只能流于形式，教学任务无法真正落实。师生合作既是教学的手段，也是教学的目的，通过合作，能使学生养成与人和睦相处、善待他人的良好性格和集体主义精神。但合作更主要的是为了充分发挥学生的主体性，建立师生合作的教学关系。因此，在创新学习课堂教学中，不能只有教师的活动，学生必须积极参与，要留给学生充分的动脑、动手、动口的时间和空间，使课堂气氛变得和谐。在今年西安市、鄂州市举行的“全国创新学习课堂教学研讨会”中，20个省（市、自治区）28位教师执教的公开课中，都体现了以下几个方面特色：

第一，变“一言堂”为“群言堂”，以学生差异发展为起点，让学生充分参与，积极表现，在讨论、辩论中，使每个学生都尽情发挥。

第二，变单一的教师“问”为学生“质疑”，克服死记硬背的弊端，提倡导趣、导疑、导思、导创，鼓励学生大胆质疑，奇思异想。

第三，变一味的知识“传输”为情感态度的“体验”，激励学生勤思、多问、多练习，通过亲自尝试、探索，建立新旧知识间的联系，感悟知识形成的过程。

第四，变教师为自己的教学设计教学为根据学生反映调控教学，由传统的知识传授者转向现代的学生发展的促进者，师生共同学习与进步。

广东省普宁市流沙五小是一个农村实验学校，师生相互讨论，在原先笔者提出创新学习五种方法（龚春燕：《创新学习的方法》，人民教育2001年版，第（5）期）的基础上，学生发展为十种，并且有良好的效果。

4. 开放多变，让学生有灵活感

开放相对于封闭，生成相对于预设。教学是预设与生成、封闭与开放的矛盾统一体。预设是教学的基本要求，教学是有目标、有计划的活动，教学的运行也需要一定的程序，并因此表现出相对的封闭性。传统教学过分强调预设和封闭，从而使课堂教学变得机械、沉闷和程式化，缺乏生气和乐趣，缺乏对智慧的挑战和对好奇心的刺激，使师生的生命力在课堂中得不到充分发挥。

首先，从内容上讲，要求教师把学生的个人知识、直接经验、生活世界看成重要的课程资源，回归儿童的生活。也就是要求教师在教学中鼓励学生对教科书进行大胆的自我理解、自我解读，对课本大胆质疑，勇于创新，教师要充分尊重学生的个人感受和独特见解，使学习的内容具有开放性。

其次，在教学的过程中，学生是一个个具有主观能动性的人，他们带着自己的知识、经验、思考、灵感、兴致参与课堂活动，使课堂教学呈现出丰富性、多变性和复杂性。因此，课堂教学不应当是一个封闭的系统，也不应拘泥于预先设定好的固定不变的程式。重庆求精中学与重庆五十中打破校际封闭，让学生们经常在一起共同上课，相互讨论、辩论，尽管学生之间的能力有一定差距，但在学习中，学生们竞争的势头却很大，学生有很多即兴创造表现，这些都超越了目标预定的要求。

创新学习的课堂体现在以下三个方面：一是打破教学内容的封闭性，开放性备课；二是打破教学形式的封闭性，开放性教学；三是打破教学手段的封闭性，开放性评价。

5. 问题聚变，让学生有高潮感

创新学习的关键是培养学生的"问题"意识。"疑问"能使学生心理上感到茫然，产生认知冲突，促使学生积极思考，在这个过程中才可能实现创新。教师在教学中如何引导学生提出问题并且从中找到问题让学生思考讨论，就成了创新学习课堂中一个重要的环节。总课题组要求实验教师每节课都有给学生质疑、提问的时间，不得少于10分钟。最初学生不敢或不善于提问题，但经过一段时间的训练，学生的问题多了，提出问题的质量也高了。在学习《向量减法》时，厦门杏南中学的一位实验教师在指导学生学习后，一学生对老师说："逆水行舟，不进则退"就是一个向量减法的实例。老师抓住这一问题，让学生讨论这一谚语的数学内涵。一个小组学生发言说："逆水行舟是船的行驶方向与水流方向相反，不进意思是说船的行驶速度为零，而水流速度不为零，两个速度叠加，故退了。"另一组学生马上反问"船的速度一定要为零，船才能退吗？"等等，学生讨论异常激烈，达到了课堂中的高潮。我想通过这样的问题讨论，学生对向量减法的理解会更加深刻。

"学而不思则罔"，教师运用多种方法开发学生的思维，激励学生的积极思考，教给学生分析问题的方法，指导他们去发现问题、解决问题，培养学生的思维能力。在引导学生思考的过程中，要注意运用多种模式，引发学生思维的碰撞，使课堂达到高潮。其具体方法有讨论导思、递进导思、想象导思等。重庆一中的学生对三峡大坝五级船闸自动指挥系统和重庆外国学校的巴文化对现代重庆的影响研究，都是学生在层层问题中聚变的结果。让学生带着激情进行研究，才是愉快的研究过程。

6. 动手实践，让学生有创新感

多给学生动手实践的机会，是新课程改革赋予广大教师的职责。古今的思想家、教育家对学习中多动手都有很多精辟的论断：荀子的

“闻之，不若见之；见之，不若知之；知之，不若行之……行之，明也”；韩非子的“循名实以定是非，因参验而审言辞”；叶适的“无验于事者，其言不合，无考于器者，其道不化”；王夫之的“行可有知之效”；陆世仪的“学问从致知得者较浅，从力行得者较深，所谓躬行心得也”；毛泽东的“读书是学习，使用也是学习，而且是更重要的学习”。他们都把实践作为获取知识的重要源泉。在实践活动中应用知识，也是学习知识，而且是创新的必要途径。这是符合“实践——认识——再实践”认识规律的。知识越用则飞跃越快，上升也越高。在实践中学习知识，易于遇到新情况，产生新问题，这就是创新的过程。陶行知说：“行动生困难；困难生疑问；疑问生假设；假设生试验；试验生断语；断语以生行动，如此演进于无穷。”裴斯泰洛齐热情地宣传“学习和手工劳动相结合”的教育思想，要求“知和行的统一”。美国著名教育家杜威说过：“最好的教育就是‘从生活中学习’、‘从经验中学习’。”他提出了“从做中学”的教育原则。前苏联著名教育家苏霍姆林斯基说：“学习与劳动的结合，就在于干活时思考和思考时干活……通过思维和体力劳动结合，双手的精确动作在实现同样精确的设想，就使学习者变成聪明的思考者，他们是在研究和发现真理，而不是单纯地‘消费’现成的知识。”创新学习课题组通过多次的培训，实验教师明确了“知”“行”与“创新”的关系。乌鲁木齐市十一中自开展创新学习以来，学校以学生“小课题”研究为途径，促使学生的创新意识、创新精神得到了提升。如学生为了了解民工的素质，发放了2800份问卷（收回2329份），并走访民工工地及住所，跟踪民工一天的生活。同时学生们还到监狱调查，访问新疆大学的专家，写出了《中国农民进驻城市生活的三次高峰之比较》、《乌鲁木齐市民工素质状况分析》、《民工进城之后的心理需求初探》、《民工返回家乡之前在城市犯罪心理探索》、《民工在城市的生存状态之调查》等报告，受到了市政府的关注，政府还出台了相应的文件，保障民工的权利。

课堂是基础教育改革的核心，创新学习研究也不例外。如何提高课堂教学的效益，提高学生学习的质量，并把教育创新落到实处，我们进行了多方面的改革，教学六境界是其中的一个重要层面，在教师教学观念更新、学生学习方式转变等方面也是行之有效的。

四、创新教学策略

现代教学论认为：学生是学习的主体，学生积极主动参与教学过程是有效学习的必要条件。引发学生积极主动参与、自主学习是为了激发学习的内因，使其与外因形成合力产生最佳效应。进入21世纪，人格本位的学生观是强化以教会学生学会学习为中心的学习科学的行为研究，构建以学生为中心，以学生自主学习活动为基础的新型教学过程，使教学活动真正建立在学生自主活动和探索的基础上。因此，自主创新教学策略的探索势在必行。

1. 自主创新教学

自主创新教学策略的研究是由学生自主探究和教师科学引导两个相辅相成的内容交互生成的。其宗旨是通过教师对学生的有效指导和学生间相互的有效指导，帮助学生学会自主创新学习，培养学生的创新意识、创新精神和创新能力。

（1）自主创新教学特征

自主创新教学有三个特征第一个是学生主体性。学生是学习活动的主体，具有能动性和自我教育的特点，课堂教学的着眼点要放在如何引导学生自主学习，积极鼓励学生自学新知、实行“先学后教”策略，使学生自己独立思考，自主探究，真正成为学习活动的自主参与者，充分发挥学生的个性特点，提高学生自主创新的灵活性。第二个特征是双向互动性。自主创新教学双向互动性不仅体现在教师与学生的教学互动中，也体现在学生相互的有效指导中。通过学生个体的认知结果，在组内互相沟通、互相碰撞，获取集体智慧的营养，丰富个体的思维领域，从而更好地自主创新。第三个特征是教学创新性。在自主创新教学过程中，有几大转变：一是教师、学生角色出现转变，教师由讲解者转变为学生学习的指导者和活动的组织者；学生从被动接受的地位转变为主动参与、发现、探究和知识构建的主体地位。二是教学内容的转变，教学内容由仅仅传授课本知识转向重视能力的训练和情操的培养。三是教学过程的转变，由原先的呆板式、填鸭式灌输转变注重创设情境、问题探究、合作学习等以学生为主体的创新的教学过程。

（2）自主创新教学的程式

第一，诱发参与。在教学中，教师可以根据学生的生活经验、认知基础及心理特点，将教材中抽象、单一的教学内容转化成学生熟知的、现实生活中常见的情境，并提出科学的问题（即本节课要自主探究的问题），以调动学生学习的积极性，引发学生学习的动机和欲望，既激发学生学习的兴趣，又培养学生对现有事物分析并从中找出原因的能力。

第二，探究合作。在教师的引导下，围绕上一阶段提的问题，借助一定的学习材料，让学生进行个体自主探究（观察、操作、猜测、验证、收集材料，获得体验等），得出初步结论；然后，在小组内或班集体范围内进行合作交流，通过同伴间的相互启发，丰富自我，揭示知识规律和解决问题的方法。

第三，师生互动。在学生合作交流的基础上，教师有目的地让不同层次的学生代表本小组进行发言，将学生的自主探究思路和方法进行充分的展示，并引导学生进行比较、评判、反思与改进，师生共同归纳得出结论。

第四，评价总结。学生自主探究成功之后，应让学生运用知识解决不同的问题，如教科书里的“活动”和课后练习题等，加深对所学知识的理解。教师应帮助学生回忆探究经历和体验，评价自己的探究过程，总结自己的经验，提高其策略水平，培养创新意识和能力。

2. 开放式教学

系统科学的有序原理认为，任何系统只有与外界进行丰富的交流和转换，才能使系统从低级结构向高级结构发展。用系统原理审视我们的教学系统，就应该建立校内外联系、课内外沟通、学科间融合的开放体系。各学科新课标也纷纷提出要探索开放富有创新活力的教学策略，这是适应时代发展的需要，也是教育教学改革的需要，更是时代赋予教师的神圣使命。

（1）开放式教学的特征

现代教育观告诉我们，学生的认识实践过程，在教学中应处于核心地位。开放式教学策略是指在教学过程中，为尽可能达到增大教学的选择性、自由度，体现师生的主体性品质和个性的主动发展，培养人的创新精神，提升个体的生命质量，建立民主、平等、和谐的师生关系这一目标而采取的一系列途径手段和方法体系。开放式教学具有以下四个特征：

第一，知识多元化。《基础教育课程改革纲要（试行）》也大力倡导搜集和处理信息的能力、获取新知识的能力、分析和解决问题的能力以及交流与合作的能力，这是综合性学习的价值所在，要培养学生的综合能力，我们就必须实现学习内容的开放与多元。

第二，生活体验性。开放性教学，充分利用现实生活中的教育资源，让学生体会到知识就在身边，就在我们的生活中，我们能从生活中获取知识。

第三，多边联系性。开放性教学，就是要优化学习环境，淡化学科本位，努力构建课内外联系、校内外沟通、学科间融合的大教育观。强化“联系性”的特点，形成一个联系性的开放体系，建立大学科、大课堂、大教材的观念，加强学科与学生的联系，学科向全体学生开放，向学生的思维开放，向学生的情感开放，向他们的未来开放，找准学科间的联系点作为内容开放的切入点。

第四，教学生成性。生成性教学是指在弹性预设的前提下，在教学的展开过程中由教师和学生根据不同的教学情景，自主构建教学活动的过程。不同的个体差异，会给课堂带来完全不一样的教学差异，让学生和老师都能在生成性教学中体验问题突发的刺激和问题解决的完美。

（2）开放式教学的程式

第一，开放课程资源。大力开发课程资源，促进课内外学习和运用的结合，使学生扩大学习的视野，提高学习的积极性。从而在课内外的学习与运用中拓展学科课程的内涵，实现课程资源的开放。将课堂与课外活动结合起来，加强主体实践活动，在活动过程中让学生充满情趣地探索研究，发现问题、解决问题，不同的体验、不同的感受必然会产生个性化的效果，使每个学生的个性和创造力都得到充分的发挥。

第二，开放教学内容。知识来自生活，并从生活中得到验证和发展，教育内容本身具有开放的特点。一味追求知识体系的严密与稳定，追求课程要求与教学内容的统一，实际上是扼杀学生的创新精神和创新能力，与当前我国实施的素质教育背道而驰。培育创新素质，必须打破教学内容的封闭。

第三，开放教学过程。开放教学过程，构建以学习者为中心，以学生自主活动为基础的新型教学过程，才能大力推进教学活动中心由教师的教向学生的学转变，使教学活动真正建立在学生自主活动自主探索的基础上，进而形成学生主体精神、创新意识、创新能力健康发展的宽松教学环境和新的教学体系。具体来讲，即打破以问题为起点，以结构为终点即“问题——解答——结论”的封闭式教学过程，构建“问题——探究——解答——结论——问题——探究……”的开放式教学过程。按照创新教育观，作为结果的知识是不断发展更新的，发现真理、探求结果的方法才是最重要的。知识本身并不是教学的目的，而是建立科学方法的工具和手段。以问题为纽带进行教学，就是以激发学生产生问题始，以产生新的问题终。在这个过程中，培养学生的问题意识，解决问题的知识、程序、方法，培养学生的创新精神和创新能力。

第四，开放教学方式 。创新教育的第一要素是全体性，要尊重全体学生学习主体的地位，让学生当主角，采取教师启发引导和学生积极参与的方法。学生创新能力的培养与一定的独立活动有关，使学生在探究和自主学习中，形成了多方面的能力和技能，为培养学生的创新能力创造了条件。

第五，开放教学空间。传统的教学空间仅限于教室，创新教学则要求打破囿于学校教室的教学空间概念，向社会延伸，向影视报刊等媒体延伸，向电子网络延伸。教学空间的开放既是培养学生创新素质的需要，也是现代科技发展带动教育改革的必然趋势。

3. 网络教学

《基础教育课程改革纲要（试行）》指出：“大力推进信息技术在教学过程中的普遍应用，促进信息技术与学科课程的整合，逐步实现教学内容的呈现方式、学生的学习方式、教师的教学方式和师生互动方式的变革，充分发挥信息技术的优势，为学生的学习和发展提供丰富多彩的教育环境和有力的学习工具。”因此，利用网络进行教学符合时代发展的必然趋势。

（1）网络教学的特征

霍华德·加德纳的多元智能理论，强调智能发展的整体性、个体差异性及可塑性等，这为网络教学策略的制定提供了思路：在实际教学中应根据学生的智能发展特点，通过多种途径使他们的各种智能得到协调并发展。网络教学是系统运用教学方法，选择教学媒体，优化教与学的过程，是在特定的网络教学情境中，为满足学的需要和达成学习目标，对学习活动进行引导和监控的措施和行为。网络教学作为现代新型的教学手段具有以下特征：

第一，师生平等性。在网络教育环境中，教师与学生的地位发生了变化，传统的师生关系、生生关系变成了一种全新的师生关系，学习者和教师之间、学习者和学习者之间完全是平等的。在网络环境下，由于虚拟的教学环境，师生处于准分离的状态，师生交互的需求很大，对于满足学生个别化学习的需求就变得非常重要，而且师生通过交互可以做到互相激发、互相促进、加深了解，从而建立一种融洽、和谐、平等的师生关系，创设出良好的网上教学环境，增强参加网络学习的信心，激发学习的积极性。

第二，师生交互性。网络突破时间和空间局限的特性，给师生交互提供了非常有利的条件，最能发挥出网络的远程联络的优势特点，为师生的教学交互提供了多种途径，比如E-mail、QQ、MSN、论坛（BBS）、个人留言板等，可以满足并随时解决不同需求的学生的需要。而传统的课堂教学，教师偏重于知识的传授，学生偏重于“听”和被动地“记”。网络教学不仅让信息在网上流动、共享，而且还满足了师生、生生讨论交流的需要。改变了大多数教师没有机会和班级中的每个学生进行交流，以及很多学生因为种种原因，不敢和教师进行面对面交流等状况。

第三，学习自主性。网络学习充分实现了个性化学习。在传统的课堂教学条件下，因材施教和个性化学习只是一个理想化的追求。而互联网使因材施教成为可能，学习变成一个各取所需的过程，个性化的学习得以真正实现。在互联网上，没有统一的教材，没有统一的进度。每一位学习者都可以根据自己的特点，在自己方便的时间从互联网上自由地选择合适的学习资源，按照适合于自己的方式学习。网络学习不仅使自主学习成为现实，而且使自主学习成为时尚。

第四，资源共享性。学生学习能力的提高，源于知识的迁移和运用，而知识的丰富与否，较大程度上来自于信息的获取。在传统教学中，信息主要来自于课文和教师教学经验的积累。由于信息来源的单一性，学生学起来觉得乏味、枯燥，也不利于学生分析问题能力的培养。

而网络教学，是在线教学，有很强的个性化学习的特点，有广阔的信息来源空间，学生可根据自己的需求去获取信息。互联网的出现，将全世界的学校、研究所、图书馆和其他各种信息资源联结起来，成为一个海量的资源库。学习者不仅可从网上下载教师的讲义、作业和其他有关的参考资料，而且世界各地的优秀教师或专家可以从不同的角度提供相同知识的学习素材和教学指导，任何人可以在任何地点通过网络访问，形成多对多的教学方式。这样将最大限度地做到文化、教育资源共享，并将其运用到自己的学习研究活动中，寓教于乐。

第五，手段丰富性。在网络教学中，语言将不再作为交往的唯一媒体，包括符号、图像、视频等多种形式将支持人类的信息交流。网络学习与传统学习最大的区别在于，学习者从网络中获得的学习资源不仅数量大，而且快速及时，学生将在网络上获得比传统课堂更大的学习空间。

第六，反馈及时性。网络环境中的师生交互是否成功，取决于教师与学生的反馈是否及时。在师生准分离的状态下，如果教学过程没有迅速地接收与反馈，就会导致学生失去对于网络教学的信任，甚至动摇其学习信心。如果教师与学生之间相互加强交流、及时反馈彼此的信息，就会对双方的交流起到实质作用，从而逐步培养网络教学与学习的习惯，形成师生交互的良性循环，并有助于调动教师和学生参加网上教学的积极性，提高网络教学活动的效能。

（2）网络教学的策略

建构主义特别强调学习的主动性、社会性和情境性。计算机网络技术的迅速发展正好为建构主义对学习构想的实现提供了强大的技术支持。于是，基于网络的、主要强调学习环境和学习任务真实性的网络教学模式相继出现。具体的策略主要包括情境性策略和合作性策略。

① 情境性策略。情境教育运用先进的教育理论，通过创设一种以美激趣的教学情境并与亲和的人际情境交融在一起的环境，在课堂教学中激起儿童热烈的情绪，使他们在宽松、和谐、愉悦的氛围中，主动、积极地参与教学过程，使儿童的认识活动与情感活动有机地结合，从而促进儿童潜能的开发与良好个性的发展。所谓教学情境，是指具有一定情感氛围的教学活动。“境”是教学环境，既指物理环境，也指教学双方的关系。“情”指洋溢在“境”中的教学双方即师生之间的情感交流。

情境性策略包括以下五个内容。

第一，创设情境。教师要借助网络教学环境，为学习者创设有利于探索的问题情境，并在问题情境的不同细节中，设计进一步探索问题的建议和暗示（以利于学习者的自主探索），使学习能在和现实情况基本一致或相类似的情境中发生。

第二，确定问题。在上述情境下，选择出与当前学习主题密切相关的真实性事件或问题作为学习的中心内容，即让学习者面临一个需要立即去解决的现实问题。选出的事件或问题就是“锚”，这一环节的作用就是“抛锚”。学习者确定问题，并确认与这些问题相关的信息资源，这些信息资源通常是网络资源库或用搜索工具搜索到的资源。

第三，自主学习。教师不是直接告诉学习者应当如何去解决面临的问题，而是向学习者提供解决该问题的有关线索，例如需要搜集哪一类资料、从何处获取有关的信息资料以及现实中专家解决类似问题的探索过程等，并要特别注意发展学习者的“自主学习”能力。

第四，合作学习。对某些复杂问题，通常学习者不能独立完成问题的解决，需要与同伴或指导教师讨论和交流。通过学习者与学习者之间、学习者与指导教师之间互相讨论、交流，使不同观点彼此发生相互碰撞，可以相互补充、修正并加深每个学习者对当前问题的理解。这时教师应当鼓励学习者去考虑多种可能的问题解决方案，并鼓励他们与学习伙伴或小组讨论自己的想法。学习者需要进一步确定完成每项方案所包含的子目标；并识别与这些子目标相关的信息及非相关信息；最后对多种解决方案进行评估，确定最佳解决方案。

第五，效果评价。评价包括小组评价和由教师进行的评价。学习者与同组成员交流自己的心得和经验，小组进行评价，学习者反思自己解决问题的思维过程，要求学习者解决面临的现实问题，学习过程就是解决问题的过程，即由该过程可以直接反映出学习者的学习效果。因此教师对这种教学效果的评价往往不需要进行独立于教学过程的专门测验，只需在学习过程中随时观察并记录学习者的表现。

② 合作性策略。网络的出现，使我们可以很好地创设合作学习所需要的学习环境，从而提供更加灵活、有效的合作学习。基于网络的合作学习是指利用计算机网络以及多媒体等相关技术，由多个学习者针对同一学习内容彼此交互和合作，互促互进，以达到学习者对教学内容有比较深刻

的理解与掌握的一种教学策略。建构主义认为，学习是在一定的情境下，借助其他人的帮助，即通过人际间的协作活动而实现的意义建构过程。因此，建构主义学习理论认为“情境”、“协作”、“会话”和“意义建构”是学习环境中的四大要素或四大属性，“合作”贯穿于学习过程的始终。合作学习的主要特点有：逐渐提高了学习者的独立思考和批判思维的能力；使学习者共享学习的资源、学习的过程，聚积学习者的智慧，消除个别化学习的孤独感，产生参与感、认同感与归属感，从而提高学习效率；强化自身的合作精神，提高自己的人际交往能力；实现传统角色的转变。教师由教学信息传授者变为远程教育机构和学生之间的信息组织和传递者，在教学过程中承担组织、管理、咨询及促进的任务。而学生才是知识意义的主动建构者，才是自己学习的主人。

基于网络的合作化教学策略是在建构主义思想指导下的教学设计，是以“学”为中心的教学设计。因此必须包括以下内容：

第一，确定合作学习任务。在网络教学中，学习任务的确定是教学设计的关键。它可以是围绕学习目标的、源于真实生活的、富有挑战性的某些问题，也可以是为了解决问题、来自于学习需要的真实任务，或者是结合学习内容所提出的研究课题。教师要在学习总体目标的框架上，把总目标细分成一个个的小目标，并把每一个学习模块的内容细化为一个个容易掌握的“任务”，通过这些小的“任务”来体现总的学习目标。

第二，创设合作学习情境。合作学习的情境，就是创设与当前学习主题相关的、尽可能真实的情境，为合作小组共同学习服务。从教学工具来讲，在网络环境下，可以通过Web浏览器、E-mail电子邮件、BBS论坛等认知工具，在网上获取问题的答案。其次，可以利用Web网页技术、Word文字处理、Powerpoint幻灯制作、Excel电子图表等技术手段收集、整理、处理信息，并以多种媒介方式表达、展现自己的观点和结论。从教学资源来讲，要能帮助学习者有效地分配注意力和时间，要使学习者能迅速找到所需要的内容并能迅速理解。在教学内容的选择上，应做到结构清楚、分类明确、层次鲜明、循序渐进；在表现形式上，要做到简洁、一致，屏幕的布局、信息的呈现、着色的运用要符合人的认知特征。告诉学生如何利用搜索工具迅速地找到所需要的信息，告诉学生信息对于他们的价值，或者通过建立导航系统来支持学习者的学习。

第三，安排合作学习小组。在网络的教学环境中，建立合作学习的小组非常重要，学生不再作为一个孤立的学习个体，而是以小组成员的角色参与到更加广泛的探究性学习活动中。这样既有利于自主学习，又有利于相互促进，有利于合作学习优势的发挥。合作学习小组是在教师的指导和支持下，学生间的多方交流，以完成某项研究课题为主要学习任务，在网络中，可以通过基于网络讨论来实现。

第四，确定合作学习方式。学生可以在教师的组织和引导下通过论坛参与讨论和交流，在其中发帖子，每个人的发言随时都可以被所有参与讨论的学习者浏览到，每个人都可以利用网页浏览并参与讨论、发言。其次，参加者也可以采用网络聊天室的方式进行讨论和交流。参加者建立一个融洽的讨论环境，在一种宽松自由的环境里，把对某一主题感兴趣或有研究的人集中起来，让每个参与者充分发表自己的观点，以集思广益。还可以采用E-mail、ICQ等方式来实现讨论和交流。随着现代信息技术的日益发展，基于网络的人机、人人互动交流的方式，合作学习方式因受到新技术的支撑而变得更加多媒体化、网络化、个性化。

第五，创新合作学习评价 。在对学生学习的评价方面，我们不能只注重对学习结果的评价，更应该侧重于对学习过程的评价。例如，学生对学习过程的理解和态度如何，所完成的作业表述方式是否清晰，陈述理由是否足充，解决方法是否新颖，学习效果是否得到了充分的展现等等。这些从不同角度进行评价的方法，不仅对学生的学习效果进行了公正的评价，也给学生提供了利用反馈改进学习的方法，并帮助他们建立起可持续发展的学习观念。

4. 案例教学

案例教学是1870年以美国哈佛大学为代表的许多著名高等学府以培养学生的实践能力和增强学生积极进取精神为目的率先推出的。案例教学于20世纪70年代运用于普通教育学。实践证明，案例教学法可以充分调动学生学习的积极性，增强学生的独立思考能力和决策能力，弘扬学生的个性特长，培养学生的创新精神，满足时代对人才的需要。案例教学的特点就是能从一篇案例中，引申出许多问题来，然后引导学生进行深入讨论，各抒己见，让他们扮演不同的角色，让学生身临其境，使学生增加了对某些知识的感性认识和兴趣，其实质就是让学生钻到案例中，充当案例中的角色，设身处地地面对和处理各式各样的问题。

（1）案例教学的特征

案例，是对一个复杂情境的记录。一个好的案例是一种把部分真实生活引入课堂，从而可使教师和学生对之进行分析和学习的工具。案例教学法（case methods）是指教师在教学过程中，以真实的班级生活情境或事件为题材，以供学生相互讨论之用，以激励学生主动参与学习活动的一种教学方法。它与传统教学不同，更注重培养学生能力而非仅仅传授知识；以案例为教学载体而非课本；运用启发式教学而非讲授式；鼓励师生间、生生间进行多向沟通而非师生单向沟通；学生的学习积极性更高；学生获得的知识是直接来源于生活的知识而非间接的知识等。其特征主要有以下五点：

第一，明确的目的性。通过一个或几个独特而又具有代表性的典型事件，让学生在案例的阅读、思考、分析、讨论中，建立起一套适合自己的完整而又严密的逻辑思维方法和思考问题的方式，以提高学生分析问题、解决问题的能力，进而提高素质。

第二，客观真实性。案例所描述的事件基本上都是真实的，不加入编写者的评论和分析，案例的真实性决定了案例教学的真实性，学生根据自己所学的知识，得出自己的结论。

第三，较强的综合性。案例较之一般的举例内涵丰富，取之于社会生活；案例的分析、解决过程也较为复杂。学生不仅需要具备基本的理论知识，而且应具有审时度势、权衡应变、果断决策之能。案例教学的实施，需要学生综合运用各种知识和灵活的技巧来处理。

第四，深刻的启发性。案例教学，不存在绝对正确的答案，目的在于启发学生独立自主地去思考、探索，注重培养学生独立思考能力，启发学生建立一套分析、解决问题的思维方式。

第五，结果的多元化。学生经常想知道“正确答案”。不过，案例教学很少只有一个答案。在一般情况下，一个好教师应该对你推理的质量更感兴趣，而不是你提出的具体观点。在教学成功的课堂上，提出相反观点的两个学生同样成功的可能性是有的。事实上，引发思考的不同意见对课堂讨论是有帮助的，而且有助于提高学生兴趣，并寓教于乐。

（2）案例教学的策略

① 民主性策略。要培养知情合一、有独立性和创造性的人，就必须建立民主的师生关系，发扬教学民主的精神，充分发挥学生的主体作

用。因此，必须贯彻民主性策略。民主性策略要求教师做到以下两点：

一是尊重学生。要学会宽容与接纳学生。教师对学生思维方式的宽容，可以点燃学生的个性思想火花，培养其创造精神；教师对学生特殊行为方式的宽容，尊重个性发展特点，能使学生在宽松自由的环境中展示自我，发展自我；教师对学生情感的宽容，是对学生人格的尊重。教师要避免使用刺激性、挖苦性的不良语言，更不能用冷漠的态度伤害学生的自尊心和自信心。对于学生的不同意见，哪怕是极不成熟，甚至是偏颇的想法，教师也应认真倾听。

二是欣赏学生。欣赏学生就是欣赏学生在案例教学中提出的问题，及其对问题的独特认识和见解，对于学生提出的推测、假设和解决问题的方案，教师应进行中肯的引导和评价。陶行知先生说："你的教鞭下有瓦特，你的冷眼里有牛顿，你的讥笑里有爱迪生。"教师要学会欣赏学生，特别是对那些学习基础弱、纪律松散的学生，更要努力发现他们身上的闪光点，并把这些闪光点放大，让每个学生都有展示自己才华的机会，让每个学生都在成就感中获得自信。

② 激励性策略。学生的主体性、高度参与性是案例教学的一个重要特征。人类生存发展离不开人的活动，教育教学活动同样离不开人的活动。陶行知先生认为："教育必须通过生活实践来实现。不动嘴，永远不会说话；不动腿，永远不会走路；不动手，永远不会生产劳动；不动脑，永远学不会思考。"只有学生积极主动参与课堂教学，才能保证案例教学取得预期的效果。因此，案例教学的开展要调动学生参与的积极性，真正使他们"动"起来，在案例教学中要做到以下三点：

一是案例选择。选择的案例要源于活生生的现实，最好是贴近于学生生活的案例。因为这样的案例可能就是学生在现实生活或将来走向社会真正面临的实际情况或问题，这样的案例对学生来说，本身就是一种吸引力。

二是角色扮演。在案例教学中，教师对自身的角色要有明确而清醒的认识，要让学生在课堂中真正扮演"演员"的角色，把舞台还给他们，教师只能起到"导演"的作用，而不能像传统教学那样，教师既当"导演"又当"演员"，而学生只是充当"观众"的角色。

三是鼓励讨论。教师就案例提出的问题以及对学生观点的评价都要体现对学生参与课堂讨论、交流的鼓励与肯定。马克思曾说过，自由是创造的前提。教师要为激活学生的创造性思维提供一个民主、平等、和谐、开放的教学环境。这种环境的创设，要求教师提倡和鼓励学生大胆质疑，敢于向“权威、书本、教师”挑战，让学生在课堂教学中的心态是开放的、自由的、不受压抑的，这样学生才可以畅所欲言。

③ 启发性策略。孔子曰：“不愤不启，不悱不发，举一隅，不以三隅反，则不复也。”《学记》讲“导而弗牵，强而弗迎，开而弗达”，意思是教师善于引导学生，而不是给以牵制；要积极鼓励和督促学生，而不是强加逼迫；要启发学生独立思考，而不是直接灌输结论。在教学中要注意以下三个问题：

一是案例选择。选用的教学案例要具有启发性，要有利于激发学生对其模糊信息进行分析，借助自己已有的知识结构明了案例中隐含的其他信息，理清案例中的各种关系。

二是问题选择。针对教学案例所提出的问题要具有启发性。案例问题不应该过于简单或过于复杂，否则就无法调动学生思维的积极性。

三是角色体验。在案例讨论的形式上加以创新，除了建立学习小组，进行小组讨论，还可以让学生在讨论中扮演不同的角色。结合自身的教学实践，让不同的学生扮演不同的角色，再让不同的学习小组之间进行互评。

5. 课题教学

研究性学习是这样一门课程，它以“培养学生具有永不满足、追求卓越的态度，培养学生发现问题、提出问题、从而解决问题的能力”为基本目标，以学生从学习生活和社会生活中获得的各种课题或项目设计、作品的设计与制作等为基本的学习载体，以在提出问题和解决问题的全过程中学习到的科学研究方法、获得的丰富且多方面的体验和获得的科学文化知识为基本内容，以在教师指导下，以学生自主采用研究性学习方式开展研究为基本的教学形式。目前，学科课程努力探索研究性学习的丌展，为学生建构一种开放的学习环境，提供获取知识的多种渠道，并提供学生将学到的知识综合应用于实践的机会，最终培养学生的创新精神和实践能力。而课题教学就是学习开展研究性学习的一条重要途径。

（1）课题教学的特征

课题教学主要有以下四个特征：

第一，学生自主性。研究性课题强调以学生的自主性、探索性学习为基础，学生按自己的兴趣、特长选择和确定课题，采用个人或分组合作的方式来进行，整个过程及内容、方式、结果，都主要取决于学生个人或小组的努力。学生对研究和学习目标的实现负主要责任，他们真正地被置于学习的主体地位，学生的主观能动性得到极大的调动。同时，教师要与学生一起进行筛选，避免学生由于自身经验或思维限制而选择超出能力范围的课题。

第二，活动开放性。由于研究性课题的学习活动更多地依赖课本外的教学资源，且学习的途径、方法不一，研究的内容、方式各异，因此，其研究和学习必然会突破以往学科教学的封闭状态，把学生置于一种动态、开放、主动、多元的学习环境中，这不仅改变了学生学习的环境和内容，更重要的是为学生提供了更多的获取知识的方式和途径，促使他们去关心现实，了解社会，体验人生，并积累一定的感性认识和实践经验，培养他们的创新精神和实践能力。

第三，教学实践性。选题一定要关注现实生活，学生亲身参与社会实践活动，在实践中学习，在学习中实践，在实践中创新，在创新中实践。重庆二十八中的几位学生对流经学校的一条河流“清水溪”进行了考察，了解清水溪被污染的原因。学生们徒步逆流而上，发现若干工厂直接向河水排污；也有生活污水直接流入清水溪，并有居民把生活垃圾直接倒入河中。这些学生每到一个河段就取一瓶水样标本，然后到实验室进行化验，分析不同河段水质情况并分析水污染的原因。这种在实践中学习的过程，充分体现了学生的主动性，并培养了学生实践动手的能力，发展了学生的创新能力。

第四，问题探究性。在课题研究中，学生不是被动地记忆，而是敏锐地发现问题，主动地提出问题，通过社会调查，从多个维度寻求解决问题的方法。如重庆市高新开发区森林小学的学生为了了解自然水与纯净水的不同，他们自己寻求多种方法去检验，参加研究的学生相互讨论，反复论证，确定了“用这两种水各取若干，一是泡同样的茶；二是养同样品种和相同尾数的金鱼；三是发同样品种的黄豆芽；四是种同样品种的蔬菜”，分成小组每天进行观察并详细记录，分析得出结论。整个学习过程中，都体现着学生学习的探索性和思考的积极性。

（2）课题教学的程式

课题教学的一般程序从选题到实施再到最后结论的提出，一般要经历三大阶段：

第一，准备阶段。这一阶段，教师指导学生结合学习情况或生活环境，确立研究课题，并创设一定情境，提供选题的背景资料，激发学生对研究性课题的研习兴趣和动机。如重庆市合川一中的学生确立“烟草对人的危害”的研究课题，研究小组观察吸烟人的姿势，调查吸烟人每天吸烟的数量，走访烟草专卖店等。创造问题环境就是让学生处于研究的氛围中，进入研究状态。同时，在确定选题后，组织研习课题组，按照规范制订计划和课题方案。

第二，实施阶段。这一阶段的工作是建立在事先设计的课题计划与实施方案的基础上的。首先是搜集与分析材料。学生应了解和学习搜集资料的方法，掌握访谈、上网、查阅书刊杂志获取信息的方法，同时要具备判断信息真假的能力，要学会选择与本课题研究有关的信息，也要学会整理与归纳资料。其次是调查研究或实验，以获取数据。学生根据获取的材料，根据自己的选题设计研究方法或调查问卷或设计实验方案，与其他同伴或教师讨论，论证自己的观点。重庆市酉阳县是一个国家级贫困县，酉阳实验小学的小朋友则选择了一个令大家都感兴趣的题目：“下岗工人的现状调查”，围绕这一课题，学生设计调查问卷，了解他们下岗前、下岗后的生活及工资，采访卖服装的阿姨，调查蹬三轮的叔叔……这样就形成了一份酉阳县下岗职工现状分析报告，同时受到相关部门的一致好评。

第三，总结阶段。这一阶段是对学生开展课题研究的总结。首先，要对获取的数据进行分析，根据分析结果进行总结，撰写研究报告。我们应该了解，学生学习的关键是要了解研究的方法，形成科学的伦理道德，至于研究的结论，有结论是好事，没有结论也是好事。大多数学习者可能都没有形成结论或写出研究论文，但最重要的是学生的积极参与，哪怕只提出一个观点或得出一条结论都可以。同时，我们应该组织专家进行交流和研讨并对调查成果进行评审，让学生参与答辩，体验一个完整的课题研究过程。

6. 社会实践教学

2001年《基础教育课程改革纲要（试行）》在课程内容上增设了“综合实践活动”课程，并规定从小学至高中设置综合实践活动且要作为必修课程。该《基础教育课程改革纲要（试行）》强调学生通过实践，增强探究和创新意识，学习科学研究的方法，发展综合运用知识的能力。同时要增进学校与社会的密切联系，培养学生的社会责任感。在课程的实施过程中，加强信息技术教育，培养学生利用信息技术的意识和能力，还要使学生了解必要的通用技术和职业分工，形成初步技术能力。简单说，它是基于学习者的直接经验，密切联系学生自身生活和社会生活，体现对知识的综合运用的实践性课程。

综合实践活动最普遍的学习方式是实践，让学生实实在在地“做”。苏霍姆林斯基曾说过：“人的内心里有一种根深蒂固的需求——总是感到自己是发现者、研究者、探索者”。瑞士著名心理学家皮亚杰认为：“智慧始于动作。”他主张课堂教学要变“坐中学”为“做中学”。陶行知也提出“做中学，学中做”理论。因此，新课程改革的实施，迫切需要一种符合综合实践活动课程的教学策略，即社会实践教学。

（1）社会实践教学的特征

社会实践是指学生走出校门、深入群众、深入实际，开展教学实践、社会调查、生产劳动、志愿服务、公益活动、科技发明等，在实践中受教育、长才干、做贡献，树立正确的世界观、人生观和价值观的活动。社会实践教学是指通过教师组织、引导学生积极地参与各种社会实践活动，提高运用理论知识分析问题、解决问题能力的教学过程，是通过实践活动，使学生能够逐步认识社会、了解社会、体验社会，丰富学生的社会经验，在实践过程中完成知识的传播、内化和发展的特殊的教育教学策略。社会实践教学具有以下特征：

第一，实践性。实践能力不是通过书本知识的传递来获得发展的，而是通过学生自主地运用多样的活动方式和方法，尝试性地解决问题来获得发展的。社会实践教学强调学生的亲身经历，要求学生积极参与到各项活动中去，在“做”、“考察”、“实验”、“探究”等一系列的活动中发现和解决问题，体验和感受生活，发展实践能力和创新能力。

第二，内化性。在教学实施过程中，实践教学所要完成的任务不是单纯的理论知识的传播，而是在主体自身活动中即在外在环境对自身影响的过程中通过感悟体验来发现知识、获得知识，并完善和修正已有的知识结构从而形成一定的内在的素质。社会实践教学的目的不是为了对学生实施理论教育，而是重在学习者内在素质与实践能力的培养，通过实践活动来强化理论知识的内化，使学生真实有效地掌握一定知识与技能，即在改造客观世界的过程中同时改造自己的主观世界。

第三，开放性。社会实践教学面向每一个学生的个性发展，尊重每一个学生发展的特殊需要；面向学生的整个生活世界，随着学生生活的变化而变化；关注学生在活动过程中所产生的丰富多彩的学习体验和个性化的创造性表现，评价标准多元，活动过程与结果开放。

第四，生成性。社会实践的本质特性是生成性，这意味着每一个活动都是一个有机整体，而非根据预定目标的机械装配的过程。随着活动的不断展开，新的目标不断生成，新的主题不断生成，学生在这个过程中认识和体验不断加深，创造性的火花不断迸发，随时都可能有闪光点出现。

（2）社会实践教学的程式

第一，教学目标定位。传统的学科教学偏重于学生认知上的结果性目标，着重强调学生掌握知识的量和深度。而社会实践教学更看重的则是学生的认知过程和体验。它以参观、访问、调查（问卷调查与资料调查）等方式来达到教学目标，让学生获得亲身参与研究探索的体验，学会合作与分享，养成科学的态度，具有科学精神，增强对社会的责任心和使命感。社会实践教学活动以师生、生生的自主性合作过程为主。教学成功与否的关键在于学生的学习生活和社会生活中的各种体验和经验，即以学生的直接经验为主。教学过程不再局限于书本知识的传授，而是让学生亲身参与、主动实践，在实践中综合运用所学知识解决各种实际问题，提高学生解决实际问题的能力。

第二，师生角色定位。教师在新课程中的最大变化是角色的变化。新课程的实施，使教师角色转变为社会实践教学的组织者、指导者、促进者与合作者。新课程条件下的实践教学过程是师生交往、共同发展的互动过程，是师生、生生之间的合作学习过程，使师生之间形成一个真正的“学习共同体”。教师要以探索求真的科学精神和自己独特的人格魅力以及正确的价值取向去影响学生，感化学生，使学生在合作中追求和谐的美学境界。在合作实践的过程中，师生心灵智慧的不断碰撞，会产生冲动、灵感和观念，学生在潜移默化中学会合作，在合作中又使自身素养得到提高和完善。学生角色由原来的“被动学”转变为“主动学”、“积极学”、“自主选择”的实践主体。

第三，教学过程定位。社会实践教学应是“提出问题——实地调查——实验分析——处理信息——得出结论——实地验证——提出方案——表达交流”这样一系列的活动过程。强调各学科之间知识的渗透、综合和实际运用，在活动中引导学生学会自主收集信息、处理信息、提炼观点，着力提高学生发现问题和解决问题的能力，有效培养学生的实践能力和创新能力。教师要尽可能创造条件，让学生在积极探索、主动实践的活动中，不断地有所发现，有所思考，有所创新，同时具有初步的怀疑性和批判性精神。

第四，实施方案设计。对学生进行社会实践教育是素质教育的重要组成部分，它有利于促进学生的身心发育和成长，有助于学生养成良好的心理习惯，是课堂教育的延伸。社会实践活动一般是按班级为单位开展的，要密切联系学生的生活经验和社会发展的实际，确定好实践活动的主题，并围绕主题制订好切实可行的活动计划，以保证活动有序深入地开展。在实施设计方案的过程中，指导教师要将指导任务贯穿于学生实践活动的全过程，包括对学生活动主题和项目确定的指导、活动过程中的指导、总结和交流阶段的指导。在实施过程中，教师要及时了解学生开展活动的情况，有针对性地进行指导、点拨与督促；要组织灵活多样的交流、研讨活动，促进学生自我教育，帮助他们保持和进一步提高学习积极性；对有特殊困难的小组要进行个别辅导。

第五，实践资源开发。社会实践本身的特点，决定了学生的学习场所必须从课堂走向社区、走向社会，学习内容的载体也必须从教科书转身进入丰富多彩的社区、社会生活实际，实现校外教育资源与校内资源的整合与优化。然而，长期以来学校受到应试教育的严重影响，重视知识量，忽视学生素质的培养和自我探究能力的开发，重理论，忽视活动课程和社会实践课程。因此，社会实践活动课成了可有可无的课程。对社会实践资源的开发与利用，特别是校外社会实践资源的开发与利用少之又少。因此，社会实践教学除利用学校资源进行教学活动外，更要开发多元化的校外资源，包括校外的人力资源、物力资源、财力资源、文化资源、信息资源等。

7.“253”教学

创新学习研究与实验有诸多的实验模式，但创新学习更关注着一般学校、一般学生的实验。“253”实验的模式主要对象是重庆五十中，这所学校三年前还是一所薄弱初中，但是通过研究与实验，不仅学生的综合素质得到了提高，而且教师也在研究中取得了较大的发展，学校面貌焕然一新。

（1）“253”教学方法界说

本课题名称是“实施分层分类教学，培养学生创新学习能力研究”。两大方面分类即学习掌握知识，学会学习与发掘自己潜能，拓展兴趣；五种大的课型即授知型、授法型、自学型、交流型、拓展型开展教学；实施三个分层即基础层、普及层、提高层教学，故简称“253”。“253”包括以下三部分：

“2”——两大类：一类为学知学法，一类为发掘潜能；

“5”——五种类型的学习模式：授知型、授法型、自学型、交流型、拓展型；

“3”——三个层次：基础层、普及层、提高层。

“253”学习模式详情见表5–1和表5–2。

表5－1 “253”学习模式表（1）

类别	学习模式	内容侧重	角色侧重	学习方式侧重
学知学法类	授知型	传授知识	教师	讲授－点评
	授法型	教给方法	教师	讲授－点评
发掘潜能类	自学型	所得、所难、所疑	学生	自学－点评
	交流型	交流所得解难释疑	师生互动生生互动	交流－点评
	拓展型	读书笔记	学生	自学－点评

表5－2 “253”学习模式表（2）（三个层次）

层次	层次类别	层次水平差异
第一层次	基础层	侧重：愿不愿（创新）
第二层次	普及层	侧重：能不能（创新）
第三层次	提高层	侧重：会不会（创新）

“253”学习模式是发掘潜能、培养创新能力的有效途径，三个层次又是学生潜能在开发过程中显示的水平差异。

（2）“253”教学方法实施

要实施“253”模式，需进行评价研究，建立“253”的评价方式（见表5-3）。其基本精神是：以评价促学生的发展，不过分强调评价的甄别和选拔功能；突出评价的整体性和综合性，从知识与能力、过程与方法、情感态度与价值观三方面进行评价；形成性评价和终结性评价相结合，加强形成性评价；定性评价和定量评价相结合，更重视定性评价；教师评价学生、学生自我评价与学生间互相评价相结合，家长也可参与其中。

表5－3　“253”教学方法评价表

教学内容	执教教师	执教班级
评价项目	评价要点	评价得分
整合的三维目标（10分）	学生在愉悦的、兴趣盎然的氛围中，体验了知识发生发展的过程，落实了双基。	
适切的教学内容（30分）	创造性地使用教材，教学内容适合大多数学生的学习能力。	
	教学内容贴近学生生活，能引起强烈的学习兴趣。	
科学的过程组织（30分）	学习形式多样，能根据教学内容和学生特点恰当选择自主学习、合作学习、探究学习、体验学习等方式。	
	学习环境宽松、和谐，学生积极参与，勇于发表意见。	
	教学过程有序。	
真切地关注发展（15分）	关注每一个学生，因人施教，注重差异。	
	为学生提供讨论、质疑、探究、交流的机会，给学生留有思维、想象的空间。	
	关注学生的学习过程，发现和利用教学过程中生成的教育资源。	
艺术的教学交流(15分)	有激情，善沟通，多鼓励。	
	体态、文字、口头等语言表达自然得体。	
评价意见		

第六部分

创新教学的案例

创新学习开展14年来，我们组织了十多次全国创新教学课堂大赛，同时根据每次主题设计了不同阶段的多个省市教师参与的课堂现场比赛。北到哈尔滨、大庆，南到广州、南宁、汕头、潮州，东到上海、厦门、福州、南通，西到重庆、乌鲁木齐、绵阳，中到武汉、鄂州，执教幼儿园、小学、初中、高中（普中、职中）的近千名教师参加了各个阶段的比赛。他们认真学习创新学习理论，研究创新教学策略，实施创新学习课堂模式，促进了创新学习成果的推广，培养了一大批实验老师。同时创新学习实验教师还在境外展示了二十多次创新现场课，十多次创新现场课选在香港，2 次在澳门，1 次在台湾，2 次在新加坡，每场都赢得了境外专家的好评。尤其是卞小娟、王君两位老师在新加坡分别执教小学数学、初中语文课后，著名国际教育专家、南洋理工大学教育学院院士、博士生导师、教授苏启祯博士说，创新现场课改变了他对中国老师课堂教学的看法，两位教师课上得很好。 本章的教学设计案例或者课堂教学实录，卞小娟老师三篇，王君老师一篇，冯友余老师一篇，他们三位都是我承担的重庆市教委“全国名师培养工程”的学员，十多年来，他们在全国及港澳执教了数百次公开课，也成为全国的名师。还有一篇是新加坡圣尼各拉女校何若锦老师在中新创新学习论坛中执教的现场课的教案。何老师执教的这节课，是一堂很精彩的语文创新课。看了她的教学设计，就能体会何老师用功之深，她把创新的方法有效地融入到了教学的各个环节，而且环环相扣，我当时听了这节课，深受感动。我也充分感受到了新加坡“头脑强国”在中小学中的行动是深入人心的，这也成功地促使新加坡创新教学蔚然成风，并且推动了国家创新的发展。

一、《统计》课堂实录

（执教：重庆育英小学　卞小娟）

教学内容：

人教版义务教育课程标准实验教科书《数学》二年级下册第八单元《统计》。

教学目标：

1. 使学生体验数据的收集、整理、描述和分析的过程，了解统计的意义。

2. 使学生初步认识简单的复式统计表，能根据统计表中的数据提出并回答简单的问题，同时还能够进行简单的分析。

3. 通过对周围现实生活中有关事例的调查，激发学生的学习兴趣，培养学生的合作意识和创新精神。

（一）复习引入，定向导取

（课件呈现解放碑、洪崖洞、人民大礼堂的图片）

师：小朋友给老师们介绍了很多咱们重庆的旅游景点，我们学校二年级九班的同学也想给外地来的老师们推荐这样几个重庆的旅游景点。

生：解放碑、洪崖洞、人民大礼堂。

师：除此之外，我还带来了他们的推荐情况。（课件用小图标的方式呈现二（九）班学生男生推荐情况和女生推荐情况）

师：现在请大家看着手中的两个表，你能根据屏幕上的信息完成这个统计表吗？（黑板上已预先用粉笔画好这两个统计表）

二（九）班男生景点推荐情况统计表

景 点	解放碑	洪崖洞	人民大礼堂
人数			

二（九）班女生景点推荐情况统计表

景 点	解放碑	洪崖洞	人民大礼堂
人 数			

生独立完成，师巡视并进行个别指导，同时请了两名同学分别把答案填写到黑板上的统计表中，然后进行集体订正。

（二）设问导疑，探究新知

1. 合并统计表

师：观察这两个统计表，从中你能知道哪些信息呢？

生1：二（九）班推荐到解放碑的人数最多。

师：你是怎么看出来的？

生1：因为推荐到解放碑的一共有14人。

生2：我有补充，因为推荐到解放碑的男生有10人，女生有4人，一共就有14人，推荐到洪崖洞的一共有10人，推荐到人民大礼堂的也是10人，14比10大，所以他们班推荐到解放碑的人数最多。

（其余学生表示赞同他们的意见）

师：真不错，你们正好解决了“二（九）班学生推荐哪个景点的人数最多”这个问题。

（课件出示问题：二（九）班学生推荐哪个景点的人数最多？）

师：刚才大家是看几个统计表来解决这个问题的？

生：把两个表的内容合起来看的。

师：这样看两个统计表解决问题和我们原来看一个统计表解决问题相比，你有什么感受？

生1：看两个统计表不方便。

生2：容易把统计表里面的数据弄错。

生3：……

师：对呀，我也有这样的感觉。那么能不能把这两个统计表的内容合到一起变成一个新的统计表，使这个统计表中既能看出男生的推荐情况又能看出女生的推荐情况呢？

生：（想了一会儿，自信地说）能。

师：好，我们一起来试一试。同学们刚才已经完成了一个统计表，你可以在这个表的基础上添一添，改一改，总之要使你改过的统计表中既要有男生的推荐情况，又要有女生的推荐情况。

（生独立思考并初步尝试在表1的基础上改统计表）

（师在巡视中发现部分学生有困难，在独立思考的基础上组织学生进行了一次同桌的交流活动，然后学生再次修改表格）

师：谁愿意把你修改后的统计表展示给大家看，并说说你的想法。

生1：（展示统计表并介绍）我是直接在每个景点下面的格子里写上男生和女生的推荐人数。

景 点	解放碑	洪崖洞	人民大礼堂
人数	男10人 女4人	男3人 女7人	男7人 女3人

（部分学生举手表示自己也是这样修改的）

师：还有不同的意见吗？

生2：（展示统计表并介绍）我是在男生人数的下面又画了一排格子，把女生的推荐人数写了下来。

景 点	解放碑	洪崖洞	人民大礼堂
男生	10人	3人	7人
女生	4人	7人	3人

师：还有什么不同的修改方式吗？

生3：像他（生1）那样也能满足我们的要求，你为什么还要在下面添一排格子呢？

生2：这样看起来更清楚一些。（指统计表说）竖着可以看到每个景点男生和女生的推荐情况，横着看还能比较男生的推荐情况和女生的推荐情况。

师问生1：听了他（生2）的介绍你有什么想法？

生1：像他那样修改确实要清楚一些。

2. 认识复式统计表

师：我也赞同大家的意见，这样改动后的统计表反映的是哪些人的推荐情况？

生：二（九）班全体学生的推荐情况。

师：对，我也来改一下统计表，首先把标题改一下。

（师在黑板上原来统计表的基础上进行改动，把标题改为“二（九）班学生景点推荐情况统计表”）

师：综合大家的意见，下面的统计表还需要做这样几个改动：一是在下面增加一排格子把女生的情况写到相应项目的下面，二是把左边第一竖列改成男生和女生。

（师一边总结一边在黑板上进行改动）

师：还有需要改动的地方吗？

（生思考但没有回答）

师：老师这里还有一个想法，想和大家一起讨论一下，可以吗？

生：可以。

师：（在黑板上一边指示一边问）这个横栏里的内容表示什么？这个竖栏里的内容表示什么？中间的这个数据又表示什么？

生1：横栏里的内容表示同学们推荐的景点，竖栏里表示的是男生推荐的还是女生推荐的。

师：也就是说推荐人的性别。

生1：中间的数据就是同学们推荐每个景点的人数了。

（其余学生表示赞同学生1的说法）

师：看来这个统计表里的内容增加了，可是这里只标出了景点，性别和人数能不能在表格中表示出来呢？

生：（恍然大悟）能，还要改动第一格。

师：就听大家的，现在我们需要把这一格分成三块，右上角这里写“生：景点”，左下角写“生：性别”，中间写“生：人数”。

3. 比较感悟

师：这样我们就得到了一个新的统计表，现在这个统计表与刚才的两个统计表有什么不同？

生1：今天学习的统计表多了一排格子，左边的一列变了，还有第一格里的内容更多了。

生2：前面的统计表只有男生或者女生的推荐情况，新的统计表里男生和女生的推荐情况都知道了。

生3：我看一个统计表就能解决问题了。

师：这样看一个表解决问题跟刚才看两个表解决问题相比大家有什么感觉？

生：看一个表解决问题更方便些。

师：那么根据这个统计结果，你们会建议老师们首先选择哪个景点？

生：解放碑。

（三）巩固练习，合作释疑

师：那么从咱们谢家湾小学（注：上课地点在谢家湾小学）到解放碑可以乘坐哪些交通工具？

生：轻轨、出租车、公共汽车。

师：老师们选择乘坐什么交通工具好呢？我们学校二年级也有两个班的同学针对这个内容进行了一次统计，这是他们的统计结果。

（课件出示统计表）

师：能看懂这个统计表吗？（生答能）老师有几个问题要考考大家：统计表中的交通工具代表什么？班级又代表什么？（生回答略）统计表中的“7”又表示什么？（生回答略）

师：看来大家已经认识这种统计表了。那么就请同学们根据统计表中的信息解决下面的问题，把答案写到学习材料上。

（1）二班推荐乘坐轻轨的比一班多（ ）人。

（2）一班和二班推荐乘坐出租车的一共有（ ）人。

（3）根据统计表中的信息你会建议老师们选择什么交通工具到解放碑？

（生独立完成练习题目，然后汇报自己是怎样想的）

（四）实践运用，拓展创新

师：通过前两次的统计，外地的老师们可以选择乘坐轻轨到解放碑玩。但到了一个景点还要考虑的一个很重要的问题是什么？

生：吃。

（课件播放人们吃饭的热闹情景以及火锅、泉水鸡、酸菜鱼、辣子田螺的图片，生随多媒体开心地叫着菜的名字）

师：刚才选择景点和交通工具，大家都是根据别人的推荐结果来帮助老师们解决的，想不想我们自己也来给老师们推荐推荐？（生答想）咱们就来一次重庆美食推荐活动。活动之前老师给大家这样几点提示。

（1）全班分小组进行统计活动。

（2）由小组长组织同学们收集、整理数据。

（3）把收集到的数据填写到统计表中。

第（　）组美食推荐情况统计表

种　类	泉水鸡	辣子田螺	酸菜鱼	重庆火锅
人　数				

师：同学们就在小组长的带领下开始统计吧。

（生小组活动，各组用不同方式进行统计，教师巡视指导）

师：各组的统计结果都出来了，结合我们今天的学习内容，猜想下一步我们要做什么？

生：把他们合到一个统计表中。

师：好，下面就请大家根据这些信息把学习材料上的统计表补充完整。

二年级（　）班重庆美食推荐情况统计表

种类 / 人数（人） / 组数	泉水鸡	辣子田螺	酸菜鱼	重庆火锅

生1：我首先把第一组的推荐情况写到第一排空格中，再把第二组的情况写进去，后面就接着写第三组和第四组的情况。

生2：我是先把每个组的组号写好，然后把每个组推荐吃泉水鸡的人数写进去，再把推荐吃辣子田螺的人数填好，接着填推荐吃酸菜鱼和推荐吃重庆火锅的人数。

师：不管我们用哪种方法填，得到的结果会是怎样的呢？

生1：一样的。

生2：也说明了我们解决问题的方法是多样的。

师：那么从这一次的统计中你又能得到什么信息？

生1：我们班推荐吃重庆火锅的人最多，根据这个结果建议在座的各位外地老师首先尝尝咱们的重庆火锅。

生2：我们班推荐吃酸菜鱼的同学最少。

生3：……

（五）总结提升，达到目标

师：今天这节课我们运用了哪方面的知识来帮助老师们了解重庆呢？

生：统计。

师：这也是我们这节课学习的课题。

板书课题：

统计（黑板上左右已有了统计表，在中间上方用彩色粉笔书写）

师：通过今天的学习，同学们有哪些收获呢？

生1：我发现今天做的统计表比原来的多了几排格子。

师：格子多了，统计表里的内容也多了，你真会比较。

生2：我知道了统计可以在我们做一些选择的时候提供参考。

师：这就是统计的价值所在。

生3：我知道了在统计相同的内容时，可以把原来的两个或者三个、四个统计表合并成一个统计表。

生4：我觉得我们今天认识的统计表在解决问题时更方便。

师：这是因为这种统计表包含的内容多，给我们传达的信息也就更丰富，所以大家感觉解决问题更方便。

生5：……

师：看来同学们的收获很多，希望大家能用学到的知识去解决生活中更多的问题，感受统计在我们生活中的魅力。

专家评点：一次成功的教材二度开发

学生是学习的主体和课堂的主人，任何教学设计安排都是为学生的学习服务的。学习并非空中楼阁，它是建立在学生现实学习的起点上的。学习起点应包括知识积累起点和生活经验起点。教师在教学中关注学生生活，是学生学习的关键。每一个教师在课程实施过程中，基本上都是基于自己对课程理论、实践知识、教学情景和教学对象的理解然后又对教学材料进行修改、调整和补充，“接受——理解——选择——批判——创造”的过程体现出了教师对课程的理解和二度开发教材的重要性。我国著名的教育家叶圣陶先生曾说过：“教材无非是个例子。是训练学生语言的例子，也是训练学生思维的例子。”美国学者波斯纳（G. J. Posner）提出“操作的课程”（operational curriculum）这一概念，这与我们常说的“二度开发教材”基本是一回事，教师真正讲授的内容，是教师根据自己的知识、信念和态度而解释了的课程。教材是教学的一个例子，教师在教学中，就有对教材进行二次开发的责任，让教材为学生学习所用，为学生学习服务。

1. 源于生活，建构结构知识

卞老师在教学《统计》（人教版教材数学二年级八单元）一课中，原内容是通过学生称体重将“单式统计表”、“复式统计表”教给学生，这需要学生在“千克、克”的基本内容上进行学习，但这次公开课教学是借班上课，学生还没有学过“千克、克”的知识，加上用体重计称体重的教学课堂在组织上有难度，于是卞老师就在设计中，选择了用重庆学生熟悉的景点“解放碑、洪崖洞、重庆人民大礼堂”和交通工具“轻轨、公共汽车、出租车”及美食“泉水鸡、酸菜鱼、辣子田螺、火锅”等生活场景，把整堂课内容设置在一个完整的情境中，贴切地反映了教材内容的知识点要求，但又不拘泥于教材，同时还结合了重庆地区的特点，通过对教材的二次开发，体现了一个既是单式、复式统计知识的生成、创新过程，又是一个学生求新、求异，不懈追求的创新精神特质的培养过程，使课堂自然而又显亲和力。

教师二度开发教材，与教材编写者的首次开发教材在本质上是相同的，都是想通过教材开发使之成为学生发展的平台。因此，老师对教材的结构、探究活动的安排等原始资源的开发，既是与教材的对话，更是学习开发教材的技巧。教师只有在具体的教学情境中改变教材的内部特征，才能使之更好地适应特定的情境，更能让教材在特定情境中的适合性最大化。教师设计的研讨问题应能够使学生“有言想发，有情欲抒，有话愿说”，并有助于学生加深对课文的理解，从而达到相互教育和自我教育的目的。课程要实现其社会功用，这还有赖于教师和学生的课程实践过程。它既取决于教师对课程的重构，又取决于学生对课程的适应，这需要教师对课程内容进行增减与加工。无论是从教师的意识形态与价值取向来看，还是从教师的知识水平或个性差异来看，教师都不可能“忠实地”传递作为法定知识的课程内容，而是或多或少都要对课程内容进行增减与加工。教材是一种正式的课程文本，教师对教材的“二次开发”过程实际上是对课程进行重建或“二次加工”的过程，是充分利用学生已有的知识结构去同化新的知识，从多方面激发学生的学习兴趣，使其“好学”、“乐学”，并建立新的知识结构的过程。

2. 贴近生活，共生课堂目标

课堂作为学校的中心工作，无疑有着自己的目标，它应该是一种有价值的引导活动，每一堂课都蕴含着教师的价值选择与目标预设。不论是一节课的目标，还是一个教学单元的目标，都是实现教育目标的重要手段。20世纪80年代中期，美国教育心理学家布卢姆（B. S. Bloom）的《教育目标分类学》在中国出版，把“认知领域”、“情感领域”、“动作技能领域”的目标制订方法介绍到了中国并被广大的教师实践和应用。新课程改革也提出了“知识与技能”、“过程与方法”、“情感态度价值观”的三维目标。不论何种目标，基本上都是按由简单到复杂的顺序排列的，体现从低到高的发展过程，是一个各环节互相影响、互相制约的整体过程。这些目标要求按程度深浅划分为一个个层次，然后循序渐进，沿螺旋型上升，最终形成完整的、明确的、层次结构清晰的、可测的和可以实现的实验技能目标结构体系。

教师与教材对话，既要善于用自己的语言表述教材，又要为知识的目标达成预设好教学手段。卞老师可通过手势、声音，有效地诱导学生用自己的方式表达自己的观点。卞老师与学生的对话，使师生观点相互碰撞，生成了新的目标，用一个具有连续性的情景呈现学习内容，让学生始终在一种情景中学习数学，了解数学学习的本质。同时学生也全面经历了由单式统计表向复式统计表发展与转变的过程，完成了学生对复式统计表结构和优越性的掌握，加深学生对所学内容的理解，实现与教材的对话。

课堂的目标，除了教师的预设目标外，还应有学生的生成目标。教师在课堂教学过程中应不断调整预设目标，和学生一起实现教与学的新的目标。孔子育人，重视在对话中用鼓励性评价的方法给学生提供精神动力，并一直不断地调整学生的目标，对学生寄予厚望。按照今天心理学中的罗森塔尔效应，学生便会沿着教师期待的方向发展。有效的课堂是预设与生成的统一。在数学教学中，从单式统计到复式统计是一个难点，学生学习往往有困难，但正因为卞老师在教学中选择了学生熟悉的生活场景，使学生自然地完成了“复式统计”的目标，达到教学的预设与生成的统一。

（作者系西南大学常务副校长、博导，著名教育专家宋乃庆教授）

二、《节约一滴水》教学设计

（执教：重庆育英小学　卞小娟）

教学内容：

义务教育课标教材（西师版）四年级下册。

教学目标：

1. 使学生经历猜测、实验、验证等研究过程，学会灵活运用已有知识解决水龙头漏水等实际问题，培养学生收集信息、处理信息的能力。

2. 使学生掌握运用数学方法解决生活中的一些问题的策略和方法，经历创新的过程，增强创新的意识，并渗透选用小基数类推的数学思想。

3. 使学生感受数学与生活的紧密联系，体验数学的学习价值，培养积极的数学学习情感，增强节约用水的意识。

教学过程：

（一）创设情境，疑问导趣

（课件播放滴水的声音）

师：听到了什么？（水滴的声音）到底怎么回事儿呢，我们接着看。

（课件呈现一个漏水的水龙头）

师：看到了什么现象？

生：一个水龙头在滴水。

（板书：滴水）

师：你想到了什么？

生：这样很浪费。

师：同学们节约用水的意识都很强，既然今天是数学课，你们能想到哪些和滴水有关的数学问题呢？

（学生自由提问，教师梳理出两个主要解决的问题并写在板书上：

1个没有拧紧的水龙头1个月大约浪费多少水？如果全中国13亿人每人节约一滴水，这些水汇集起来大约有多重？）

师：有没有同学研究过这些问题？（学生摇头）大家猜一猜这些水大约有多重？

（学生猜测，教师随机板书记录）

师：到底谁的猜测更接近实际情况呢？

生：算一算不就知道了。

（二）动手操作，合作探究

1. 选择问题，设计方案

师：老师同意大家的看法，那么首先请各小组选择一个你们感兴趣的问题并讨论你们准备怎样解决这个问题，并把你们选择的问题和解决问题的思路记录在表中。（课件指示学生填写“研究的问题”、“解决问题的思路”）

（学生小组讨论记录，教师巡视指导）

（学生汇报）

问题一：

学生：我们选择的问题是“1个没有拧紧的水龙头1个月大约浪费多少水？”解决问题的思路是：先算出1分钟漏多少水，再算出1小时漏多少水，然后算出1天漏多少水，最后算出1个月漏的水。

（教师板书：1分——1时——1天——1月）

师：用这种推算的方法来解决这个问题，大家觉得怎样？

生：好。

师：好在哪里？

生：这样就用不着真的在一个漏水的水龙头旁接一个月的水，只要接1分钟就可以了，操作起来简单些。

师：针对这个问题的解决思路有没有补充？

（如果学生有针对实验操作的补充，教师可作引导，如果没有，建议在学生动手操作时进行指导）

问题二：

（学生独立汇报。教师板书：1滴水的重量——100滴水的重量——13亿滴水的重量）

师：怎么知道1滴水有多重？

（学生在汇报中如果没有意识到1滴水太少不便于测量，教师不作引导，让学生在操作中发现问题再进行调整）

师：这两个看起来很难解决的问题，同学们却想到了设计两个小实验得到数据后再推算的方法，我要把掌声送给大家。两个问题大家都设计了滴水实验，为了帮助大家更好地完成实验，老师在这里有几点提示，请看大屏幕。（抽学生读，教师操作演示）

（课件出示实验提示：a. 实验前，请各小组进行分工；b. 实验开始时，一名同学将纸杯中的水全部倒入扎孔的塑料杯中，另外的同学注意用量筒接住滴下的水滴；c. 测量1分钟漏水量的小组请安排一名同学进行准确计时，1分钟结束后将塑料杯中剩余的水倒回纸杯中；d.实验结束后，各小组填写你们的结论，并整理好实验器材）

学生根据刚才的讨论调整实验方案并进行小组分工，教师根据学生选择的问题提供相应的实验用品（如计时用的秒表）。

2. 小组合作，解决问题

（1）学生在教师的指导下进行小组实验，收集信息。

（2）各小组根据自己获得的数据进行计算，并填写到记录表中。

（3）汇报。

（完成的小组就可以把自己的数据填写到黑板上）

师：谁的猜测更接近准确结果呢？

（学生发现数据不同，不好比较）

师：实验方法不对？

生：孔的大小影响了水滴的大小与速度。

师：看来各组水滴的速度和大小不同，但这些数据有一个共同点。

生1：数据都很大。

生2：说明这些水滴汇集起来有很多。

3. 运用数据，深入探究

教师：这么多的水，如果给一个人喝，够他喝多少天？如果把它装到这样的矿泉水瓶中，能装多少箱？（课件出示图文并茂的两个题目）这些问题你又能解决吗？

（1）

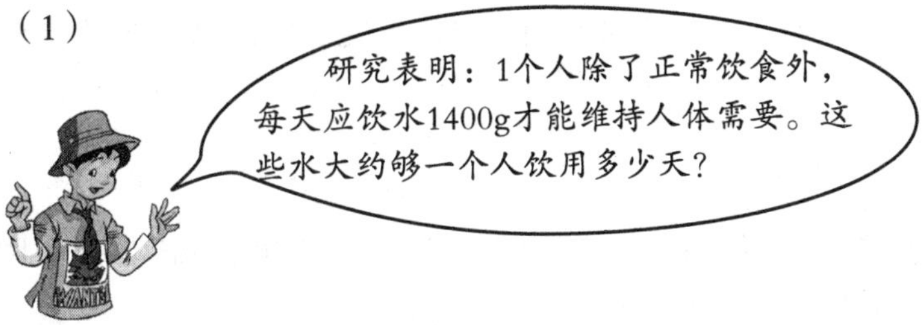

（2）

（学生可以在这两个问题中选择一个问题来解决，也可以自己提出一个感兴趣的数学问题并解决。学生独立完成展示汇报）

4. 交流信息，提升情感

师：大家运用掌握的数学知识得到了这么多的数据，其中哪个数据让你感触最深？为什么？

（学生交流节约用水的重要性）

（课件呈现：2010年西南地区干旱的情景）

教师总结并引导学生揭示课题：节约每一滴水或者珍惜每一滴水。

（三）总结提升，拓展导创

教师：回忆一下，刚才对有关滴水问题是怎样进行研究的？

（引导学生先提出有关滴水的数学问题，然后进行猜测，再采用实验的方法进行验证，最后运用得到的数据解决更多问题）

生：在验证过程中我们通过实验先得到了1分钟滴多少水或者100滴水的重量，然后推算出来1个月滴多少水或13亿滴水的重量。这种类推的方法可以把复杂问题简单化。

师：刚才同学们不但经历了从生活现象中发现数学问题、进行合理猜测、验证猜测最后再运用数据的研究过程，还知道了先求1个单位量然后推算的解决问题的思路。那么运用这样的方法你还可以研究哪些生活中的问题？

生：节约一粒米、垃圾再利用的价值研究、节约每一度电、节约每一张纸……

课外拓展任务：

1. 收集有关水资源的信息，制作一期以“节约每一滴水”为主题的数学小报（文字版、电子版均可）。完成时间：一周。

2. 各小组选择一个感兴趣的生活问题展开研究，并用适当的方式在班级进行展示。完成时间：一个月。

（获全国小学数学有效课堂大赛一等奖）

卞小娟老师执教的这节课是在全国小学数学有效课堂大赛中的一节，也是最有挑战性的一节，同时也是教师们最满意的一节。数学课中很难有教师设计这一内容，因为难度很大。卞老师本节课完成了教学目标，而且通过课堂现场实验，学生探索到了若干知识点。在“滴水”的过程中，学生们分工协作，有的计量时间，有的数水滴的数量，有的作记录，同时大家都作计算，1亿滴水有多重？水龙头像这样滴水，一个月浪费多少水？每个同学都兴趣盎然。主要特点有：数学知识建构生活化，卞老师的课堂从学生熟知的“滴水”现象入手，让学生感知数学的生活化；学生合作探讨热烈，学生分组做实验，由于任务明确，加上学生的兴趣，同时时间比较充分（20分钟）；数学思维有深度，从一个简单的日常现象，类推出一个“大数”，并让学生感知这是难度，卞老师的有效对话与精彩设计，呈现了思维的严谨性与深刻性，更重要的是让学生知道了解决问题的思路，这就是我们要求学生掌握的方法和知识。（龚春燕）

三、《锐角和钝角》教学实录

（执教：重庆市育英小学　卞小娟）

教学内容：

人教版《义务教育课程实验教科书（数学）》二年级下册第37、38页的内容。

教学目标：

1. 经历锐角和钝角的认识过程，并能运用所学知识辨认锐角和钝角。

2. 知道锐角、直角和钝角的内在联系，结合具体的生活情景加深对这种联系的理解，促进空间观念的建立。

3. 能在学习过程中获得成功体验，培养积极的学习情感。

教学准备：教师准备多媒体课件、视频展示台；每个小组准备一套大小不一的角；学生准备三角尺、手工纸等。

教学过程：

（一）定向导趣，揭示课题

师：首先，老师给大家变一个魔术，想看吗？

生：想！

师：（在黑板上画一个长方形）这是什么图形？

生：长方形。

师：现在我让它变。（边说边在长方形中画对角线，见图6-1）变成什么了？

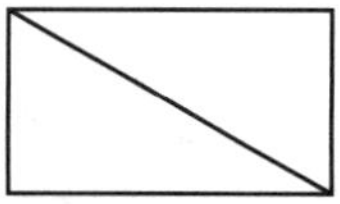

图6-1

生：两个三角形。

师：我再变，（在上面图形的基础上擦去两条线，见图6–2）现在呢？

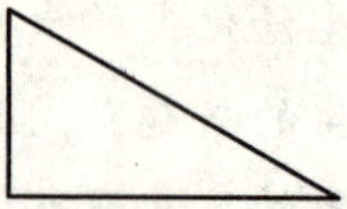

图6–2

生：一个三角形。

师：再变一次，（擦去上面图形的一条边，见图6–3）又变成什么？

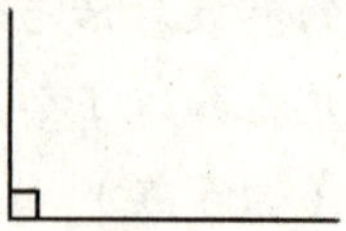

图6–3

生1：角。

生2：直角。

师：对，这就是我们以前认识的直角，今天我们就来继续研究角。（板书：直角、角）

（二）设问导疑，探究新知

1. 认识锐角、钝角

（1）基础知识

师：前不久老师在重庆市的青少年科普活动中心发现了不少的角，带你们去瞧瞧。

（多媒体课件出示结合教材主题图绘制的科普中心情景图）

师：能在这个科普中心找到角吗？

生1：大风车上有角。

生2：高空缆车上也有很多角。

生3：滑梯上有角。

……

（教师随学生的介绍指示屏幕上相应的角）

师：你看我们找到了这么多的角。（课件闪烁情景图中的角）为了使大家指认方便，给它们编上序号。

（课件中的情景图消失，屏幕上剩下各种角，见图6–4）

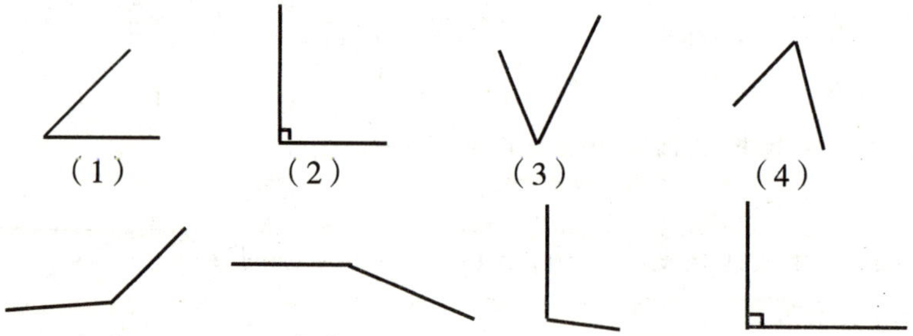

图6–4a

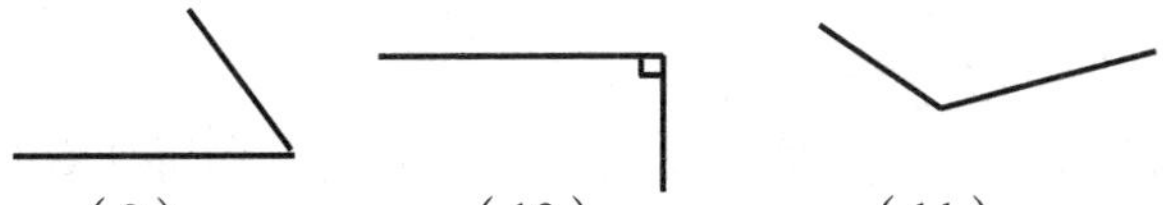

（9）　（10）　（11）

图6-4b

师：这些角中哪些是我们已经认识的直角呢？

生1：2号和8号。

生2：还有10号。

师：你们是怎么判断的？

生：它们和三角尺上的直角一样大。

师：对！其他同学能在三角尺上找到直角吗？

（学生相互指三角板上的直角）

师：屏幕上还有这么多的角，它们又是什么角呢？为了便于我们研究，老师把它们从屏幕上请了下来，就装在每个小组的信封里。等会儿小组合作将这些角分类，在动手之前请大家先思考怎样分比较好。

（学生小组合作分类，抽小组汇报）

生：我们是把1号、3号、4号、9号角分一起，把5号、6号、7号和11号角分一起。

师：（在黑板上贴同样的角，见图6–5）能说说为什么这样分吗？

（1）　（3）　（5）　（6）

（4）　（9）　（7）　（11）

图6–5

生：（指着黑板上的角）因为左边的这些角都比较小，右边的这些角都比较大。

师：像这样分的小组请举手。

（全班都举起手）

师：看来大家都赞同这种分法，你们认为左边这堆比较小，右边的比较大，这些角的大小是在和谁比较?

生：和直角比的。左边的角都比直角小，右边的角都比直角大。

师：你们的判断正确吗？我们还得检验一下。

（学生用三角板上的直角来检验比直角小的角）

师：发现了什么?

生：通过刚才的检验我们发现左边的角确实都比直角小。

师：（在左边的角下面板书：比直角小）像这些比直角小的角我们把它们叫做锐角。（板书：锐角）

（抽学生用三角板上的直角来检验比直角大的角）

生：右边的角都比直角大。

师：（板书：比直角大）这些比直角大的角我们把它叫做钝角，（板书：钝角）能叫叫它们的名字吗?

（学生齐说锐角和钝角的名字）

师：今天我们又认识哪两种角?

生：锐角和钝角。

教师：这就是我们今天要研究的内容。（板书课题：锐角和钝角）

（2）练习巩固。

① 学生独立完成练习九第2题，完成后集体评议。

在汇报中学生把一个近似直角的锐角判断成直角。

生1：老师，这个角应该是锐角。

生2：我觉得是直角，因为看起来和直角差不多大。

生1：我能确定它是一个锐角，因为我就是觉得它有点像直角又有点像锐角，只用眼睛看还不能确定，所以就用三角尺上的直角去比了比，结果它比直角小，就肯定是锐角了。

（另外一些学生也轻声附和：我们也是这样做的。教师带头把鼓励的掌声送给了可爱的孩子）

教师：就像刚才大家说的那样，当我们在判断角的类别时，有的角我们只凭借眼睛不能进行准确判断时，就需要借助身边的工具来帮助我们获取准确的信息。祝贺大家，你们已经懂得在解决问题时根据实际情况选择不同的方法了。

② 找生活中的锐角和钝角。

教师重点引导学生从教室里的物体逐渐向自己生活中的物体过渡。

③ 做角。

学生运用身边的物品，如铅笔、手工纸、活动角等学具，做出不同的角。

2. 角的联系

（1）角的变化。

师：刚才我们一变就变出了锐角和钝角，还想看老师变吗？

生：想。

师：好。不过老师在变的时候你得认真看，看你从中能发现什么？

（教师出示活动角学具，首先呈现一个锐角，然后变成一个直角，最后成为一个钝角；接着把钝角变回直角，直角变回锐角）

师：你们也想变一变吗？

（学生自己用活动角学具活动）

师：从中你发现了什么？

生1：我发现锐角最小，钝角最大。

生2：（一边演示一边介绍）我发现锐角慢慢变大，变到这儿就成了直角，直角再变大就成了钝角。

师：你们这些发现真了不起！这个活动再次说明了锐角比直角小，钝角比直角大。这些角的变化在我们生活中用得非常多，请看。

（多媒体演示卡车卸货的过程以及纸扇打开的过程，如图6-6、图6-7所示）

图 6-6

图 6-7

师：生活中还有这样的例子吗？

生1：（借助手中的两枝铅笔演示）吃饭时筷子就有这样的变化，现在是锐角，现在是……

生2：（边说边演示）我打开文具盒时，这样成锐角，这样就成了直角，再打开一点就是钝角了。

生3：（也是边演示边说）我打开书，这样是锐角，接着是直角，这样是钝角；关书时又是由钝角到直角到锐角的过程。

生4：开关笔记本电脑时也是这样的。

……

（2）角的拼组。

师：生活中这样的例子很多吧，只要你留心观察一定能从中发现更多的数学知识。下面我们再来看看这把扇子，你还能发现什么？

生：我发现打开的扇子里有很多小的锐角。

师：你这个发现真不错，我们来看看。

（多媒体演示很多小锐角组成的一个钝角，见图6-8）

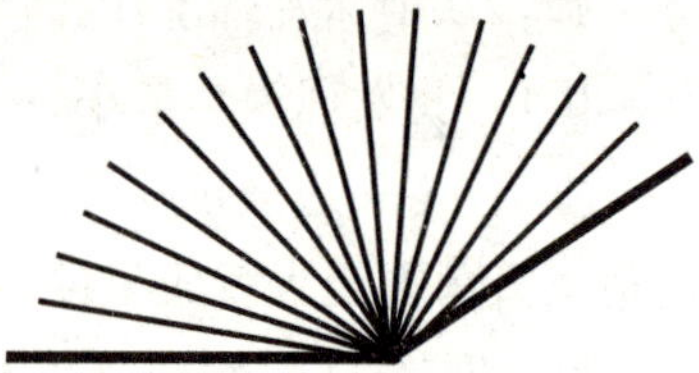

图 6-8

师：这么多的锐角拼成了一个钝角，这又说明了什么呢？

生：钝角肯定比锐角大。

师：真了不起，为我们的发现鼓掌。（师生共同鼓掌）

（三）课堂总结，达到目标

师：今天我们学习了什么内容？在学习中你有哪些收获呢？

生1：我们认识了锐角和钝角，知道锐角比直角小，钝角比直角大。

生2：我们在生活中做很多事情的时候会有角的变化，比如刚才大家说的使用筷子、打开书或者文具盒等。

生3：我知道了在判断角时要根据实际情况选择方法。

……

（四）拓展运用，合作创新

师：看来大家今天的收获可不少，刚才找角的时候有同学说到钟面上有我们认识的三种角，老师也想到了一个非常有趣的题目，想挑战吗？

生：想。

（多媒体出示题目：当分针指着12，时针指着几，时针和分针成直角？当分针指着12，时针指着几，时针和分针成锐角？当分针指着12，时针指着几，时针和分针成钝角？学生回答时教师用多媒体演示，让学生能清楚地看到结果）

师：（出示屏幕上出现时针指着6时的画面）为什么大家都不说时针指着6呢？

（学生思考了一会儿）

生1：因为时针指着6时，时针和分针成平角。

生2：我认为这时候根本就不是角。

……

（学生众说纷纭）

师：对呀，这个时候究竟是平角呢，还是不是角？如果是平角，这个角又有哪些特点？它在我们生活中有哪些用处？这些问题都非常有趣，也是我们以后要继续学习的有关角的知识，如果你感兴趣也可以自己尝试去研究研究。

（获全国创新教学大赛一等奖）

专家评点：回归生活，实现课堂有效对话

课堂的有效对话，是以实现师生、生生平等交流，达到无拘无束、自由开放的境界，以师生、生生对话共通共享为归宿，不断达成学习目标，促进师生思维为发展目标的。德国克林伯格（Klingberg. L.）认为："在所有的教学中，都进行着最广义的对话，不管哪一种教学方式占支配地位，相互作用的对话都是优秀教学的一种本质性标识。"在他看来，教学原本就是形形色色的对话，具有对话的性格。学生是学习主体、课堂主人，任何教学设计安排都是为学生的学习服务的。学习非空中楼阁，它建立在学生现实学习起点上。学习起点应包括知识积累起点、生活经验起点。教师在教学中关注学生生活，是促进学生学习的关键。每一个教师在课程实施过程中，基本上都会基于自己对课程理论、实践知识、教学情景和教学对象的理解，在"接受——理解——选择——批判——创造"的过程中，展示出教师、学生、教材有效对话的课堂教学艺术。

1. 建立与学生共同创设对话情境

数学是建立在符号语言及形式逻辑之上的学科，其内容所具有的抽象性和形式化的特征，常常造成学生在学习中对建构数学意义理解上的障碍。创设一个好的对话情境，不仅有利于激发学生兴趣，使学生乐学、爱学，更能使学生认清知识的来龙去脉，增强数学知识与现实生活的联系，体会所学知识的数学本质和价值。对话作为教学的基本手段，已为广大教师使用，也成为了师生、生生互动的必不可少的教学活动。在对话中要注意营造轻松、有趣的对话情境，为师生之间的沟通和了解创设了一个和谐的氛围，充分利用学生已有的知识结构去同化新的知识，从多方面激发学生的学习兴趣，使其“好学”、“乐学”。卞老师教学“锐角钝角”时，采用长方形“变”三角形、三角形“变”角的方式引入课题，不但巧妙地引出了要研究的学习内容，从中揭示长方形、三角形与角的内在联系，使学生认识到角是这些封闭图形的一个组成部分，从而帮助学生形成整体认知结构，还通过变“魔术”的方式，吸引学生的注意力，使学生主动、积极地投入到本课的学习活动中。她首先引导学生从熟悉的“重庆科普中心”情景中抽象出大小不同的角，通过与直角的比较获得锐角、钝角的概念；然后再通过“寻找生活中的角”和“做角”的活动来巩固所学知识；最后教师巧妙地运用活动角具体地演示和对生活中卡车卸货、打开纸扇过程的观察，让学生发现锐角、直角和钝角之间的联系，把学生从静态的认角引导到动态的角的认识上来。这种讲述方式不但有利于学生对所学知识的整体把握，还能培养学生用数学的眼光去观察、分析现实生活中的问题，发现数学的魅力，也体现了“数学源于生活，用于生活”的思想。

新的数学课程标准提出：“有效的数学学习活动不能单纯地依赖模仿与记忆。”数学学习过程中充满着观察、实验、模拟、推理等探索性的活动。在教学中，教师首先让学生把从游乐场图中找出来的不同大小的角进行分类，让学生感知这些角的大小不一样；然后通过“这些角的大小是在和谁比较”的提问，帮助学生理解“有的角比直角大，有的角比直角小”，从中揭示锐角和钝角的本质属性；在最后做角的过程中也是给学生提供充分的时间和空间，让他们不断思考，灵活运用身边的材料制作出不同的角，并在交流中提高对知识的掌握水平并加强应用数学知识解决实际问题的意识。

2. 平实课堂，折射生活经验

课堂教学作为教学工作的中心环节，无疑有着自己特定的目标，它应该是一种有价值的引导活动。每一堂课都蕴涵着教师的价值选择与目标预设。不论是一节课的目标，还是一个教学单元的目标，都是实现教育目标的手段。一个有教学智慧和教学艺术的教师，不会仅仅满足于实现那些预设的目标，因为，他们深知教育所面对的是鲜活的有个性的生命，教育所追求的是在心灵的沟通和思维的碰撞中获得体验，求得发展。这一过程，既有预设，更有生成，有效的课堂教学应追求预设目标与生成目标的统一。

在传统的教学中，基于知识的内在逻辑体系而形成的教材在教师和学生面前扮演着“控制者”的角色，教师的教和学生的学在数学知识的逻辑顺序的规定下主要是为了预设目标的落实而展开的，其应有的生成空间常常被压抑和限制。要改变这种现象就需要由“控制”走向“对话”。对话本是一种语言现象，但教育之下的对话已超越了语言视域的原有意义，成为一种以平等、自由、开放及相互激发为特征的沟通、信任与交流。它不仅发生在师生之间，也发生在学生与学生之间，教师、学生与教学内容以及教学环境之间。这种对话既可以是有声的，也可以是无声的。对话过程实质上是多种教育意义的生成过程。因此，教师、学生、文本、环境之间生动活泼的对话世界的形成是促使课堂教学具有生长性的基础。

卞老师的课堂教学在对话的形成和有效展开上刻意下了一番工夫。第一，她希望每一个学生都能主动参与讨论，成为对话的主人，围绕着“大家在生活中‘找’角”这样的问题展开教学活动，学生热情高涨，所以他们的主动性很强；第二，卞老师注意适时地在师生共同的活动中提出一个一个的问题，将这种对话逐渐引向深入；第三，卞老师在教学中善于运用多种教学手段和方式，如独立设计、小组讨论、上台讲述自己的结论、师生共同对某一个同学的做法进行评议，有机地运用计算机辅助教学等，加之良好的教态及循循善诱的问话使她对学生产生了极强的亲和力。

课堂的目标，除了教师的预设目标外，还应有学生的生成目标。教师在课堂教学过程中应不断调整预设目标，和学生一起共生教与学的新的目标。卞老师的这节课中，锐角和钝角对于二年级的学生来说是一个比较抽象的几何概念。因此本节课教师根据学生的心理、年龄特点以及已有的认知水平，设计了形式多样的活动方式，让学生结合自身的生活实际，从不同的角度建立锐角和钝角的几何概念，并了解锐角、直角和钝角之间的联系以及在生活中的运用。最后卞老师还巧妙运用钟面上指针的变化提出了“当分针指着12时，时针指着6，时针和分针成什么角”这个问题，为学生再造认知冲突，使教学活动层层深入，也使学习的深度和广度得到体现。卞老师是通过手势、声音，有效地诱导学生用自己的方式表达出自己的观点，教师、学生、教学内容之间实现了充分、有意义的交流和对话。通过这堂课，学生除了掌握“锐角与钝角”的有关内容外，也体会到了角在生活中的价值，在如何用数学的眼光看世界上受到了启发，在讨论解决问题后获得了成功感和自信心，而学生在课堂上时时表现出的那种对家乡的热爱与自豪之情，更使我们对一堂数学课的价值追求有了新的思考。这些都表明，这堂课的教学在实现预设目标和生成目标的统一上是成功的。

（作者系重庆师范大学副校长、博导，国家新课程数学课标专家组核心专家黄翔教授）

四、《让笔下多一点儿悲悯》课堂实录

（观看著名电影《小鞋子》写作分析课，题目为执教教师王君所加）

（一）激发——唤醒悲悯之心

（上课，师生互相问好）

师：同学们，今天我们上一节作文课。王老师一直坚持写日记，今天的课就从老师的一篇班主任手记开始，大家想听吗？

生：（兴致盎然）想！

（师动情朗诵班主任手记《孩子，但愿阿里原谅你们》）

（投影展示《小鞋子》剧照）

孩子，但愿阿里原谅你们

我在教室里给孩子们放伊朗的著名电影《小鞋子》。故事很感人：在一个贫困的家庭里，哥哥阿里不小心弄丢了妹妹的鞋子，他不敢告诉爸爸妈妈，只好两兄妹交换穿一双鞋上学。为了让妹妹有一双自己的鞋子，阿里拼尽全力参加了市里的长跑比赛。他希望获得第三名——因为第三名的奖品就是一双跑鞋。可是在激烈的冲刺中，阿里无法控制自己的名次，他却跑了第一名！而第一名的奖品偏偏不是鞋子。阿里因此陷入了痛苦之中……

这部电影获得了十八项国际大奖，创造了伊朗电影有史以来在美国最好的票房记录。

但是，在整个观看过程中，孩子们却发出了一次又一次的狂笑。尖利的笑声深深地刺痛了我的心。

我知道孩子们在笑什么，他们笑的是贫困。

我其实应该理解孩子们的笑：贫穷和苦难对他们来说实在是遥不可及的事情。平时讲希望工程的故事他们尚且觉得遥远，他们怎么会为印度山村里一名九岁的少年没有鞋子上学而动情呢？他们对贫困没有切肤之痛，所以，他们的眼中就只会看到因为贫困而带来的狼狈。进入他们视线的，是妹妹瘦小的脚却必须穿上哥哥的大鞋子时的狼狈；是妹妹一放学就飞奔去给哥哥换鞋累得瘫倒在地的狼狈；是妹妹的鞋子不小心落到水沟里去后痛哭失声的狼狈；是阿里因为等妹妹换鞋天天迟到被校长严厉训斥的狼狈；是阿里拼尽了全力却得了第一没有得到第三的狼狈……是啊，对孩子们而言，这是一个多么不可思议的故事：居然还有人会为了一双鞋子而痛苦挣扎？！

是的，是很好笑。就在我的班上，即使是普通家庭的孩子，谁没有三双以上的鞋子呢？而且，还多半是名牌。

自私、浅薄、冷漠……我从来反对有的人用这样的词语去形容这一代孩子。而今天晚上，在尖利轻狂的笑声中，我却突然地茫然无措起来……

我想问：孩子们，你们到底丢掉了什么？

（热烈的掌声）

师：同学们，你们认为，王老师班上的孩子们到底丢失了什么？

生1：同情心。

生2：爱心。

生3：对生活的认识，对苦难的认识。

……

师：大家的评价都很有深度。总结起来，老师觉得，班上的孩子们最缺少的是——

投影展示作文课题目：

让笔下多一点儿悲悯

悲悯：悲天悯人。以慈悲体恤之心去关注人世间的苦难，感同身受地去抚慰苦难中的人们。

（指导学生缓慢齐读“悲悯”一词）

（二）省察——咀嚼苦难滋味

师：王老师天天都批改作文，老师特别喜欢读你们这个年龄阶段的同学写的文章。你们写友情，那么真诚；你们写亲情，那么深切；你们写青春期朦胧的情感，更是细腻而率真；如果让你们写幻想，你们更是才华横溢。但是，王老师总觉得，你们的笔下还缺了一点儿什么。同学们，刚才课前部分同学看了重庆直辖市十年的纪录片，我们有幸生活在一个伟大的时代，我们的祖国繁荣昌盛，我们的人民安居乐业。但是，我们要乐国家之乐，我们也要忧社会之忧啊！如果我们的视线越过校园的象牙塔，在繁华都市高楼大厦的背后，我们会看到，还有那么多苦难中的人们需要我们去关注，值得我们去书写。而悲悯情怀，自古以来都是成就经典的重要原因。来，让我们读一读几个大家非常熟悉的片断。

（生读片断一）

投影展示：

开门看见老王直僵僵地镶嵌在门框里……他面如死灰，两只眼上都结着一层翳，分不清哪一只瞎，哪一只不瞎……他简直像从棺材里倒出来似的，就像我想象里的僵尸，骷髅上绷着一层枯黄的干皮，打上一棍就会散成一堆白骨。

师引导学生共评：这是著名作家杨绛对一位拉板车的老年车夫老王的悲悯之情。就是这位老王，在十年浩劫中，在自己去世的前一天，把仅存的一点珍贵的香油和鸡蛋送给了当时被打成了右派的钱钟书、杨绛夫妇。从写作的角度来说，这段文字侧重刻画老王的眼睛和动作，外貌描写传达出了杨绛心中刻骨的痛。

（生读片断二）

投影展示：

我看见他戴着黑布小帽，穿着黑布大马褂，深青布棉袍，蹒跚地走到铁道边，慢慢地探身下去……他用两手攀着上面，两脚再向上缩；他肥胖的身体向左微倾，显出努力的样子。这时我看见他的背影，我的泪很快就流下来了。

师生共评：当时朱自清的祖母病故了，父亲失业了，家境颓唐，前途无望。这是一个儿子对困境中的父亲的悲悯之情。从写作的角度来说，这段文字侧重于刻画父亲的穿着和动作。沧桑的父亲的形象，成了中国文学史上最令人心酸的画面之一。

（生读片断三）

投影展示：

我的保姆，长妈妈即阿长，辞了这人世，大概也有了三十年了吧。我终于不知道她的姓名，她的经历；仅知道她有一个过继的儿子，她大约是青年守寡的孤孀。

仁厚黑暗的地母啊，愿在你怀里永安她的魂灵。

师生共评：从写作的角度来说，这是一段抒情。这是鲁迅先生对上天的呼唤，他呼唤老天保佑他的保姆长妈妈。我们相信，仁厚的地母一定能够听得见的！

（指导学生反复诵读最后一段，读出感情）

师：世上疮痍，诗中圣哲。在艰难而又黑暗的岁月里，悲悯情怀集中地表现着作家们心中的爱与尊严。屈原曾“长叹息以掩涕兮，哀民生之多艰”。青年时代的巴金说：“但愿每一个人都有衣服穿，都有饭吃，每一颗心都得到温暖。”当代著名作家林清玄的《随喜》中描绘的场面，同学们也许更为熟悉。现在请看手中的资料。大家最想听哪位同学朗诵呢？

（全班同学推荐一生动情朗诵林清玄《随喜》片断，配乐《江河水》）

在通化街入夜以后，常常有一位乞者，从阴暗的街巷中冒出来。

乞者的双腿齐根而断，他用厚厚包着棉布的手掌走路。他双手一撑，身子一顿就腾空而起，然后身体向一尺前的地扑跌而去，用断腿处点地，挫了一下，双手再往前撑。

他恒常戴着一顶斗笠，灰黑的，有几茎草片翻卷了起来，我们站着往下看，永远看不见他脸上的表情，只能看到那有些破败的斗笠。

有一次，我带孩子逛通化夜市，忍不住多放了一些钱在那游动的铝盆里，无腿者停了下来，孩子突然对我说："爸爸，这没有脚的伯伯笑了，在说谢谢。"这时我才发现孩子站着的身高正与无腿的人一般高，想是看见他的表情了。无腿者听见孩子的话，抬起头来看我，我才看清他的脸粗黑，整个被风霜淹渍，厚而僵硬，是长久没有使用过表情的那种，后来，他的眼睛和我的眼睛相遇，我看见了这一直在夜色中被淹没的眼睛，透射出一种温暖的光芒，仿佛在对我说话。

在那一刻，我几乎能体会到他的心情，这种心情使我有着悲痛与温柔交错的酸楚，然后他的铝盆又响了起来，向街的那头响过去，我的胸腔就随他顿挫顿浮的身影而摇晃起来。

（生齐诵最后一段）

投影展示：

我呆立在街边，想着，在某一个层次上，我们都是无脚的人，如果没有人与人间的温暖与关爱，我们根本就没有力量走路，不管在任何时候任何地方，我们见到了令我们同情的人而行布施之时，我们等于在同情自己，同情我们生在这苦痛的人间，同情一切不能离苦的众生。

（《江河水》音乐忧伤地萦绕，诵读已止而意味无穷）

师：同学们，在我们的生活中，你是不是也看到过类似的苦人儿呢？

生1：我经常在石桥铺的地下通道里看到一个盲人，他像瞎子阿炳一样拉着琴，他的琴声如泣如诉，让人听得想掉眼泪，但是他的小盆子里的钱总是很少，非常少！

生2：在赛博电脑城外的广场上，还有一位老大娘，她一年四季都无家可归，总是在汽车站附近乞讨。她的年纪很老，几乎走路都很艰难了，让人非常同情。

生3：在南坪的步行街上，我经常看到很多畸形的孩子：有的脑袋很大，身子很小；有的没有胳膊，有的没有腿；还有的是全身烧伤的……这些孩子总是孤苦伶仃地流浪。

生4：还有一些孩子更可怜，四五岁就在大街上表演杂技。我看到过一个很小很小的小女孩儿倒立起来用嘴咬着木板上的一个凸起旋动身体，非常惊险。听说，许多孩子都是幼小的时候被拐骗出来的，他们真可怜。

生5：在沙坪坝和杨家坪我还经常看到一个没有手的人用嘴巴咬着一支笔写毛笔字，他的字写得非常好，比我们正常人都写得好得多，但围观着看热闹的人多，施舍的人不多。

生6：（义愤填膺地）我在报纸上还看到过民工讨要工资，老板不给，民工就要跳楼自杀。居然还有人在楼下叫他快点跳下来。

……

师：（激情地）同学们，从1978年到2006年底，中国的绝对贫困人口减少了2.28亿，为世界的繁荣作出了巨大贡献。但是，直到今天，据最保守的数字，祖国内地还有3000万人口没有解决温饱问题，有6000万人口属于低收入人口，有2000万儿童失学。在有些地方，供一个孩子读完六年小学只需要100元钱，但是，就是这100元也会要了一家人的命。今年入夏以来，我们祖国的淮河流域遭遇了五十多年未遇的特大洪灾，到今天为止，已经有三百多人丧身，直接受灾人口达到了1700万……还有病痛，还有战争……同学们，这也是生活，这也是我们的祖国，这也是我们的地球啊！我们是祖国的小公民，是不是也应该有一些先天下之忧而忧的情怀呢？我们都市少年的笔，除了书写友情亲情幻想之外，是不是也应该饱蘸着悲悯情怀，去描写和思考苦难呢？

投影展示：

都市少年的笔，应该伸出青春的象牙塔，在人世间的饥饿、贫困、疾病、天灾、流血、战争的风风雨雨中去浸润。

怀着悲悯之心，描绘他们的生活。

怀着悲悯之心，感受他们的痛苦。

怀着悲悯之心，思考他们的命运。

怀着悲悯之心，抚慰他们的心灵。

师：下面让我们看一个片子，看完之后口头作文。

投影展示要求：

观看影片，口头作文：

请你倾吐——此刻你内心的感受。

请你描绘——最难忘的一个镜头。

请你呼唤——向苦难中的人们、向社会、向自己、向天地……

师：同学们，我们都是善良的人，只是很多时候这个时代的喧嚣和浮躁让我们的心灵钝化了。相信这些画面能够拨动我们心灵深处的那一根爱之弦。多一点儿悲悯情怀，少一点儿看客心态，希望同学们心中有爱，笔下有情！

（三）表达——吐露良知真情

（生观看影片《苦难——让世界充满爱》，时间五分钟，影片由三十多张感人肺腑的图片构成，音乐为《让世界充满爱》。图片和音乐都具有强烈的冲击力，在观看过程中，不少同学和听课的老师都流了泪。看完后教师先不说话，让学生保持半分钟的沉默）

师：（缓缓地、沉痛地）请用一个词语或者一个句子把你此刻的心情表达出来。

生1：我觉得非常难受。

生2：我的心情很压抑，像堵着一块大石头。

生3：我非常震撼！

生4：我想哭。

生5：我一边看一边骂自己不懂得珍惜。

生6：我觉得很失落。

师：是什么样的感受让你用了“失落”这个词语呢？

生6：强烈的对比让我失落，我为自己平日里经常发牢骚感到耻辱。我觉得自己真不知道好歹！

生7：我也很失落。我居然对生活这么不了解。

生8：我觉得自己的心中很疼痛。

师：疼痛！我记住了这个词语

……

师：老师很感动，因为同学们的情感都是发自内心的。那么，现在请你像杨绛描绘老王，或像朱自清描绘父亲一样用深情的语言把你刚才所看到的最难忘的一个镜头描绘出来。

生9：我最难忘的是一位矿工的手。那双手是全黑的枯槁的，已经看不出皮肤的本色了。手已经变了形，手指的关节很大，皮肤粗糙得像要掉下来一样。那张图片上几乎就只有这么一双黑色的粗大的手，看得我触目惊心。

师：我想起了杜甫《卖炭翁》中的名句："两鬓苍苍十指黑"，都是一样的社会底层老百姓的手啊！请你继续描绘，这位矿工正在做什么？

生9：这位矿工正在掩面哭泣。

师：你能想象一下那双手后面的矿工的脸和表情吗？

生9：矿工的脸被那双手完全捂住了。但我想，矿工的脸一定和他的手一样黑，他在哭泣，泪水把他的脸冲出了一道道的沟。他的表情是痛苦的、绝望的。这位矿工使我想起了这段时间报道得很多的山西黑砖窑事件，那些可怜的民工们被折磨得连精神都不正常了，他们都是走投无路的可怜人！

师：你不仅是一个富有爱心的孩子，还是一个关心时事的孩子。你对社会热点焦点问题的关注使你的描绘更加震撼人心。（热烈的掌声响起）

生10：我最难忘的镜头是一位背了一个沉重的巨大的背篓的农村老大娘，那个背篓里装满了干柴。她瘦骨嶙峋的身体被背篓压得成了弓形。她脸上的皱纹深得像刀刻的一样。她佝偻着身体，摇摇欲坠，似乎完全不能走路了。她好像背的不是一个背篓，而是一座高山。

师：是的，是一座高山，是生活的高山。生活对每一个人都非易事，对这样的已经到风烛残年的老人更非易事。

生11：我最难忘的镜头是那些眼睛，那些无助的、迷茫的眼睛。从那些眼睛中看不到希望，更看不到热情，只有逆来顺受和忍耐。

师：你能具体地说说某一双眼睛吗？

生11：有一幅图片的背景是一个大垃圾场，里边有一个小男孩儿，他面无表情地躺在垃圾堆中，看着天空。他的眼神是空洞的，什么也看不到。

师：你能想象一下这个孩子为什么会在垃圾堆中吗？

生11：他的家里一定很穷，所以他只能到垃圾场来打工。或者他是一个孤儿，他的爸爸妈妈很早就死了，他只有靠自己捡垃圾谋生。他也可能是一个无家可归的流浪儿，被坏人控制被迫到垃圾场来做苦力。

师：（动情的）这不仅是一个不能读书的孩子，而且还是一个连基本的生存权都无法得到保障的孩子！

生12：我最难忘的镜头是山村小学的一间教室。教室没有屋顶，泥巴的墙已经坍塌了一半，那些孩子们就在这样的屋子里读书。我看到学生们都是站着上课，或者跪着上课，一条破旧的长条形的板凳就是他们的桌子。但是他们上课非常专注，我看见一个小男孩儿正张大嘴巴兴致勃勃地读课文，他的眼睛发着光，非常努力非常认真的样子。而他们的老师是一个年轻的乡村女教师，上课时还背着一个婴儿，婴儿在她的背上睡着了。这个老师也很专注。师生的脸上都是圣洁的表情。

师：你用“圣洁”来形容这些在大山深处极其恶劣的环境里坚持学习的老师和学生，那是因为你也有一颗圣洁的心。

生12：（包含着热泪）还有一间教室更让我心痛。教室后边全部都是泥坑，可以看出这是一间根本不能抵挡狂风暴雨的教室。可是，孩子和老师们依旧在这样的教室里坚持学习。

生13：我记得有这样两个镜头，一个脏得不得了的小女孩儿用一只很短很短的笔在一块砖头上认真地写字，那块砖头居然就是她的练习本。还有一个小女孩儿，也是穿得很破很脏，脸上有很多泥巴，她躲在一间教室的门后朝里边偷看，她的眼神里满是渴望。这一定是一个刚刚失学的孩子在渴望重新回到课堂。

师：同学们，希望工程实施十年来，一共资助了260多万失学孩子回到学校，平均每年20多万。但是，这和全国2000多万的失学儿童的数字比较起来，依旧是杯水车薪啊！同学们，真的，生活有时候是非常残酷的，它要把人打进十八层地狱太容易了。此刻，王老师的姨妈也坐在后边听课。当年，如果没有姨妈的资助，因为家庭贫困，王老师高中毕业后就失学了，就不可能上大学，不可能成为现在这样的幸福的老师……（我哽咽了，教室里沉寂片刻，响起了热烈的掌声）

……

生14：有一个镜头让我难忘，一个农村孩子趴在一面土墙上使劲地向上望，她高高地仰着头，仿佛土墙的外边有一片美好的天空。一束阳光从土墙的外边射进来，照在孩子污浊的脸上，我从她的眼睛里看到了希望。

生15：还有一个相似的镜头。在闹市中，一个憔悴的大人搂着两个惊惶失措的孩子，这也许是无家可归的一家吧。他们三个人紧紧地靠在一起。在他们的头顶上，也有一束阳光照过来，这束阳光使这幅让人揪心的画面有了一些温暖。

师：从创作的角度来说，这叫做……

生：（齐说）环境描写的烘托。

师：生活有时候是阴冷的，但是只要有爱有悲悯，生活中就总有阳光。同学们请看这两张图片。

投影展示：

“大眼睛”苏明娟八岁和二十岁的照片。

师：同学们，认识这两张图片上的这两个小姑娘吗？她们是同一个女孩儿，她的名字叫苏明娟。1991年，中国青年报的记者拍摄到了八岁的农村女孩儿苏明娟求学的照片，作为希望工程的宣传照。从此，这个有一双明亮的大眼睛的八岁女孩儿的目光，就和希望工程连在了一起，打动了无数有着悲悯情怀的人们。十多年来，苏明娟在社会方方面面的关爱下终于完成了学业。2003年，苏明娟被安徽大学金融专业录取。现在，她在安徽省工商银行工作。当年的苦孩子，终于有了一个灿烂的前程！

更令人感动的是，在进入安徽大学的第三个月，苏明娟就致信中国青少年基金会，诚恳地要求自行退出基金会对她的捐助计划，她说：我已经长大了，我应该自食其力了，请把这笔钱用在更需要帮助的弟弟妹妹身上吧。

同学们，听了这个故事，你的心中又会涌起一种什么样的感慨呢？请你像鲁迅先生一样呼唤出来吧！你可以对刚才影片中的最让你牵挂的苦人儿说，对苦难说，对我们这个社会说，你还可以对自己说，甚至对老天说，最后让我们用这样的方式，为你的口头作文画龙点睛。

生1：我想对那些在泥泞的教室里上课的孩子们说：“从你们的身上，我看到了自己的渺小和浅薄。我敬佩你们！”

生2：我想对苦难中的人们说：“你们一定要相信未来，相信明天，苦难一定会过去，幸福一定会到来！”

生3：我想对社会上的一些无聊的人们说：“你们能够为超女快男去投票，为什么不能把对明星的热情匀一点儿给失学儿童呢？”（掌声）

生4：我想对社会说：“让苦难中的人们看到希望并能尽快走出困境，是一个社会是否发达的重要标志。”（掌声）

生5：我也想对我们的社会说：“你尽快地发展起来吧，让每一个生活在苦难中的人的生活都有保障，让每一个人都得到幸福。”

生6：我想对社会上的成功人士说：“你们是有实力的，希望你们献出更多的爱！”（掌声）

生7：我想对妈妈说：“妈妈，你的儿子太不争气了，今天这节课后，他一定会变好一些的！”（掌声）

生8：我想对自己说：“珍惜幸福，善待生活！”（掌声）

生9：我也想对自己说：“尽你所能去帮助这些苦难中的人们吧，苦难会让你更加成熟和智慧。”（热烈的掌声）

生10：我想对所有苦难中的人们说：“全社会都在关注你们，明天一定会更好！”（掌声）

……

师：（激动地）同学们，心中有情，肩上有担，胸中有识，笔下有爱！2007年的春节联欢晚会上，中央电视台给了海淀区民工学校的孩子们一个尊贵的舞台，这些可爱的孩子们，他们对苦难，对社会各界的悲悯之情作出了深情的回应。

投影展示：

晚年的巴金说：“我唯一的心愿是化作泥土，留在人们温暖的脚印里。”

德国哲学家叔本华说：“一切真纯的爱都是同情。”

（生聆听录音《农民工孩子的心里话》）

《心里话》

昨天，有人要问我是谁
我总不愿回答
因为我怕被城里的孩子笑话
他们的爸爸妈妈送他们上学
一路鸣着喇叭
不是开着本田就是开着捷达
我们的爸爸妈妈送我们上学
一路都不说话
埋头蹬着板车裤腿沾满泥巴
我们的校园很小
放不下一个鞍马
我们的教室很暗
灯光只有几瓦
我们的椅子很旧

坐上去吱吱哑哑
但是我们的作业工整
我们的成绩不差
今天，有人要问我是谁
我要大声告诉他
我是农民工的子女
是中国的娃，祖国的花
天空更加晴朗阳光更加灿烂
温爷爷为我们题词
希望工程为我们把爱心播撒
不再低头，不再害怕
说出我们的心里话
要问我最想说什么
我爱我的妈妈，我爱我的爸爸
因为——
是妈妈把首都的马路越扫越宽
因为——
是爸爸建起了北京的高楼大厦
要问我最想说什么
我爱我的北京我爱我的国家

（热烈的掌声）

师：同学们，开始老师日记中提到的伊朗电影《小鞋子》还有一个翻译名叫《天堂里的孩子》。但愿我们也是一群天堂里的孩子——苦难给了我们黑色的眼睛，但是我们却用它来寻找光明。正视苦难，战胜苦难，超越苦难，这是民工孩子们的心里话，也是我们这个饱经磨难越发乐观坚韧的民族的最强音。同学们，悲悯不只在人与人之间，还在人与万物之间。如果这堂课给了你一些感动，请你在课后以“悲悯”为话题完成一篇作文并上传到王老师的网站或者邮箱中。

投影展示：

悲悯不只在人与人之间，还在人与万物之间。悲悯是情感的一脉活水，有时漾开柔波，有时惊起阵痛。它传递着人世间的温情，呵护着这个世界的美丽。愿你怀着悲悯之心去提升心灵的温度吧，愿你的文字因为悲悯而变得更加温暖而柔韧……

如果这一堂课给了你一些心灵的悸动，请你在课后以“悲悯”为话题，完成一篇作文。

作文请上传王君老师的作文网站：www.writebar.com（中文实名“写吧”）。

谢谢大家，下课。

专家评点：心中有爱，笔下有情

不是学生缺乏才气，而是有才气的学生还不少。但令人失望的是，透过斐然的文采，我看到的却常常是让人压抑的文字。

一类是文字优美而旨意寡淡。这类作品篇幅冗长而内容稀少，为表达一个简单的意思而矫情敷衍，结构曲折，有一点情节和内涵，好读而不耐读，内容十分空洞。特别是郭敬明的《幻城》问世之后，相当多的孩子开始尝试幻想型小说创作。但是由于他们人生体验的欠缺，这类小说往往充斥着大量相似的武侠情节，徒有空扬灵动的外表却缺乏真情实感和独特体验。

另一类就是艰深晦涩貌似深刻。在这些作品中，不少少年才子满纸苍凉、孤独和颓废，好像曾经经受了莫大的灾难与折磨。才子们还往往曲折附会一些貌似严肃的哲学命题，并以此显出与众不同的成熟。如韩寒的《三重门》的火爆掀起了“时尚创作”的高潮。

当然更多的写作是连上面两种“另类”的水平还远远达不到，而是停留在流水账般地复制生活上。总之，纵观现在青少年的习作，相当部分学生迎合了充满了小资气质和小资情调的伪伤感、伪叛逆、伪天真、伪深沉，迎合了世俗化的审美趣味。

面对中学生群体这样的写作现状，我迫切地感受到了一种责任：写作技巧的灌输和反复操练只是作文教学的末技，我们最迫切需要做的事是把学生的眼光引向沸腾的真实的生活。

我们有责任告诉学生：中学生的作文不应该是这样的。因为所感觉的范围颇为狭窄，便不免咀嚼着身边的小悲观，而且就看这小悲观为大世界。（鲁迅语）

中学生的作文不应该是这样的：一个初涉人世的少年，一落笔，就满纸苍凉，很独孤很颓废很绝望很仇恨，仿佛受了莫大灾难与折磨的样

子，仿佛这个世界虐待了他丢弃了他。（北大教授曹文轩语）

中学生的作文更不应该是这样的：以叛逆为个性，以另类为时尚，以晦涩和忧郁为流行，人云亦云，东施效颦……（王栋生语）

我们应该让中学生懂得：中学生作文的天地可以是广阔的，青春话题、公民意识、荣誉和责任、悲悯和同情……人与社会、自然、自我的关系应该是永恒的作文源泉。青少年进行写作能够展现青春气息而又思考大问题，能够体现胸襟抱负而又敢爱敢恨。如果我们在青少年的写作中听到了生命的歌声，哪怕是苦难的歌谣，它们的价值也远远超过了无病呻吟和故弄玄虚。

心中有爱，肩上有担，腹中有墨，胸中有识，目中有人，手上有艺。这才是中学生作文的一种境界——当然，这是文的境界，也是人的境界。

因为有了这样的思考，所以决定上一系列作文课来改变学生选材较为狭窄、思想较为简单的现状。这只是这一系列作文课中的一节。

"沸腾的真实的生活"内容非常丰富，这堂课，我以"悲悯"为内核，以"直面苦难"为内容，乃是因为，这对于生于都市长于都市的学生，最具深刻的现实意义。

我希望教师的亲身经历、经典文本的震撼力、弱势群体的生存现状能构成强大的合力，把学生的视线引出都市校园的象牙塔，带领他们走进人生的苦难，使他们的灵魂受到重重地一击，然后清醒地意识到苦难原来离他们是那样近，从而唤醒他们的悲悯之情，激发他们心中神圣庄严的责任感，不仅为他们的笔灌注一点爱，更为他们的笔灌注一点元气和血性。

当然，一节课能够做的毕竟很有限。我期望这是一个开始：学生心灵的温度由此得到了提升，他们的文字因为这堂课而开始变得温暖而柔韧。

这是一堂引导学生直面苦难、同情苦难、反思苦难、超越苦难的课，我衷心地希望苦难能够给孩子们明亮的眼睛，让他们的心中更有爱，笔下更有情。

（该课获得2007年全国作文教学精品课展示一等奖）

五、《纸船》课堂实录

（执教：重庆外国语学校　王君）

（上课，师生互相问好）

师：同学们，今天我们来学习一首诗歌，它是《纸船》，请同学们先看课本，再齐读一遍。

（生齐读《纸船》）

师：同学们读得真好。这首诗歌是冰心奶奶写的，冰心奶奶是一位世纪老人，她一直活到99岁。1999年，也就是她生命的最后一年，她得知《纸船》将要被选入初中语文新教材，她非常高兴，于是就给全国小朋友写了一封信，叫《又寄小读者》，同学们想不想知道这封信的内容？

生：（兴高采烈，兴致盎然）想！

（学生推荐一位朗诵好的学生读多媒体课件上的信）

师：冰心奶奶是世界上有声誉的大作家，我们却是无名小辈，修改她的作品同学们怕不怕？

生：（兴致更高）不怕！

师：同学们是好样的！送大家一句王老师的名言：我就是我，我的观察与见解与众不同。

（多媒体课件激情展示）

师：好，现在我们就以四人为一小组字斟句酌，争取把《纸船》修改得更漂亮。

（学生讨论得热火朝天，教师巡回参与讨论，时间不少于5分钟）

师：好，请大家暂停。现在请班长主持讨论。

（老师坐到学生中间参与讨论）

班长：请同学们各抒己见，畅所欲言，亮出自我风采。

生1：我觉得第一节最后一句中“抛”字用得不够好，有一种随意的感觉，不能表现出作者对母亲的深情。

班长：那你建议冰心奶奶换成什么字呢？

生1：我觉得用“放”字比较好。“放”字显得比较庄重，动作也很轻柔，情感韵味儿很浓。

班长：其他同学怎么看这个问题？

生2：我觉得“抛”字不能改。这个字比“放”字力度上强得多，能够表现出作者的急切心情。

生3：“放”字给人的感觉是有的放矢，目标明确，而在茫茫大海上，作者的心境和目标一样迷茫。用“放”不符合实际。

生4：“抛”字可以体现出在空中划出一道孤线，有一种动态美。

生5：还可以设想，冰心是一下子抛出去很多纸船，因为第一节的前几句都在强调纸船的多。“抛”字多好啊，有一种天女散花般的美感，而“放”字没有。

生6：“抛”这个动作和天风海浪相呼应，表现了一种发泄的情绪，作者哪里是在抛纸船，分明是在抛出一腔孤独、寂寞，一腔思念之情啊！（掌声）

生7：我认为，如果是在一条风平浪静的小河上的话，“放”字也能体现出冰心的一往情深。但大家不要忘了，这是在茫茫的太平洋上，而且从第二节来看，“海风很大，海浪很急”，作者不是在一叶扁舟上，而是在又高又大的远洋海轮上，怎么可能放呢？只能抛，而且是用力抛。大家想想，站在船头，海风浩荡，冰心满脸泪痕，衣裙飘飘，她双手捧着小船，用力一抛，船在随风飘舞。这是一幅多么动人的“大洋思亲图”啊！“放”能有这样的效果吗？（掌声）

生8：××同学的发言提醒了我，既然是在远洋海轮上，第一节和第二节的“舟”就应该换成“轮船”才比较准确。

生9：我不同意，古代的舟就是船，用“轮船”二字，多别扭啊，在语音上就没有美感。

生10：关键不在这里。远洋海轮肯定大，像泰坦尼克号（众笑），但在茫茫的太平洋上，再大的船也是渺小的。而“舟”这个词在中国文学中有独特的内涵。它给人的感觉有点风雨飘摇的味道，和冰心当时孤独寂寞的心正相称。“轮船”就没有这样的审美感觉。（鼓掌）

生11：是啊，这里的“舟”更有一种象征意义，茫茫的太平洋上一叶扁舟正是作者孤寂的心。

生12：从“舟”还可以看出作者内心的沉寂悲哀，而巨轮显得太喧闹、嘈杂，与诗意不谐调。

老师：（情不自禁）大家说得真好！那我们以前学过的哪些诗句中表现了“舟”、“帆”一类词语所承载的文化内涵呢？

生13：孤舟蓑笠翁，独钓寒江雪。

生14：孤帆远影碧空尽，唯见长江天际流。

生15：我想问一问冰心奶奶，为什么最后一句不直接用“我的爱和悲哀”，而要用“她的爱和悲哀”呢？

生16：为的是和倒数第二句中，“这是你至爱的女儿含着泪叠的”相呼应。

生17：我认为这是从母亲的角度来写的，第一句作者直呼母亲，当然后文就以女儿相应，这样才能前呼后应嘛！

师：变换人称有必要吗？

生18：不变好，全文一脉贯通，诗情才能凸现。

生19：变了好，能够表现出作者与母亲的亲密关系。

生20：变了好，老师不是说行文富有变化总是美的吗？

生21：该变的时候就必须变。诗中这样一变，我们似乎听到了作者动情的呼喊和诚挚的心灵剖白，就好像看到作者正伏在母亲的胸前痛哭。人称一变情感的距离就缩短了。

师：我们读一读感受一下。

（生动情朗读）

生22：我觉得“你”应该换成“您”，这样才更能体现冰心对母亲的尊重。

生23：我认为不好，用“您”显得太生分了，如果你和你的妈妈亲密无间的话，用得着这样的礼貌吗？

师：同学们提出了许多有价值的问题，就让我们带着问题进课堂，再带着问题出课堂吧！王老师也有一个重要的问题想请教同学们，老师插个队怎样？

生：（齐声）行！（教室里有轻松宽容的笑声）

师：我最喜欢诗歌的末一句。你们看，纸船是有形的东西，而爱和悲哀是无形的东西。有形的纸船怎么能承载无形的情感呢？这本来就说明了诗歌语言的创造性。但我觉得还不够美，还不够形象。有同学对我说，老师啊，我想妈妈想得要命的时候，我就忍不住要流泪。于是我们为什么不可以这样改呢？载着——归去。（老师故意延长语调等待）

生24：（恍然大悟）载着泪水归去。

师：一滴泪水？（生笑）

师：两滴？（笑声更大，终于有学生忍不住站起来）

生25：一船泪水！

师：妙！同学们，这就叫做诗了。来，我们来欣赏几句王老师以前学生的创造。

（多媒体课件展示，学生动情朗诵）

万水千山，求它载着一船泪水归去。

万水千山，求它载着无数个思念的梦归去。

万水千山，求它载着一腔愁绪归去。

（此起彼伏的“万水千山”的诵读声，让课堂由热烈渐趋平和柔美）

师：同学们，因为大家有一颗热爱母亲的心，所以你们读懂了冰心奶奶对母亲的爱。那么，除了爱着母亲，你们还爱着一些什么？冰心奶奶把爱折成了一只只纸船，那么同学们，你们又可以把你们的爱折成什么呢？生活中有那么多美好的事物，让它们来表达你们心中的爱吧！

（优美的二胡曲《长相思》响起，依照课件上的仿写要求，学生埋头创作，教师巡视）

师：心中有爱就要表达。同学们，用你们最真的情朗诵你们的爱吧！

（生争先恐后）

生（杨洋）：

姐姐，倘若你梦见了弟弟的信鸽，

请不要惊讶，

那可写满了弟弟的无限思念与爱呀！

但山长水阔。

何寄彩签兼尺素？

生（周璐）：

母亲，倘若你梦中看见一支流泪的红烛，

不要因它无端入梦而惊讶，

这是海外游子的思乡泪，

万水千山，它也要点燃心中爱的火花。

生（谢秦川）：

未名湖，倘若你腹中跃起一条金色的鱼儿，

不要菲薄它浮躁不安，

这是你水底年轻诗人的灵魂，

弹指十年，他在寻找他如诗的青春。

（师生情不自禁共同朗诵其中的精彩篇目，深情的“万水千山”又一次响彻课堂）

（师生掌声不断，听众席上不少老师的眼里已有晶莹的泪花）

师：同学们，你们的真情深深打动了我，我忍不住想要告诉你们，冰心奶奶的信实际上是来自于天堂。信是老师杜撰的，但老师的感动是真的。老师感动于同学们有一颗感受爱、感受诗歌的真诚热烈的童心，更感动于同学们挑战名家、挑战自我的勇气与信心。

亲爱的同学们，倘若你们在梦中看见一只很小的彩色小船儿，
请不要惊讶它无端入梦。
这是你们亲爱的王老师用爱与诗的精魂叠的，
万水千山，求它美丽你们别样的青春。

（全场响起热烈的掌声，下课）

（获全国创新学习课堂大赛一等奖）

这一堂课笔者听过两次，深为王君老师的教学艺术所折服。感受最深的莫过于敢让学生说“不”，培养学生具有批判的学习品质。《纸船》是著名诗人冰心的作品，是非常美的，但两次上课都有学生不满意，改这改那，比如第一节最后一句中“抛”字，第二节中的“流”，第三节中的“爱的悲哀”，等等。其次是让学生广泛讨论，体现主体性。王老师以一封信掀起课堂波澜，以“诗歌评改会”作为载体，引导学生炼字炼句，体会诗情。教师真正地把课堂还给了学生，这是教学的中心环节，也是教与学的精彩对接；再次是让学生充分联想与想象，培养学生的创造性。学生在短时间内也写出了诗。从赏诗到写诗，经历了由一个诗歌教学的难点向另一个更难的难点的跨越。成功不是偶然的，阶梯的巧妙搭建，情感的推波助澜点燃了学生创作的激情。其实，每首诗都写得很稚嫩甚至不通顺，但是这又有什么关系呢？起码学生走进了诗，感受了美！

六、《摆渡》教学设计

（执教：重庆市巴县中学　冯友余）

教学目标：

1. 初读大意；
2. 再读情节；
3. 析读人物；
4. 品读词句；
5. 悟读寓意。

教学重难点：

1. 析读人物；
2. 品读词句；
3. 悟读寓意；
4. 拓展创新。

教学过程：

（一）定向导趣，引入新课

1. 同学们看到的这篇短文，前一部分讲了一个小故事，后一部分指出故事的寓意。这种文章属于什么体裁，大家知道吗？　　（寓言）（幻灯片）

2. 复习文体知识：寓言是文学作品的一种体裁。它是带有讽喻和讽刺的故事。其篇幅大多简短，主人公可以是人，也可以是拟人化的动物、植物或非生物。主题多是借此喻彼，借古喻今，借小喻大，使深奥的道理从简单的故事中体现出来，具有鲜明的哲理性和讽刺性。寓言在创作上常常运用夸张和拟人等表现手法。（幻灯片）

3. 有人说寓言浅显易懂，是专为小孩子写的故事，但这并不意味着寓言就像一池清水，可以一眼望到底，其实好的寓言总是让人回味无穷的。我们今天要学习的文章《摆渡》，就是这样一篇寓意深远的现代寓言。　（板书课题）　（幻灯片）

（二）设问导疑，诠释题目

1. 谁有过摆渡的经历，起来说说。

2. 还有吗?

3. 我请同学用一句话来说说什么是摆渡。【用船把人或物送到河对岸（彼岸）去。】

（三）自学生疑，悟读文本

1. 初读大意

① 课文中一共出现了几个人？ （幻灯片）（五个人，分别是有钱的、大力士、有权的、作家和摆渡人）

② 我们来看前面四个人物，他们分别是依靠什么到达河对岸的？（幻灯片）

（有钱的靠金钱，大力士靠暴力，有权的靠权力，作家靠真情实意的一声叹。）

③ 作家后来怎样了？（幻灯片）（作家自动去做了摆渡人）

2. 再读情节

①为什么作家唱歌摆渡人不让他上船，而他叹气后，摆渡人却让他上船？或问：摆渡人认为作家的“唱”不如“叹”好听，你是怎样理解这个情节的？ （幻灯片）

（“唱”意味着只求轻松欢快，让人欢娱，“唱”的是别人的词，别人的曲，并非发自心声，没有真正反映现实生活和真情实感。而仰天长叹发自肺腑，“叹”饱含人世间的悲苦、人生的辛酸，表达的是“真情实意”。说明文学应该真实地反映社会人生，应该充满“真情实意”）

② 为什么说作家没有真情实意，是应该无路可走的？ （幻灯片）

（因为，文学作品没有真情实意是不会感动人的，只能被历史抛弃，被人民抛弃，所以说是无路可走的）

③ 作家自动去做摆渡人这个情节，应该怎样理解？（幻灯片）

（作家并不是真的改行，而是借此说明：“创作同摆渡一样，目的都是把人渡到前面的彼岸去。”而且作为精神财富的创造者，作家还肩负着把人的灵魂指引到健康、高尚、文明的彼岸去的责任）

3. 析读人物

① 文章中出现的五个人物可以归为几类？为什么？　（幻灯片）

（他们可归为三类：一类是有钱的、大力士和有权的；一类是作家；一类是摆渡者。第一类人是世俗力量的象征。作家虽不具世俗力量，但也自有其超世俗的力量，不过，这种力量来自于具有“真情实意”的作品。摆渡者既掌握着渡河的权利，又是权衡四个人的评判者，他一方面是世俗力量的认同者，又是作家“真情实意”的“哀叹”的欣赏者，应该说，他是一个普通群众的代表）

② 作家摆渡用什么样的态度？　（幻灯片）（作家摆渡不受惑于财富，不屈从于权力，他以真情实意待渡客）

③ 现实生活中，还需要作家这样的摆渡人吗？（幻灯片）

（作家的“创作同摆渡一样，都是把人渡到前面的彼岸去”。作为精神财富的创造者，作家肩负着把人的灵魂指引到健康、高尚、文明的彼岸去的责任）

4. 品读词句

（1）彼岸

① 文末“彼岸”的含义同第一小节“彼岸”的意思相同吗？为什么？（幻灯片）

（不同。开头的“彼岸”指实实在在的河对岸；结尾的“彼岸”指超越了现实的、纯洁的精神世界）

② 因此，我们可以在彼岸前面加一个修饰词，“精神的彼岸”，摆渡人就是作家。大家觉得在“彼岸”前还可以加其他修饰语吗？（幻灯片）

（智慧的彼岸，知识的彼岸，理想的彼岸，健康的彼岸，人生的彼岸……）

③ 在生活中，哪些东西也充当了摆渡人的角色？（幻灯片）

（书本、网络、电影、电视剧、图画、音乐，以及老师、医生、护士、父母、长辈……）

（2）摆渡

“摆渡”并非只有一层意思，而是语意双关，蕴涵着很深的道理。

师介绍作者和例作背景的知识：

作者：高晓声（1928–1999），江苏武进人，当代著名作家。擅长描写农村生活，善于在普通农民的日常生活中发现并揭示具有重大意义的社会问题，探索我国农民坎坷曲折的命运与心路历程的变化。他的文章文笔简练幽默，格调寓庄于谐，在新时期文苑中独树一帜。（幻灯片）

背景：1980年，江苏人民出版社出版了高晓声的《七九小说集》，他就"讲了一个'摆渡'的故事"作为代前言。作为小说集代前言的故事，自然也应该包含着一些作者对文学、人生的看法。因此，我们理解本文寓意时，应该时时紧扣住"作家"、"文学"、"人生"等字眼。（幻灯片）

5. 悟读寓意

这篇文章通过一次摆渡，写出了各色人物的人生百态，说明作家如果没有真情实意，是应该无路可走的。作者应该是一个正直的人，不受惑于财富，不屈从于权力，以真情实意来对待写作，才能感动读者。

（四）合作实践，延展创新

1. 学法一得（幻灯片）

（1）读书着力处

转折处、强调处、呼应处、对比处、议论处。

（2）小结

① 文学作品要用真情实意感染读者。

② 有真情实意的作品才能净化人心，把我们带到真善美的理想彼岸。

2. 文本反思（幻灯片）

思考：在摆渡人看来，金钱、权势、武力和真情这四样东西都是"最宝贵的东西"，你同意这种观点吗？如果鱼和熊掌不可得兼，你如何取舍？如果你也要去摆渡，你会做哪一种人呢？你会采取怎样的方式让摆渡人为你摆渡呢？

3. 延伸练笔（幻灯片）

课文涉及的话题较多，金钱、权势、武力、真情、作家、作品、彼岸，等等，请写一段话，谈谈自己的感想。题目自拟，字数控制在100字左右。

附板书设计：

摆　渡

高晓声

有钱的

摆渡人　　大力士　　过河　　彼岸

有权的 ⟹（智慧的，知识的，理想的，健康的，人生的……）

作家（叹）

附思考讨论题：

1. 在摆渡人看来，金钱、权势、武力和真情这四样东西都是“最宝贵的东西”，你同意这种观点吗？如果鱼和熊掌不可得兼，你如何取舍？

2. 如果你也要去摆渡，你会做哪一种人呢？你会采取怎样的方式让摆渡人为你摆渡呢？

3. 在生活中，哪些人或物也充当了摆渡人的角色？

……

专家评点

本课是冯友余老师应香港教师中心邀请，在香港举行的“创新教学国际研讨会”执教的公开课，当时学生是香港福建中学初二学生，尽管学生普通话水平不高，但本节课任务完成较好，并有很多创意。整堂课最大的特点是学生说实话、说真话、有新意，师生互动，有活力。

从施教者角度来看，冯老师有扎实的基本功，备课充分，充满教学热诚。特别值得肯定的有四个方面：

一是教学内容丰富。冯老师根据寓言的叙事性质设计了五个目标：初读大意、再读情节、析读人物、品读词句、悟读寓意。其中人物析读、词句品析、寓意悟读和结合生活实际的延伸是学习重难点。

二是课堂环节清晰。整堂课，学生按“初读大意—再读情节—析读人物—品读词句—悟读寓意”的顺序展开对文本的阅读，环节紧扣，条理清晰，衔接自然。

三是体现方法指导。所读文章只是范例，通过范例学习，使学生领悟同类文体作品的读法。

四是教学艺术性强。为了达成教学目标，冯老师选取了谈话、诵读、圈点勾画等灵活多样的教学方法，让学生通过不同的形式走进文本。

从学生表现上来看，这堂课也有四个特点：

一是读书的课堂。学生对人物的语言和主人公内心活动描写的部分进行了朗读。在课堂的整个过程中，教师给学生提供了自由阅读文本的时间。以读为本，很好地体现了语文的学科特点。

二是对话的课堂。这堂课上，师生平等，生生互动，因此对话氛围较浓。既有老师和学生的交流，又有学生之间的探讨、质疑、答疑，互动特征明显。

三是动笔的课堂。这堂课上，学生拿笔在文本上作勾画、圈点，写自己读文本的体会，用写深化读，使阅读更加深入。

四是思考的课堂。给学生留下的思索空间较为充裕，因此，课堂上学生思维较为活跃。

这节课是鲜活的，有较多的生成，这也是教育教学研究最有价值的，也是听课的教师们最有感受的。课堂的亲切，如清新的春风拂面，让学生们在课堂上体验到老师的点拨和关爱如春雨般滋润心田，营造了和谐的课堂氛围。　（龚春燕）

七、《孟母三迁》第二课时和第三课时教学设计

设计者	何若锦	教学日期	2008年7月11日
教学年级	小学五年级	教学单元	6.2《孟母三迁》
教材来源	小学高级华文5B第26至29面	教学时间	60分钟，分为二节（第二课时）

续表

<table>
<tr><td>单元
目标</td><td>1. 学会本课的词语。
2. 能理解课文的思想内容。
3. 能进一步理解并分析孟子成才的原因。
4. 能流利地朗读课文。</td><td>具体
目标</td><td>1.1 通过第一课时的自学指导学会14个生字：圣、扬、坟、蹲、墓、妇、埋、售、盐、幅、寻、适、诵、仪。
1.2 学会词语：圣人、发扬光大、蹲、坟墓、妇女、埋、林立、售卖、买卖、盐副、寻找、合适、背诵、礼仪。
1.3 会用“发扬光大、售卖、寻找、合适”等词造句。
2.1 知道孟母三迁的原因。
2.2 知道成长环境的好坏，对他们将来的前程是影响深远的。
3.1 通过拓展阅读，学会对孟子后来成为思想家和文学家的原因进行分析。
3.2 用假设法分析出除了良好环境之外，孟子成才的其他因素。
4.1 正确、流利地朗读课文。
4.2 有感情地朗读课文。</td></tr>
<tr><td>教学的重点和难点</td><td colspan="3">1. 知道成长环境的好坏对人们将来的前程的影响。
2. 能够认识除了环境之外，其他有关人才成长的重要因素。</td></tr>
<tr><td>教学资源</td><td colspan="3">课堂教学用：电子简报（ppt）。
分组活动用：彩色笔、不同颜色的A4纸张（再循环纸）、长条卡纸。
角色扮演用：简单道具。
拓展阅读用：阅读篇章——《欧阳修荻秆当笔》、《岳飞的幼年》、《孟轲逃学》。
思考活动用：分组及个别作业。</td></tr>
</table>

第二课时　教学过程

教学模式	教学活动	创造思考教学策略	创造思考发问技巧	时间分配	效果评量
问想	1. 引起动机 *以文眼“迁”导入。 *以电子简报出示“迁”字。 问：这个是什么字？你们知道这个字是什么意思吗？ （检查自学预习的情况） 迁=离开原来的所在地而另换地点。 迁居=搬家	激发联想法	问题采用“六W”中的“什么”策略。	1分	学生通过课前的自学预习，能够知道“迁”字的意思。
问想做→说	2. 启发谈话，分享经验 *问：哪些同学曾经搬过家？ *指名曾有过搬家经验的学生谈自身搬家的理由和感受。 *回忆在新学段开学时，听到校长宣布校方推延搬迁计划时，自己的心情。	激发法（启发性发问）	问题采用“六W”的各种策略。	2分	有关的学生能说出自身对搬家的感受。
想做→说	3. 揭示课题，初探课文 * 以电子简报逐步揭示课题。 迁→三迁→《孟母三迁》 *引导学生共同解题。 *老师补充有关孟子之资料。	脑力激荡法	问题采用“六W”中的“什么”策略。	1分	学生能初步把握内容大意。
做→读想	4. 朗读课文，掌握要点 * 老师与学生一起朗读第二自然段第一行至第七行。（小时候，……当作死人埋下去。） * 边读边想。			1分	学生能正确地朗读指定的段落，并能理解其内容。

续表

教学模式	教学活动	创造思考教学策略	创造思考发问技巧	时间分配	效果评量
想做→写做→说做→画评	5. 活动一：想想，写写，画画 * 孟子小时候，起初居住在哪里? * 想想看，孟子住在这里，每天看到的、听到的、嗅到的、触摸到的以及感受到的是什么? * 分发小组活动题目纸张。组员合作，填写或画上他们所想象的事物。（接受汉语拼音） * 活动完成后，老师与学生共同评鉴。	直观表达法	问题采用“六W”中的“何处”及“想象”的策略。	3分	能启发学生流畅的思考和想象力，运用感觉完成活动。
想做→写做→画评	6. 活动二：融入故事中 *请学生拿出预先分发的长条卡纸，回答电子简报揭示的问题。 *假如你是孟子邻居的小朋友，经常和孟子一起玩。写出或画出你最喜欢或最想玩的一种游戏。 *学生完成回答后，请他们举起长条卡纸让大家看。 *根据学生所写的游戏，老师略评。	直观表达法	问题采用“假如”的策略。	3分	学生能想象自己是故事中的一员，并能想象出一种在坟场附近玩的游戏。
问想做→说评	7. 活动三：层层深入 *以电子简报揭示问题。先发问后指名，使全班都能注意反应，并以此揭示出深入一层的问题。	容忍暧昧法，并以“高原式”引导深入思考	问题采用“可能”的策略。	4分	学生能根据问题深入思考，发表意见。

续表

教学模式	教学活动	创造思考教学策略	创造思考发问技巧	时间分配	效果评量
问做→说评	8. 小结第一自然段 * 由自愿者小结第一自然段。 *老师发问： 现在你们知道孟母为什么要搬离坟场附近吗？ 哪一位同学愿意来给大家说一说呢？ *老师强调孟母认为成长环境的好坏，对孟子将来的前程是影响深远的。	提供线索法	问题采用“六W”中的“为何”策略。	2分	学生能说出孟母搬离坟场附近的原因。
想做→写评	9. 活动四：创意造句 * 检查学生是否通过自学预习掌握第一自然段中的“圣人”及“发扬光大”的意思。 * 以电子简报揭示“圣人”及“发扬光大”。让学生发挥创造思维，用这两个词语在预先分发的颜色纸上造成一个句子。 * 老师说：请用“圣人”及“发扬光大”两个词语组合成问句或陈述句，但尽可能富有创意。 * 让学生读出所造的句子。 * 老师评学生所造的句子。	重组法	问题采用“组合”的策略。	4分	学生能将“圣人”及“发扬光大”组合成富有创意的句子。
做→读想	10. 朗读课文，掌握要点 *老师与学生一起朗读第二自然段，老师以第一自然段“孟母见了很担心，......热闹的街市去住。”开头，学生轮流读“住了没多久……就像个小商人”。 *边读边想。			1分	学生能正确地朗读指定的段落，并能理解其内容。

续表

教学模式	教学活动	创造思考教学策略	创造思考发问技巧	时间分配	效果评量
想做→演评	11. 活动五：角色扮演—小孟子做买卖 ＊让全班学生都把自己想象成小孟子，模仿商人做买卖。 ＊先让学生想好叫卖的“台词”及动作。 ＊老师发号“一、二、三——演”，同学们都高声叫卖。听哨声响，大家停止。 ＊让一名自愿单独表演的学生到课室前表演。	视像法	问题采用“想象”的策略。	4分	学生能想象出孟子模仿商人叫卖时的街市情景。 能大方地表演。
想做→讨论	12. 活动六：设身处地——孟母的担忧 ＊让学生改变角色，想象自己是孟母。＊小组讨论，想一想，孟母在这样的环境，看到孟子的表现，她有什么感受？有什么打算？	直观表达法	问题采用“六W”中的“什么”及“想象”的策略。	3分	学生能想象在街市的环境中，孟母的感受和担忧。
问想想做→说做→演做→写	13. 活动七：今古巧相逢——小记者访问孟母 ＊ 让班上的小记者以采访新闻的方式访问“孟母”，让“孟母”说出自己的感受。如： 从哪里看出街市不是一个理想的地方？ 看到孟子每天玩做买卖的游戏，你有什么感想？ 为什么你不喜欢孟子模仿商人？ 你今后有什么打算？	直观表达法	问题采用“想象”及“六W”中的各种发问策略。	5分	“记者”能针对本自然段内容大意向“孟母”提问。“孟母”能流畅地回答。

教学模式	教学活动	创造思考教学策略	创造思考发问技巧	时间分配	效果评量
想做→讨论做→写评	14. 活动八：生动引入新闻标题 *老师在“小记者”访问“孟母”之前，提醒学生注意听。 *请学生想象自己是一位编辑。小组讨论，为这段“访问”写一个标题。标题要符合“小记者”和“孟母”的谈话内容，更要用字简单。 *将标题写在长条卡纸上。 *老师评学生所写的新闻标题。	创造性倾听技巧 创造性写作技巧 视像法	问题采用“六W”中的“为何”策略。	5分	学生能写出符合“访问”内容的标题。
做→说	15. 小结第二自然段 *以抽签方式，抽出一名学生小结第二自然段。 *教师必要时补充：中国古代有“士、农、工、商”四个阶层。中国是一个以农业为主的社会，工人和商人的地位很低，一般人的最终目标都是通过科举考试当官。 *再次强调成长的环境影响前程。	提供线索法		2分	被抽出来的学生能说出孟母搬离闹市的原因。
做→读想	16. 朗读课文，掌握要点 *学生有感情地齐读第三自然段“ 这一次……不再搬家了”。 *边读边想。			1分	学生能正确地朗读指定的段落，并能理解其内容。

教学模式	教学活动	创造思考教学策略	创造思考发问技巧	时间分配	效果评量
想做→讨论做→写评	17. 活动九：知识题问 *老师说：要知道你们是不是已经了解段落的内容大意，除了老师向你们提问之外，还有其他方法考查吗？ *请学生根据第三自然段的内容设问题。 *每组将所拟的问题写在长条卡纸上。 *老师根据学生所拟的问题回答或由全班回答。并强调孟母不再搬家的原因。	脑力激荡辨别法 容忍暧昧法 评鉴法	问题采用“除了”的策略。	6分	学生能了解第三自然段，并能掌握发问技巧，根据内容拟出适当的问题。
问想做→写评	18. 活动十：三人同 *检查晨光阅读的情况。 *想想看，孟子、欧阳修、岳飞三人生活环境有哪些相同之处？ *学生分组在图表上写出三人生活环境的相同处。 *教师强调：由此可见，除了环境之外，人才的成长的确还有其他的因素。	类比法	问题采用“类推”的策略。	5分	学生能说出三人家境贫穷，从小没有父亲，母亲重视教育，从小努力向学，用功读书，持之以恒，故都成为学问渊博的人。

续表

教学模式	教学活动	创造思考教学策略	创造思考发问技巧	时间分配	效果评量
想做→写评	19. 活动十一：造词比赛 ＊检查自学预习：电子简报揭示“售卖”和“寻找”两词语。这两个词语都由两个意义相同或相近的词素组成的合成词。 ＊以2分钟为时限，列举出两个意义相同或相近的词素，进行造词比赛。	脑力激荡法 重组法	问题采用“类推”的策略。	3分	学生能以两个意义相同或相近的词素造词。 如： 肥胖、美丽、沉重、光明、妇女、巨大、恐怕、善良、闪亮、凶恶、关闭。
	20. 第二课时小结 ＊概述本课时学习内容。 ＊预告第三课时学习内容。				

配合本课的创造思考活动

活动次序	活动名称	活动方式	活动内容	教学资源
一	想想、写写、画画	小组	想一想，孟子小时候住在这里（坟场附近），他每天看到的、听到的、嗅到的、触摸到的、感受到的是什么？请把它们写下来或画下来。	颜色纸 网状图
二	融入故事中	个别	假如你是孟子邻居的小朋友，经常和孟子一起游戏。请把你最喜欢或最想玩的一种游戏写出来或画出来。	长条卡纸

续表

活动次序	活动名称	活动方式	活动内容	教学资源
三	层层深入	全班	应用海门（Hyman，1979）强调的高原式策略（Plateaus Strategy）： *如果孟子一直居住在坟场附近，他长大后可能做什么工作？ *为什么他会做这样的工作？ *你对这份工作有什么看法？	电子简报揭示问题。
四	创意造句	小组	以电子简报揭示“圣人”及“发扬光大”。让学生发挥创造思维，用这两个词语在预先分发的颜色纸上造成一个句子。	电子简报 颜色纸
五	角色扮演——小孟子做买卖	全班 个人	先让学生想好叫卖的“台词”以及动作。 让全班学生都把自己想象成小孟子，模仿商人做买卖。 教师发号“一、二、三——演”，学生们都高声叫卖。听哨声响，大家停止。 让一名自愿单独表演的学生到教室前表演。	电子简报
六	设身处地——孟母的担忧	小组	学生想象自己是孟母。 小组讨论，想一想，孟母在这样的环境，看到孟子的表现，她有什么感受？有什么打算？	电子简报
七	今古巧相逢——小记者遇孟母	个别	让班上的小记者，以采访新闻的方式，访问“孟母”，让“孟母”说出自己的感受。	电子简报
八	生动引人的新闻标题	小组	小组讨论。请学生想象自己是编辑，为这段“访问”写一个生动而吸引人的标题。	长条卡纸
九	知答提问	小组	让学生根据第三自然段的内容设问题。每组将所拟的题写在长条卡纸上。	长条卡纸
十	三人同	小组	配合晨光阅读篇章《欧阳修获秆当笔》及《岳飞的幼年》，让学生思考孟子、欧阳修、岳飞三人生活环境相同之处，并分组在图表上写出相同点。	电子简报 图表

续表

活动次序	活动名称	活动方式	活动内容	教学资源
十一	造词比赛	小组	以2分钟为时限，学生分组列举出两个意义相同或相近的词素，进行造词比赛。	电子简报

第三课时　分组活动——深入探究

问题：

1. 为了不让孟子玩做买卖的游戏，孟母决定搬家。你认为她这样做对吗？为什么？
2. 孟子后来成为大学问家，除了搬家，还有其他的原因吗？
3. 如果你的居住环境不太理想，除了搬家，还有哪些办法？
4. 你有模仿别人的行为吗？你认为这样做对吗？举例说明。
5. 你对某些事情很感兴趣，你想尝试吗？做每件事之前要怎么样？

课后活动：

以“识别学习能力”教学法（DI），按强、中、弱分别布置下列作业：

1. 给《孟母三迁》改编结局（不少于50个字）。
2. 把任何一个意义段改写成话剧。
3. 给孟母写一封信，谈谈你对她“三迁”的看法。（如下表）

组别	作业	目的	创造思考教学策略
强（Ha）	给《孟母三迁》改编结局（不少于50个字）。	启发缜密思考和好奇心。	重组法 创造性写作技巧
中（Ma）	把任何一个意义段改写成独幕剧。	启发独创的思考和想象力。	类比法 创造性写作技巧
弱（La）	给孟母写一封信，谈谈你对她“三迁”的看法。	启发独创和缜密的思考。	类比法 创造性写作技巧

第七部分

创新学习的影响与推广

一、创新学习——从重庆走向世界

（中国科学院 刘益东）

摘要：龚春燕创建的一种新型的学习方法和教学体系——“创新学习”，经过10年的发展和实践，已构建起一个包括“创新学习心理论”、“创新学习方法论”、“创新学习运筹论”、“创新学习指导论”和“创新学习教师论”等内容较为完备的创新学习的理论与实践体系，成效显著，获得国内外同行专家和联合国教科文组织的好评与重视。理论创新贵在实践，如果提出概念和理论对应于“发明”，则推广和应用理论则对应于“创新”，成功的学术研究和成功的学者也需要创新。

由中国学者在本土创建的一种新型的学习方法和教学体系——“创新学习”，经过10年的发展和实践，已建构起一个包括“创新学习心理论”、“创新学习方法论”、“创新学习运筹论”、“创新学习指导论”和“创新学习教师论”等内容较为完备的创新学习的理论与实践体系，取得一系列引人注目的成就。2000年，《人民教育》编辑部在重庆召开“全国创新学习理论与实践研讨会”，全国5000多名教师云集重庆，教育部基础教育司司长李连宁在会上指出：“创新学习研究意义重大，是推进素质教育的切入点。”2002年，“创新学习研究与实验”获准为联合国教科文组织研究项目；2004年，根据创新学习理论研制的“创新智能教学系统”被列为科技部创新基金项目和信息产业部推广项目；2005年，联合国教科文组织在重庆召开“全球创新学习大会”，13个国家和地区的350名专家聚集重庆，观摩了重庆创新学习研究成果，由境内外13位著名专家组成的鉴定组对创新学习成果进行了评审，一致认为：“重庆创新学习研究起步早、规模大、成果丰，已在海内外产生了广泛的影响。”2008年，美国召开“教育发展国际大会”，创新学习被列为其主题，并开设分论坛，创新学习项目组龚春燕、胡方等7位成员应邀作专题报告。10年来，课题组先后在全国各省市召开了全国创新学习研讨会21次，各省市邀请课题组开展创新学习培训活动数百场次，培训教师近100万人次，成效显著。总课题组研究成果获重庆市教委一等奖3次，重庆市人民政府一等奖1次，二等奖2次等多次奖励，在人民教育出版社、北京师范大学出版社等出版社出版了几十部创新学习的论著，在

《中国教育学刊》、《人民教育》等刊物上发表创新学习论文逾百篇。

“创新学习”的首倡者和团队带头人是龚春燕，现任重庆市教育评估院院长、重庆市创新学习中心主任、全国学习科学研究会常务副会长、联合国教科文组织“创新学习研究与实践”研究项目主持人。他的成果入选教育部“中国特级教师文库”（收录《创新学习论纲》）。《龚春燕与创新学习》一书列入教育部“教育家成长”丛书（全国入选20人）。

1. 当初被认为是“空泛”的概念因为坚持而成为事业之源

人们常说，一项伟大的事业可能就起源于一个念头，“创新学习”的情况正是如此。1997年，由重庆市教育科学研究院青年学者龚春燕领衔的全国教育科学“九五”课题“学生学习矫正与指导”结题，下一步该如何走正困扰着龚春燕：学习科学的研究已经从培养学生“学会”发展到了“会学”，能否往“创新学”的方向发展？“创新学习”这样一个尝试性的想法出现在龚春燕的脑海里，随即龚春燕将创新学习的构想整理成文，向重庆市教委申请课题。结果在开题会上，这个想法受到专家们的质疑：已有“创造教育”，何必提“创新学习”？据此构想出来的体系是否有理论依据和现实依据？如此“空泛”而“不着边际”，如何落实到具体的实验步骤？

龚春燕没料到大家的质疑如此严厉。但是他凭借自己多年研究的基础，深信由科学学习作先导，创新学习之苗一定能破土而出。“对这样一个全新的概念，大家责难是应该的，也是自然的。”回想起当初的情景，龚春燕如是说。

质疑声没有阻止探索的步伐，反而更激发了开拓者的进取心。为了使概念更清晰、理论体系更合理、研究成果更具有应用性，龚春燕和课题组同仁谭小林、何云山、林理恕、胡方等人长期往来于实验学校，他们做了大量的工作，如听课、与教师学生座谈、开展创造性现状的调查、加强与国际的交流与合作、广泛搜集素材。团队成员常常相互讨论，互相切磋砥砺。经过无数次的头脑风暴式的讨论，他们对大量来自教育教学第一线的案例分析、数据分析，以及众多的实验学校研究信息的反馈与诊断，不断地对研究举措进行反思与调整，创新学习的概念、理论与实践体系终于逐步明晰建构起来。

所谓创新学习，指的是学习者在学习过程中，不拘泥书本，不迷信权威，不依循常规，以已有知识为基础，结合当前的实践，独立思考，大胆探索，标新立异，别出心裁，积极提出自己的新思想、新观点、新思路、新设计、新意图、新途径、新方法的学习活动。

所谓创新学习体系，是从心理机制、生理机制、价值功能、内容构成、表现形态、课堂形式、人格特征、评价检查等多个角度切入，建构起一个包括"创新学习心理论"、"创新学习方法论"、"创新学习运筹论"、"创新学习指导论"、"创新学习教师论"等内容的创新学习研究构架。1999年，龚春燕、何云山主编的《创新学习论》正式出版，标志着创新学习的研究体系正式确立。龚春燕在随后撰写出版的《创新学习论纲》对创新学习理论与实践体系又有了新的发展与完善，如创新学习的TADI学习模式、创新学习四边形评价模式等。随着实践和国内外交流活动的展开，"创新学习"的价值逐渐被世人所认识。

2. 理论创新贵在实践

理论创新固然重要，但是如果没有充分的实践检验和应用，理论的正确性就得不到证实，理论的应用价值也得不到体现，因此理论创新贵在实践。作为一项教育科研的理论成果，"创新学习"的发展和完善过程较好地说明了这个道理。重视实地调查、重视应用和反馈、重视理论与实践相结合是"创新性"的一个突出特点。龚春燕总结"创新学习"成功的根本原因"是因为课题组在创新学习的实验研究工作中始终坚持科学务实的原则"。

"创新学习"课题组具有明确的目标：指导学生"树立创新志向，开展创新性活动"；建立和完善创新学习理论体系；总结提炼创新学习教学思想，建构创新学习课堂教学模式，设计创新学习的教与学的策略；建构创新学习文化。"创新学习"的研究内容涉及学生与教师，国内与国际，理论和实践多个层面，是一个系统工程。以创新学习课堂教学模式为例，课题组提出其模式的核心是学为主体、教为主导、疑为主轴、练为主线，创新学习课堂将教学过程作为一个辩证的统一体，教学活动就是在教师的引导下，充分发挥学生的主体性，让学生主动学习、创新学习。课堂的主导活动是学生的活动，教师的活动作为"辅助线"融于学生的各项活动之中。教的目的是为了让学生最后离开教师可以自己进行学习。有模式但不模式化，各实验学校根据“创新学习”的思想，结合本校、本班、本学科特点，创造性地发展提出了一系列子模式。研究团队对五个方面的对象进行研究，即幼儿、小学、中学（职中）、大学、成人阶段，其中尤以中小学为重点。

“创新学习”的实践体现在一系列行之有效的措施上，主要包括以下五大措施：

（1）加强培训，更新观念

创新学习研究与实践的主力军是教师，研究团队对所有实验教师每年都开展了两次以上的培训，使他们对创新学习理论、教学模式、教学原则、教学思想、教学方法有所认识和熟悉。从1998年立项以来，研究团队在重庆一共举办了17次大型培训会，培训教师20000人次；研究团队在国内其他地区召开了全国创新学习研讨会21次，应邀在各省市进行创新学习培训数百场次，培训教师近100万人次；在境外，先后7次在香港召开了创新学习国际学术研讨会，澳门、台湾地区以及美国、英国、新加坡也举行多次创新学习国际大会，国外和港、澳、台及内地代表3000多人参会，较好地向境外的教师传播了“创新学习”的实践与方法。

（2）搞好调查，把握实情

1998年，研究团队对随机选取的实验班与非实验班进行测评，通过57个问题的调查，了解学生的学习习惯、学习方法等。在2001年10月至2003年1月期间，重庆市创新学习研究中心对重庆、新疆、广东、香港四地实验学校进行了典型样本调查。参加创新学习课题实验的45所学校学生全部参与，共收到学生有效问卷24611份。

（3）传带帮扶，重心突出

结合重庆地区的情况，研究团队将重心放在了农村学校与城市的薄弱学校。通过送“教”下乡、与教师座谈等方式，让当地教师认识到他们在教学上的缺陷，同时也领会了国际、国内教学改革的趋势，激发了他们的教改热情，即使缺少现代化设备，乡村教师仍能扬长避短，设计出了很多优秀的课件。

（4）携手世界，国际交流

近年来，研究团队与美国查尔斯顿大学教育学院、北美华人教育研究会、英国纽卡斯尔大学、新加坡国立教育学院合作，就中美、中英、中新教育，尤其是创新教学与学习领域进行广泛研究。2005年和2006

年，美国查尔斯顿大学教育学院派出以院长韦尔奇博士带队的35名专家教师到重庆，对重庆市400名教师进行为期20天的交流培训，取得了一系列研究成果。

（5）教学软件，转化成果

开发“创新智能教学软件”，简称“I3S”，目的是在新课程背景下把“创新学习”多年研究成果转化为生产力，为广大教师教学服务，让更多的学生受益。2006年3月完成软件开发工作并通过验收，共有70000多条代码和13个G的资源。“创新智能教学软件”被国家信息产业部确认为“全国电子推广项目”，被科技部、财政部批准为“科技创新基金项目”。

3. “四结合”显示“创新学习”的学术特点和理论水平

10年来，“创新学习”赢得了美国、英国、新加坡、澳大利亚、新西兰、爱尔兰等国专家和许多国内专家的广泛好评，北京师范大学前党委书记周之良教授认为“‘创新学习’是21世纪教育的最强音”，并把“创新学习”在研究方法上的特点概括为“四个结合”：

一是历史和逻辑结合。所谓历史的就是按客观对象在发展的过程中所经历的不同的具体阶段、具体形态和具体过程制定理论体系；所谓逻辑的就是根据概念、范畴、判断和推理之间的逻辑联系制定理论体系以反映研究对象的本质和规律。创新学习研究正是通过运用概念、范畴、判断和推理之间的逻辑联系来制定与对象发展的历史过程相适应的理论体系，从而反映创新学习的本质和规律。

二是理论与实践结合。理论是实践的概括，实践是理论的基础，创新学习研究既重理论创新，又为广大教师提供了可操作的实践模式。研究团队在对创新学习典型案例的评析中，给人提供了一种可适应的“范式”，变“应然”为“可然”。

三是科研与课改结合。刚进行创新学习研究之时，新课程改革还未开始。但课题的研究设计与新课程的理论是一致的，所以其研究成果及时应用课改实践，提高了课堂效益，推进了新课程改革，这为广大实施“创新学习”的实验县或学校所证实。

四是文字和技术结合。教育科研是教育改革与发展的第一生产力，但教育科研的最大问题却是成果推广难。龚春燕通过多年的思索，与众多研究者一起，开发了创新智能教学系统软件，并在科技部立项，实现了创新学习理论成果的转化，为成果推广提供了有利的条件，将教育科研转换成了生产力，实现了创新教学的最优化。

“创新学习”案例显示了理论创新与应用推广相辅相成的重要性，理论在应用和实践中得到改进和发展并给实践以持续的支持，实践则创造了可观的社会效益，又给理论更大的发展空间。当初熊彼特提出创新概念时强调企业家的本质是创新，通过对“创新学习”案例的展示，使我们也认识到，成功的学术研究、成功的学者也高度依靠创新。如果提出概念和理论对应于“发明”，那么推广理论使理论付诸应用、接受检验从而得到改进和发展则对应于“创新”。因此，成功的学者也需要创新，或者说，学习的本质也包括创新。

点评：创新的力量在于持续的探索和实践。从一个创意到一篇论文，从一篇论文到一个理论体系，从一个理论体系到国内外上百万次的教师培训和数百所学校的教学实验，龚春燕和他的创新团队用短短的10年时间开创了令世人瞩目的新型教育理论和实践体系，并取得显著成效，很好地诠释了“理论创新贵在实践、教育创新贵在普及”。本案例还加深了我们对创新的理解，使我们认识到不仅应用和实践是创新，新方法、新理论的推广和宣传以赢得广泛的承认也是创新的重要内容。

（写于2008年）

《创新学习：从重庆走向世界》是《重庆日报》2007年元月18日头版头条，《今日教育》2008年第1期也以此题目作了近10000字的报道，中央教科所《教育文摘周报》、《重庆民进》等刊物均以此题作报道。

二、他人评说

1. 创新智能教学论序

（中国教育学会会长　顾明远）

《创新智能教学论》是全国教育科学“十一五”教育部规划课题，课题经过多年的努力，形成现在的成果。

创新学习的提出和研究是在“科教兴国，教育先行”这样的大背景下展开的。创新是教育发展的不竭动力，只有更新落后于时代的教育观念和改进教育教学方法，才能为民族复兴培养大批适应时代发展的创新人才！

创新学习必须首先解决两个问题：一是教师教学观念的转变，重点是如何把创新原理中的“创新教学”理论推向教学实践；二是课堂教学方式的变革，教师通过创新学习原理的自觉运用，在“教”与“学”的双主互动关系中，创造出生动活泼的课堂呈现方式。

如何实现创新的“教”？课题组针对广大教师教学中存在的“重教法轻学法、重知识传承轻能力培养、重课前计划轻课后反思”等弊端，在开展大量的调查和研究的基础上，提出了“创新智能教学”的理念，设计了“创新智能教学系统（Innovative &Instruction Intelligent system）”，简称“I3S”。通过信息技术与教学的有机融合、师生互动，建立了教学资源的互享互用的资源支持系统。

美国心理学家和教育学家加德纳的多元智能理论认为，每个人与生俱来都在某种程度上拥有8种以上的智能，而每一种智能在人类认识世界和改造世界的过程中都发挥着重要的作用，但每个人的智能的结构各不相同。环境和教育对于能否使这些智力潜能得到开发和发展有着重要的作用。这一理论正好是“创新智能教学”的基本理论之一。

所以，课题组把创新智能教学定义为：在新课程背景下，以学生发展为本，应用多元的教学目标，多方位、多角度地培养学生的创新能力，实现从课堂到课外、从知识到能力、从现在到未来的立体化教学。它从教学设计、教学目标、教学内容、教学方法、参考资源、教学反思及课堂管理等方面，为广大教师提供所需的各类丰富的教学策略与措施，实现资源共享，有效地提高了课堂教学的质量与效率，推动课程改革实验大步向前。

"创新智能教学"为每一个学生的发展提供了最大的空间，为教师个人成长和提高拓展了广阔的天地。"创新智能教学"注重创新，教师的眼界里不会只有知识传授和分数结果，而是更加关注学生作为人的发展，它促使教师必须花更多的时间和精力关注书本之外的人类文明成果。

"创新智能教学"有助于课程改革的全面推进。"创新智能教学"倡导以学生为本，建构多元化的目标体系，这本身就是课改核心理念的直接体现。"创新智能教学"通过实践证明，它对推进课程改革的不断深入，对学校可持续发展具有不可低估的作用。

该书的编写，一是对 "创新智能教学理论与实践研究"课题研究作一个总结，二是让一线教育工作者能够对"创新智能教学"有更深入全面的了解，帮助广大教师提升教育教学的境界。

任何一种新的思想、方法或理论，在它产生之初都有其稚嫩的一面，"创新智能教学"亦如此。我们有理由相信《创新智能教学论》的出版，会把创新教学推向一个更高的境界，在教育改革的园地里增添一朵教育理论的奇葩。

（作者系北京师范大学博导、教授，著名教育家）

2. 创新学习

新世纪教育的最强音——《龚春燕与创新学习》读后感

（北京师范大学教授、博导 周之良）

从20世纪末到21世纪初，"创新学习"已成为教育领域使用频率相当高、教育工作者耳熟能详的学术概念。而每当谈到创新学习，就自然想起重庆市教育科学研究院特级教师龚春燕研究员。这也难怪，因为龚春燕是国内率先把创新学习作为一个重大课题开展研究并推广到国际的第一人。他八年多时间的课题研究，取得了令国内外教育界瞩目的丰硕成果。

全书从成长历程、教育理念、经典案例、社会反响、成果集荟五个方面充分展示了这位刚逾不惑之年的教育家的成长、成熟和成功的历程，给人以多方面的启迪。

一是在价值取向上。该书站在时代的高度，立足现代化建设，面对终身教育，促进新课程改革的多个视角，选择了这一创新学习课题，充分展示了作者的远见卓识。就时代而言，从上世纪末江泽民同志反复强调“创新”到本世纪初胡锦涛同志提出建设“自主创新型国家”，创新已成为时代的主旋律。在第三次全国教育工作会议上，江泽民同志还明确指出：“教育是知识创新、传播和应用的主要阵地，也是培养创新精神和创新人才的摇篮。”国家创新能力的基础在人才，人才的数量、质量、结构和整体作用的发挥是国家能否在知识经济时代的竞争中取胜的根本条件。教育如何适应时代的要求而培养出创新的人才呢？这就必须改革传统的教育模式。传统教育的弊端很多，但最根本的是“重教轻学”和“重接受轻创新”，针对这一严重弊端，龚春燕在“教”与“学”两方面，把“学”放在主要地位；在“接受”与“创新”两方面，把“创新”放在主要地位，这就形成了“创新学习”的命题。这既有助于学习方式转变为适应可持续发展的终身教育，也有助于培养创新意识以适应自主创新型国家的要求。因此，创新学习这一课题研究，越来越受到多方面的支持、鼓励、肯定、赞赏。作为一个教育科研工作者，可研究的科研课题很多，有宏观和微观的、有重大和一般的、有开拓和延续的。只有那些把握时代和社会需求的宏观的、重大的、具有开拓性的研究课题，才有旺盛的生命力，龚春燕的“创新学习”就是这样的课题。去年11月，我参加联合国教科文组织研究项目“创新学习研究与实验”的结题会，来自美国、英国、澳大利亚、新西兰和港、澳、台地区及内地的11名知名专家出席会议，给予创新学习研究高度评价，并在鉴定意见中写道：“该项研究起步早，规模大，成果显著，已在境内外产生了广泛的积极影响。”

二是在体系构建上。该书从“创新学习”这一核心概念界定入手，给出了一个操作性的定义。尽管也曾有些人提出这一概念的界定似乎没有逻辑性，即不是一个严格意义上的逻辑定义，但至今也没有人提出一个比这更为广大实践者接受的定义。因为这个定义便于操作。它揭示了创新学习的实质——从无到有，从有到优；揭示了创新学习的基础——知识和实践；揭示了创新学习的过程——智力因素和非智力因素的相互作用；揭示了创新学习的成果——观念和物化；揭示了创新学习成果的两种不同水平——社会重大意义的和个人自我实现的。因此几经学术论争，作者所提出的“创新学习”的界定，就几乎成为经典性的定义，为不同层面的人所引用。围绕这一核心概念，作者深入发掘诸多相关因素，展开系统研究，而且不是纯思辩的演绎式研究，而是在大量生动的实践基础上的总结、提炼、概括和升华。作者前后共出版了有关创新学习的四本书，即1999年12月红旗出版社出版的《创新学习论》、2002年7月科学技术文献出版社出版的《创新学习：学习方式的革命》、2005年9月人民教育出版社出版的《创新学习论纲》和《龚春燕与创新学习》。这四本书从观点、内容到结构，都体现出作者随着实践的深入展开在理性认识上的不断发展和深化，从而构成了比较严谨的理论和操作体系。我们读过之后不仅可以窥见作者的理论探索过程，还可以看出其研究的实际行动。

三是在研究方法上。该书鲜明体现了四个结合。第一，历史和逻辑结合。所谓历史的就是按客观对象在发展的过程中所经历的不同的具体阶段、具体形态和具体过程制定理论体系；所谓逻辑的就是根据概念、范畴、判断和推理之间的逻辑联系制定理论体系以反映研究对象的本质和规律。该书正是通过运用概念、范畴、判断和推理之间的逻辑联系来制定与对象发展的历史过程相适应的理论体系，从而反映创新学习的本质和规律。八年研究历程，四次撰写书稿，论从史出，史论融合。第二，理论与实践结合。理论是实践的概括，实践是理论的基础，该书既有理论观点，又有可操作的实践模式。搜集了数十个典型案例，点评分析，给人提供了一种可适应的“范式”，变“应然”为“可然”。这是超越一般理论著述的独到之处。第三，科研与课改结合。刚进行创新学习研究之时，新课程改革还未开始。但课题研究的设计与新课程的理论是一致的，所以其研究成果及时应用于课改实践，提高了课堂效益，推进了新课程改革，这为广大创新学习的实验县或学校证实。第四，文字和技术结合。教育科研是教育改革与发展的第一生产力，但教育科研的最大障碍却是成果推广。龚春燕通过多年的思索，并与众多研究者一起，开发了创新智能教学系统软件，并在国家科技部立项，实现了创新学习理论成果的转化，为成果推广提供了有利的条件，将教育科研转换成了生产力，实现了创新教学的最优化。第五，凝练的学术语言与富于文采的表述结合。该书中不仅有一股智慧之泉在流淌，而且有一股情感之流在奔泻。人们读过之后会欣然接受作者的引领，走向一个令人神往的学术空间，饱吸思想的营养。

读过《龚春燕与创新学习》一书后，我不仅为他所取得的丰硕成果而欣喜，而且为他那种孜孜以求的敬业精神、锲而不舍的创新精神、强烈的民族使命感和事业的责任心而感动。创新之路任重道远，希望龚春燕会有更新成果展现给我们。

3. 聚焦“创新学习”，拥抱世纪曙光

（《人民教育》总编辑、国家督学 傅国亮）

当人类历史上第三个千年钟声敲响的时候，《人民教育》编辑部全体同仁和广大教育工作者一样，在庆贺新千年到来的时候，也在思考：我们将奉献什么样的教育给21世纪？

新千年上班的第一天，我们派出了副总编辑翟福英、总编室副主任张新洲到重庆，实地采访了创新学习的实验教师与学生，并召开了课题有关方面的座谈会。我们了解到，创新学习是重庆市创新学习研究中心龚春燕老师于1998年元月提出，并为全国广大教育工作者认可的、具有现实意义的一种教育新理念，是全面推进素质教育的一个新的切入点，在实验学校取得了良好的效果。《人民教育》2000年第3期发展了龚春燕同志的文章《创新学习：21世纪的学习观》，并加注了编者按。同时《中国教育报》、中国教育电视台及多种新闻媒体也作了宣传和报道，引起了广大教育研究工作者和中小学教师的关注。《人民教育》2000年第8期又用了近7万字的篇幅作了深度报道，在2001年和2002年又开辟了“创新学习”专栏，每期均刊有创新学习研究方面的文章，得到全国广大教育工作者的积极响应。目前，我们已收到论文近5000篇，反映了全国广大教师研究“创新学习”的热情。

在这期间，不少专家也聚焦“创新学习”。北京师范大学博士生导师周之良教授，中国首届“十大杰出青年”、盘锦市教育局魏书生局长，上海市教育科学研究院副院长、博士生导师顾泠沅研究员，华东师范大学教科院副院长、博士生导师熊川武教授，西南师范大学副校长兼博士生导师宋乃庆教授等分别作了评价，认为“这是一项富有开拓性的研究成果”，“丰富了学习科学研究的内涵”。2001年5月，创新学习研究圆满完成阶段任务，通过了由北京师范大学、华东师范大学、西南师范大学、全国教育科学规划办公室、中国高等教育学会、中国学习科学学会、重庆师范学院、重庆市教育科学研究所等单位九位知名专家组成鉴定组的现场鉴定。他们在评价意见中说：“重庆创新学习研究，起步

早，规模大，成果丰，已在全国产生广泛的影响。对创新学习主研人员勇于探索的勇气给予充分肯定。”

由于“创新学习”的研究成果颇丰，全国各地不少教育同行也把目光投向了重庆的“创新学习”。据我了解，重庆市创新学习研究中心已经接待了北京、新疆等22省（市、自治区）的100余个考察学习团。通过实地考察，他们深有感触地说“创新学习研究意义重大”，“创新学习是人推进素质教育的重要举措”，“创新学习研究具有很强的操作性”，“创新学习已经成为全国目前教育改革领域的一面旗帜”……

与此同时，龚春燕及课题组其他同志还应全国各地教育部门的邀请，前往北京、上海、浙江等地作创新学习学术报告200余场，到十七省市作现场观摩课100多节，受到与会者的热烈欢迎，并接受了多家省市电视台、日报等媒体采访，在当地产生了积极的影响。龚春燕同志还应香港教育学院和香港教育工作者联合邀请，前往香港讲学。2001年10月应台湾师范大学、台湾逢甲大学邀请，课题组在台湾出席终身学习国际学术会议，并将龚春燕同志的论文《终身学习的关键：学会提问》确定为大会专题报告。2002年5月，由香港教育署地区教师交流计划、香港教育工作者联会、香港教师中心资助，举办“创新学习研究与实践国际学术研讨会”，美国、新加坡等地近100位专家学者聚会香港，探讨这一学术论题。

在新千年，有这么多团体、组织和个人聚焦“创新学习”研究，足见其意义重大。龚春燕同志是一位很有思想也很勤奋的年轻人，能坚持数年致力于这项研究，且不说其成果之显著，单其学习精神也是值得称道的。今天，继他的《创新学习论》之后的又一力作《创新学习：学习方式的革命》出版了，的确可喜可贺。后现代主义课程论专家多尔曾说："当我们向这一时代前行之时，我们需要将科学（Science）的理性和逻辑故事（Story）的想象力与文化，以及精神（Spirit）的感觉与创造性感性结合起来。"依我看，呈现在我们面前的这本书，正是寓理性与感性、科学与艺术为一炉，对人的本质潜力充分开发的研究成果。尽管还有一些不成熟之处，但全书观点新颖，理论体系较为完整，操作体系具体，不失为一本好书。落笔致此，一缕曙光从窗户缝隙中射进来，把它那柔和金黄的光芒投放在稿纸上。我不觉心中一颤，忙推开窗户，迎接新的一天的来临，也在心中祝愿：龚春燕和其他千千万万的创新学习研究者能百尺竿头更进一步，为托起中华民族明天的太阳而不断创新。

4.《创新学习论纲》序

（西南师范大学校长、博士生导师 宋乃庆教授）

龚春燕同志进行创新学习研究已多年，继1999年出版《创新学习论》、2001年出版《创新学习：学习方式的革命》两部论著后，现又出版了《创新学习论纲》一书。通读全书，我认为该书有如下特点：

第一，以课改为本。作者关注着当前基础教育改革的中心工作——课程改革，阐述了新课程背景下的学习观、教学观和评价观。众所周知，传统的陈腐教育使不少青少年学生失去了很多宝贵的东西：梦想和激情，天真、活泼、开朗、乐观向上的个性品质，积极的人生态度，创新学习的能力和良好的学习方法等。这会带来很严重的后果：我们的孩子在本该纯真开朗的年龄变得麻木、呆板，在本该快乐无忧的时期变得胆小、怕事，在本该活力迸发的阶段变得少年老成。可见，基础教育改革势在必行，课程改革正是我们当前基础教育改革的首要任务。龚春燕同志这部书，以人为本，以教改为本，阐述创新学习的理论与方法，解读新课程下的学习观，非常及时而且富有现实意义。

第二，以创新为魂。该书内容丰富，学术观点鲜明，把创新学习视为新课程下的学习观。本书以创新为魂，从创新学习的界定、创新学习的基础、创新学习的方法、创新学习的思维、创新学习的策略、创新学习与问题、创新学习的条件、创新学习的障碍、创新学习的评价九个方面作了较为详尽的阐述，有理论，有方法，有实例。论证旁征博引，方法具体实在，例子生动典型。

第三，以实践为体。客观地看待这些年在基础教育改革领域进行的实验研究工作，应该承认，取得的成果是丰硕的。但不少成果由于缺乏具体的操作性而不易于推广。从事一线教育工作的部分老师，在教育教学中大胆尝试改革，积累了丰富的经验，但很多都未能上升到理论高度，也无法推广。而创新学习的研究正在加强理论与实践的结合。据我所知，1998年我国明确提出“创新学习”理念以来，创新学习的研究在学习科学研究的基础上不断深化发展，境内外实验学校迅速发展到1000余所。由于是从大量实践中吸收了充足的养分，创新学习研究之花已香飘全国，并引起了国外关注，2002年成为联合国教科文组织资助的研究项目。

龚春燕是个年轻人，刚40岁，特级教师，头衔颇多，受到报刊杂志、电视台、电台采访的也不少，算是个成功的人物。有这样一首小诗：“春天来了/杜鹃立在我家的阳台上/因聆听自己呼唤的回声/而忘记了开花。”我认为，一个人过早地成名并非好事，因为荣誉很可能成为包袱，使人再也无法迈开奋进的步伐。但龚春燕这个年轻人给我留下的始终是谦逊、朴实的印象，但愿他能永远保持。

我期待着龚春燕同志和他的合作者们在人生的舞台上把创新学习这幕剧演得更精彩！

略陈数语，是为序。

（宋乃庆系教育部西南基础教育课程研究中心主任、中国教育学会常务理事兼学术委员、全国教师教育学会副会长、全国高师数学教育研究会副理事长）

5. 创新与发展

（国家教育部《中国高等教育》原总编辑　张笛梅）

近现代以来，人们对人才成长规律的研究，逐渐由侧重研究教育转向了研究学习，于是，“学习学”研究应运而生，形成了一门新的科学——学习科学。20年来，我国学习科学的研究人数越来越多，由分散研究到联合起来研究，由理论研究到实践研究，由小到大，迅速发展，取得了丰硕成果。

时代在发展，社会在进步。在科学技术突飞猛进、知识经济已见端倪、国力竞争日趋激烈的当今世界，历史向人类提出了新的挑战，也向教育科学和学习科学提出了新的使命。正如江泽民同志所说的：“要迎接科学技术突飞猛进和知识经济迅速兴起的挑战，最重要的是坚持创新。创新是一个民族的灵魂，是一个国家兴旺发达的不竭动力。创新的关键在人才，人才的成长靠教育。”于是，怎样通过教育和学习，使创新人才大批地涌现出来，已成为教育科学和学习科学的重大任务。

那么，创新人才如何培养呢？创新人才怎样才能大批成长起来呢？许多人也许寄希望于专门的创造教育，甚至寄希望于《创新学》课程的教学。实际上，稍作思考，就会发现，创新人才的培养和成长，必须贯穿在整个教育和学习过程中，正如掌握知识和发展智力是密不可分的一样。于是，似乎是完全不同的两个概念，即“学习”——继承前人积累的已有知识，以及“创新”——发展前人的知识，创新知识，就结合到一起，形成了“创新学习”的新概念。

创新学习概念的提出，只有很短时间，我们还不能要求对它作出非常科学、严格的定义，更不能要求它具有非常全面、完善的体系。然而，常识也告诉我们：死记硬背的学习、机械教条的学习、单纯传授型学习，是很难有创新精神和创造能力的；“知识库”型的人才、“象牙塔”里的人才、“操作工匠”式的人才，也很难成为创新人才。科学史和教育史的大量史料也告诉我们：有杰出成就的科学家、发明家，在学习成长过程中都有很强的探索精神和创新意识；具有先进教育思想的教育家、思想家，也无不对传统教育抑制以至扼杀创新精神的弊病给予强烈的批判。这都说明，创新学习的概念和命题，是完全能够成立的。

值得庆幸的是，我国具有敏锐眼光和创新精神的一大批同志，不失时机地抓住了创新学习这一新观点的萌芽，以只争朝夕的姿态，在很短时间内做了大量的研究。龚春燕等同志撰写的这本《创新学习论》，就是这一领域最新研究的成果。尽管作者一再申明，这本新书会有许多不完善甚至谬误之处，但在我看来，能够把握科学技术突飞猛进的时代发展形势，能够创新立论并抓住其不放，能够奋力拼搏，为之付出巨大劳动，这种精神就足以值得我们钦佩、学习和赞扬。

《创新学习论》是创新学习研究的第一本系统专著，它为我们继续研究铺下了一块宝贵的奠基石。

首先，全书以一种新的思想观念来研究学习，为学习科学的研究开辟了新的方向和视野，必然也要引起教育思想和观念的更新。创新学习的思想既符合培养创新人才的时代“要求”，又是教育科学和学习科学合乎逻辑的发展。从书中引证的历史上先进教育思想家的研究成果可以看出，创新学习的思想有着深厚的历史渊源，而不是凭空臆想的空中楼阁。它遵循了继承和创新的科学发展根本规律，因而具有坚实的理论基础。

其次，为撰写本书，作者收集了极为丰富的资料和信息，进行了大量分析、归纳和提炼工作，而不是单纯逻辑思辨的产物。对于严肃认真的科学研究来说，肯在基础的资料工作上下工夫，是极其可贵的科学态度。单就书中所提供的丰富资料来说，也为继续研究者提供了宝贵的方便条件。

再次，作者是一个研究集体，即“创新学习研究课题组”，并且联系了28个区、县（市）的400余所学校，进行了大量的实践研究并取得了一些初步成果。因而，本书并非脱离实际的空谈，而是有着一定的实践基础。也可以说，本书是在实践经验基础上的初步成果总结和理论升华。尽管针对性的研究时间较短，但却有着长期的学习指导以及教育实验的有关经验和支撑，实践基础也是比较扎实的。

最后，本书初步构建了创新学习的理论体系和操作体系。从创新学习的基本概念、创新学习的心理、创新学习方法等理论内容，到创新学习运筹、创新学习指导、创新学习教师等操作体系，涵盖了较广泛的内容，形成了系统结构，为今后进一步完善提供了一个框架。

（张笛梅教授系中国高等教育学会学术委员会秘书长、中国高教学会副秘书长、享受国务院津贴专家）

6. 创新学习：教改科研的新选择

（辽宁省盘锦市教育局局长　魏书生）

春节刚过，收到重庆市教科所龚老师给我的书，书名很新颖，同时看到《人民教育》2000年第三期上刊登的《创新学习：21世纪的学习观——重庆启动“创新学习研究与实验”》一文，很高兴！1998年元旦我在重庆讲课，当时，龚老师和我谈论了很多有关“创新学习”的话题，我当时觉得这一研究很有新意，也谈了一些自己的观点。过了两年，看到这一著述，真是可喜可贺。

江泽民同志在全国第三次教育工作会议上说：“教育是知识创新、传播和应用的主要基地，也是培育创新精神和创新人才的重要摇篮。无论是在培养高素质的劳动者和专业人才方面，还是在提高创新能力，提供知识、技术创新成果方面，教育都具有独特的重要意义。”江泽民同志这一指示，指明了教育改革的方向，同时也对教育提出了严峻的挑战。1986年，我刚担任盘锦实验中学的校长，就确立了“真诚、善良、创新”的校风，并给老师和学生反复讲一句话：“一件事有一百种做法，不是自古华山一条路。”因此在教学中，我提出了“定向、自学、讨论、答疑、自测、自结”六步课堂教学模式，并引导学生“画语文知识树”，让学生常作“一题多作”的练习，训练学生的发散思维。不仅如此，我还在每天下午安排一节选修课或活动课，请学生或者讨论时事，或者接触社会，或者尽情地画、尽情地玩，或者介绍国内外科技动态，或者举行报告文学欣赏……把学生引向广阔的创新天地。同时也给自己确立了一个教育目标：把每一个学生都培养“成为以自己的创造为人民服务而感到幸福的人”。

十多年前，我曾说，单纯追求升学率的倾向极大地妨碍了创造教育的实施和创造性人才的培养。今天再看到《创新学习论》，它不仅有较为完整的理论体系，也有较为实用的操作体系，对广大教师树立全新学习的教育观、人才观、质量观会起到良好的作用。书中的创新学习方法、创新学习指导、创新学习课堂教学模式，等等，对培养学生的创新精神和实践能力是大有裨益的。

（魏书生老师系国家级中青年教育专家、全国首届十杰青年、全国中学学习科学研究会会长、全国著名特级教师、全国劳动模范）

7.《创新学习论》序

（上海市教育科学研究院副院长、华东师范大学博士生导师　顾泠沅教授）

学习是一种快乐，创新是一种享受。创新已成为当今世界关注的焦点。

江泽民同志指出：“创新是一个民族进步的灵魂，是一个国家兴旺发达的不竭动力。”在新的世纪刚刚到来的时候，面对着迎面而至的知识经济时代，面对着创新能力在社会竞争中的决定性作用，越来越多人在回顾20世纪的教育，深入地思考我们这个时代的特征，并以此为出发点，思考着新世纪的教育任务……正因为如此，年轻的学者龚春燕先生经过几年的研究，本着首创的精神，著述了这部《创新学习论》。

创新教育，是大家熟知的字眼，全国也有一些地方在进行实验，而创新学习这一词，了解的人可能不多。什么是创新学习？创新学习的特征、创新学习的心理又是怎样的？它与创造教育、创新教育在内涵、外延上有什么关系？等等，该书作者都进行了详细论述，并初步构建了“创新学习”的理论体系。

龚春燕同志不仅在理论上进行研究，而且还组织了重庆26个区县（市）近10万学生参加的课题实验，通过点面研究法，先将形成的理论或创新学习模式在实验点校试用，并深入基层学校听课，和老师、学生座谈，逐渐完善，然后再在更大范围推广，这是一种求真务实的科学研究。从实践中来，再到实践中去，多次反复，螺旋上升。龚春燕同志曾应邀到哈尔滨、西安、天津、昆明等十几个省（市）作创新学习论的学术报告，都很受欢迎，这些地方都自觉自愿地加以推广。

改革开放后的全国第三次教育工作会议的决议把培养中小学生的创新精神和实践能力作为重点，它指明了广大教师教学改革的方向。该书充分阐述了教师在培养学生创新精神与实践能力中所起的楷模作用、园丁作用，只有当教师具有创新性，并呵护着学生的好奇心与好问、求异心态，才可能培养出具有创新能力的新人。

研究的目的在于推广，因此，作者在创新学习的方法、创新学习的运筹、创新学习的实践三部分中浓着笔墨，既有理论也有实践操作方法，给创新学习研究的推广提供了良好的条件。

1994年我与龚春燕同志相识，他给我的印象是为人诚实，学习刻苦，聪明能干，总有自己新的想法与观点，在短短五六年中，他已结出了累累硕果。在国人刚刚谈论知识经济时，他构思了“创新学习”，尽管还有诸多不完善的地方，但能较早提出并构建其体系，已属难能可贵，祝愿他在今后的研究中取得更可喜的成绩。

（顾泠沅教授系全国著名特级教师、全国先进教育工作者、全国五一劳动奖章获得者、国务院津贴专家）

8. 敢为人先的开拓者

（全国学习科学研究会副会长　董国华教授）

当历史的年轮流转到2004年，年届不惑的重庆市教育科学研究院的特级教师龚春燕先生，在教育科学研究的领域已耕耘了二十载，取得了不凡的成果。当他谈到自己的成长和成就的时候，始终用这样一句话来描绘自己："没有花香，没有树高，我是一棵朴实无华的小草。"事实上，这株朴实无华的小草，已不再是"没有树高"，而是变为冲向蓝天的白杨，也不再是"没有花香"，而是香飘四海，硕果累累了。在当今的中国教育领域中一个使用频率较高的概念就是"创新学习"，而一提起创新学习，自然就会和龚春燕先生联系在一起了。龚春燕先生是国内教育界最早倡导创新学习并付诸实践的开拓者，让我们沿着龚春燕先生的教育教学轨迹追寻一下他成长和成功的历程。

破土而出的小草

回首当年，龚春燕先生还真是一棵朴实无华的小草，论身材较瘦小，论相貌不堂堂，论穿着透着土气。可在他的眼神里却闪动着一种睿智的光芒，似乎能把一切看穿、看透、看真。龚先生在教科院最初主要从事信息情报工作。通过接触国内外大量信息，他感到我国基础教育存在的最大问题是学得苦、学得累、学得厌烦。由此他便萌生了一个想法：能否找到一条途径，让学生学得快乐、学得轻松、学得兴趣盎然呢？

于是他一方面开始做调查，另一方面进行深入研究，想探索一条快乐学习的途径，以期既减轻学生学习负担，又提高教学质量。他想，古人说"书山有路勤为径，学海无涯苦作舟"，主要的是"勤"和"苦"二字，勤与法相比法更重要，苦与乐相比乐更重要，这句古训能否改成"书山有路法为径，学海无涯乐作舟"，这不更符合实际吗？也就在这个时候，全国教育科学规划"八五"重点课题下达了。由北京师范大学党委书记、博士生导师、中国学习科学学会会长周之良教授主持申报的一项课题《学生学习现状调查与学习指导研究》也获批准。龚春燕先生立即申报了重庆地区的中小学生学情调查提纲，并提出了开展学习指导的实际方案，然后在全地区合理布局，开导学情调查与学习指导。

1993年3月由著名教育改革家魏书生先生任理事长的"全国中学学习科学研究会第三届学术年会"在广东省汕头市举行。这次会议是一次准备充分规模盛大的学术会议，汕头市政府高度重视、大力支持，来自全国25个省（市、自治区）的代表，在这里开展了广泛的交流。龚春燕像一个饥饿的孩子，会前、会后、会上、会下，他都忙着拜师访友，虚心求教。会议结束后，他的一个厚厚的笔记本上已记满了各地开展学情调查与学习指导的宝贵经验，并与全国中学学习科学研究会理事长魏书生、常务副理事长董国华两位专家约定去重庆讲学。

1994年暑期，由重庆教育教科所主办、龚春燕同志策划的“重庆市教学改革与学习指导报告会”如期举行，与会者达1000多人，这在重庆是首次，而且引起的反响十分强烈。与会者一致反映“这是重庆地区教育改革的一场及时雨”，由此，重庆地区便掀起了以学法指导促教法改革的高潮，龚春燕先生穿梭于各实验区和学校，长期深入，悉心指导，开展研究，与教师们共同设计学案，改革教案，听课、评课、座谈、讨论，深入实践地探索，把一线教师的鲜活经验作为基础，总结升华，深化提高，概括有普遍价值的规律。

1985年8月，“学习现状调查与学习指导研究”总课题在北京师范大学霍英东学术会堂召开“八五”课题结题大会，重庆市的子课题成果荣获一等科研成果奖。会上除龚春燕先生代表重庆地区子课题作了研究报告外，实验学校如南川实验小学、四十二中、五十三中的代表也在分组会上作了交流。会后10多个省市的30多个研究所或研究室组团到重庆参观、学习、听课。

由此，龚先生这棵教育科研园地的小草就破土而出了。这一时期龚先生的代表作有《快乐的学习》和《快乐的教学》。

冲向蓝天的白杨

沿着既定的研究方向，龚先生这棵破土而出的小草，以其顽强的“破”的精神，像一棵冲向蓝天的白杨，不断攀升更高的学术境界。继“八五”国家重点科研课题《学生学习现状调查与学习指导研究》取得重大突破之后，又在“九五”期间主持了重庆地区《义务教育阶段学生学会学习研究的子课题》《创新学习研究与实验》。如果说“八五”课题研究的目的是使学生在学习过程中“乐而有法”、解决学生轻松“学会”的问题，那么“九五”课题的研究，要解决的问题就是使学生在学会的基础上“会学”，显然这是更深一层的研究目标。但是龚先生认为“学会”也好，“会学”也好，两者要解决的问题都是如何更有效地接受和继承人类已有的知识成果。毛泽东同志曾精辟地指出：“人类总是不断发展的，自然界也是如此，永远不会停止在一个水平上。因此，人类总得不断地总结经验，有所发现，有所发明，有所创造，有所前进。”人类的发展就是在人类不断的创造中实现的，人类社会进步史和科学技术发展史表明，任何进步和发展都离不开发现和创造。因此，学习最重要的是发现和创造。只有能够发现和创造，才能推动社会进步和科技发展。

基于这样的认识，他开始调整研究的思路，在翻阅中外大量资料的过程中，他读到了国际著名的学术团体罗马俱乐部成员撰写的一份报告《学无止境》。该报告认为：传统的学习是维持性学习，学习者从中获取的只是固定不变的见解、观点、方法和规则，目的是应付已知的、重复发生的情况，增强学习者解决既定问题的能力，从而达到维持现在社会制度和现在生活方式的目的。而创新性学习是一种能带来变化、更新、重组和重新提出问题的学习形式，能使个人和社会在创新变革中具有应付能力和对突变提前做好准备，是解决个人和社会问题的重要手段。《学无止境》的报告给了他重要启示，使他逐渐明晰了“创新学习”的研究方向，并设计了实验方案，组织实验研究。同时进一步对这一课题加以论证，以回答某些同行提出的质疑和问难。这些质疑和问难，既有理论上的又有实践上的。诸如：接受性学习尚未很好解决，还想什么“创新”学习？什么是创新学习，怎样在实践中操作？创新和创造又是什么关系？中小学生能够创新吗？

这些质疑和问难并没有使龚先生却步，他把这看做是给他提供的研究课题，推动他进一步深入探索。正在他困惑和求索的1998年，江泽民同志发表了一系列关于“创新”的论述，江泽民在中国科学院第九次院士大会和中国工程院第四次院士大会讲话时指出：“迎接未来科学技术的挑战，最重要的是坚持创新，勇于创新。我说过创新是一个民族进步的灵魂，是一个国家兴旺发达的不竭动力。今天我还要说，科技创新已越来越成为当今社会生产力解放的重要基础和标志。”江泽民同志关于创新的深刻论述不仅增强了他研究创新学习的信心，也鼓舞了他的勇气。从此他一发而不可收拾地沉浸在创新学习的研究之中。龚春燕先生是国内第一个倡导“创新学习”的青年学者。当有些电台、电视台、报纸的记者采访他时，几乎都提出过一个共同的问题：“你怎么想到提出‘创新学习’这一教育理念？”他也采用同样的话来回答：“这既有必然性，也有偶然性。说其必然，是因为我一直在学习科学这一领域研究，十几年来，从‘八五’到

'九五'都承担全国的学习科学研究课题，其间作过大量的调查，阅读了上千万字的著作，分析过数万个学习个案，统计处理了无数的数据，得到一个结论：要提高学习的效果与效率，必须从理论和实践上研究学习的动力，而创新是学习的重要动力源泉。而在今天，要创建学习化社会，实现快乐学习的目标，创新学习显得尤为重要。说其偶然，是创新学习的提出恰好与时代发展相吻合。江泽民同志于1998年5月以后多次提出创新，由此社会上各行业都把创新作为部门工作的指导思想。创新学习也受到国家教育部、中共重庆市委、重庆市人大、重庆市政府、重庆市政协及中央及各省市媒体的关注。"创新学习揭开了教育改革的新篇章，它冲破了传统的重教轻学的樊笼，把学习的主动权归还给学生，而且鼓励学生在学习中不拘泥书本，不迷信权威，不依循常规，要大胆探索，独立思考，敢于质疑问难，推陈出新。这一符合现代教育改革要求，符合学习规律的主张受到关注是必然的。

《人民教育》编辑部副总编辑翟福英一行三人到重庆经过为期一周的考察之后，在2000年第3期《人民教育》上以赫然醒目的标题《创新学习：21世纪的学习观》，刊发了介绍重庆开展创新学习研究与实验的长文和龚春燕同志的研究情况，同期还刊发了一则"启事"，支持重庆为宣传与推广创新学习而举办大型学术报告与研讨活动。5月，全国创新学习学术报告暨研讨会如期召开，来自全国28个省、市、自治区的代表，达5000余人。原教育部部长助理、基础教育司李连宁司长和《人民教育》傅国亮总编辑莅临大会并作报告。李连宁司长在报告中指出："创新学习研究意义重大，是推进素质教育的切入点。"傅国亮总编强调："创新学习是全国教育领域内改革的一面旗帜。在理论上解决了教育创新的途径，在实践上回答了如何培养学生的创新精神和实践能力。"同时，他对倡导创新学习的龚春燕先生给予极高评价："春燕同志是有思想也很勤奋的年轻人，在治学上，他能融传统与现代、感性与理性、科学与艺术为一炉。创新学习是对人的本质潜能充分开发的研究成果。"

为了推进创新学习的研究与实验，2000年第8期的《人民教育》集中篇幅刊登了重庆市创新学习实验的理论探索与实践经验的配套文章共7万余字。《人民教育》从2001年第1期到2002年第12期用两年时间开辟专栏，发表全国各地创新学习研究成果。2001年5月创新学习研究的阶段成果通过了以北京师范大学原党委书记、博士生导师、著名教育家周之良教授为组长，西南师范大学校长、博士生导师宋乃庆教授为副组长，全国教育科学规划办公室副主任金宝成研究员，华东师范大学教科院副院长、博士生导师熊川武教授，西南师范大学教科所所长、博士生导师张大均教授，中国高等教育学会副秘书长、学术委员会秘书长张笛梅教授，中国学习科学学会副会长董国华教授，重庆师范大学副校长黄翔教授，重庆市教科院院长万明春教授等九位知名专家为成员的专家鉴定组的鉴定。评价意见中说："重庆市创新学习研究，起步早，规模大，成果丰，已在全国产生了广泛影响。""创新学习主研人员勇于探索的精神和勇气应予充分肯定。""十五"期间，这一课题不仅立项为全国教育科学的十五课题，而且成为联合国教科文组织的研究项目。目前，全国从幼儿园到大学，已有近千所学校参与该课题研究，形成了我国教育科研史上前所未有的庞大的子课题群。从此，龚春燕先生主持的创新学习研究与实验这一课题，就像冲向蓝天的白杨，挺立在教育科研领域，令众人瞩目。

结满枝头的硕果

从学习指导这棵破土而出的小草，到创新学习这棵冲向蓝天的白杨，龚先生以其勤奋、执著、勇于探索的精神取得了一项又一项研究成果，可谓繁花满树果满枝。综观龚春燕先生的全部著述累计达500万余字，浩瀚的著述中贯串着一条鲜明的主线，那就是所有的著述基本上都围绕着学习科学这一领域而展开，无论是专著还是论文，无论是理论研究还是实践探索，无论是面向教师还是面向学生，都是讨论有效学习这一主题，而这一主题也正是课题研究的内容。

作为主研究人员，十多年来，他先后承担全国教育科学"八五"重点课题《学生学习现状调查与学习指导研究》，"九五"重点课题《义务教育阶段学生学会学习研究》，"九五"青年课题《学生学习负担量调查和软件设计》，四川省重点课题《学生学习现状研究》，重庆市科委课题《学生学习质量监测系统研究》，重庆市教委重点课题《学生学习矫正及分类指导研究》，重庆市教委重点课题《创新学习理论与实践研究》，重庆市科委重点课题《大中小学生与教师创新现状及对策研究》，重庆市哲学社会科学重点课题《深化创新学习，打造创新重庆战略研究》，全国教育科学规划"十五"及联合国教科文组织研究项目

《创新学习研究与实验》。上述课题从总体上包括学习的现状研究、指导研究、创新研究三大层面的研究，其中明显地体现出研究内容的深化、研究水平的提升和研究方向的前沿化。总计著作28种，由红旗出版社、科学技术出版社、国际文化出版公司等十家出版社出版，论文50余篇，由26家杂志社发表。作为龚先生学习科学研究的主干，除《创新学习论》这一奠基性专著外，并由此生发出《创新学习：21世纪的学习观》、《创新教学：21世纪的教学观》、《创新学习：学习方式的革命》、《创新学习：新课程下的学习观》等系列专著。除了专著外，龚先生并就创新学习研究的若干具体问题撰写序列相关论文，如《创新学习的关键：学会提问》、《创新学习的有效途径：小课题研究》、《创新学习的研究模式》、《创新学习的方法》、《创新学习与校外环境》、《终身学习的关键：学会创新》、《创新学习评价研究》等，并在境内外学术刊物上正式发表。

围绕着创新学习的研究，龚先生还对在国内影响深远的在改革中创新的教学流派的代表人物作了深入研究，出版了《魏书生与五步教学法》、《魏书生的教育教学艺术》、《顾冷沅与青浦实验》等著作。在对学生的学习指导方面，他先后出版了《小学生学习ABC》、《初中生学习指导》、《高中生学习指导》、《小学生创新学习指导》、《初中生创新学习指导》、《高中生创新学习指导》、《学生学习600法》，以及近三年实验学校广泛使用的《创新学习》系列教材（小学到高中各年级共13种）等，此外他还对“目标教学理论”、“掌握学习理论”等与学习科学相关的理论也进行了重点研究，吸取其理论的精髓。

学习创新的理论与实践研究的同时，为指导参与实践的中小学教师有效地开展研究，龚先生还主编了《中小学教育科研方法》，以提高中小学教师的研究能力，提高其研究的科学性，更有尝试地总结和概括其实验成果。龚先生的此项实验研究课题兼顾了管、教、学三个层面，都能给予扎实有效的指导，既有理论上的，又有操作上的。

为了推动创新学习的研究，龚先生创办了《创新学习》杂志双月刊。在重庆市政府和教委的支持下，还建立了创新学习网站，聘请美国、英国、新加坡、港台和内地知名创新专家组建了创新学习专家指导委员会，选编、介绍并出版创新学习最新研究成果，为创新学习研究与实践的专业工作者和一线教师搭建展示创造性平台。已出版的境内文集有《创新学习理论与实践》、《小学课堂教学模式研究》、《中学课堂教学模式研究》、《基于新时代的现代化学习》、《学习与创新》、《创新学习求索》、《创新学习实践探索》等。龚先生之所以能在不太长的工作时间内取得如此令人惊叹的成果，主要在于龚先生的勤、思、创的治学风格。

首先，是勤于学习。与一般中青年相比，龚先生唯一的爱好是读书。他勤于读书，学习古今中外的名家名著，取其精华，为我所用。翻开龚先生的《创新学习论》一书，会发现其书后所列主要参考文献竟达80种之多，可见其广搜博采之功，没有这样深厚的文化与专业底蕴是很难开展研究的。

其次，是善于思索。龚先生的著述都是针对当今教育改革与发展的重大问题有感而发的。从中国教育改革与发展的实际出发，他以其透彻的洞察力和深邃的思考为基点，统揽全局，抓住改革与发展的制约性问题加以研究。这些年，他思考最多的两大问题就是教与学以及接受学习与创新学习的问题。而这正是教育的两大根本规律性问题。无论是立足于教学的内部关系，还是牵涉到教学与时代的外部关系，就前者说，以人生为主、以学为本，都是矛盾的主要方面。就后者而言，以发展为主、以创新为本，也是矛盾的主要方面。教学的改革与发展，只有抓住主要矛盾和矛盾的主要方面，才能顺利切入和有重大突破，龚先生正是这样思考并付诸实践的。

再次，是勇于创新。学习引发思考，思考引发创新，这是治学规律。仅有思考所得的结论，而没有付诸行动的大胆创新，那种思考再深也只是停留在认识层面上。龚先生的特点是想到哪里就做到哪里。无论是接受性的学习指导，还是创新学习指导，龚先生都是以课题为依托，从现状调查入手，组织大规模的实验研究，在实验研究的基础上，总结实践经验，概括其规律，升华为理论。再以其所得理论进行推广性实验研究。调查—实验—推广，是龚先生致力创新的基本模式。他把创新建立在坚实的实践基础上，而不是建立在单纯的理论推演上，因而就容易在教学实践中生根，并使理论之源永不枯竭。可见，治学目标决定着研究的成果。

流香溢彩天地间

是花，就要飘香，就要放射光彩。创新学习就像教育科研园地的一朵绽放的奇葩，正流香溢彩于天地之间。

由于创新学习研究取得了丰硕成果，加之国内以《人民教育》为先导的众多媒体的多次连续报道，此项研究与实验得到了全国广大教育工作者的响应，树起了创新学习的"品牌"，促使重庆教育走向了全国，在全国产生了积极的影响。龚春燕先生和实验学校先后接待了来自北京、天津、江苏、四川、黑龙江、辽宁、吉林、内蒙、湖北、河北、陕西、山东、新疆等22个省、市、自治区的100余个考察学习团。他们在实地考察后，深有感触地说："创新学习研究意义重大，创新学习是推进素质教育的重要举措，创新学习具有可操作性，创新学习已成为当前全国教育改革的一面旗帜。"广西贵港市政府一位领导说："重庆创新学习研究，进入了全国教育科研的先进行列，为我们西部教育崛起树立了典型。"北京东城区分两次组织全中心教研人员47人来重庆考察创新学习，教育专家、东城区教科研中心孟主任说："重庆创新学习名不虚传，我们回去以后，认真学习，有计划地推广创新学习研究成果。"他们还亲自到四所实验学校听课，与教师座谈。孟主任意味深长地说："重庆的创新学习实验是真抓实干，你们的成绩是干出来的。"在工作和接待考察的间隙，龚先生还应邀到各地作学术报告。他先后应31个省、市、自治区的邀请，为当地作创新学习学术报告300余场，直接培训教师超过30万人次，受到与会者的普遍欢迎，对推动教育改革产生了积极的影响。

创新学习的研究成果被香港、台湾、新加坡、美国等众多刊物广泛介绍，被中国教育科研网、中国教育信息网积极宣传。龚先生应香港学院、香港教育工作者联会、香港创新教学研究会、台湾师范大学、台湾逢甲大学、台北市教育局、台北市教研中心、美国北美华人教育研究发展协会和美国教育研究会的邀请，多次前往境外讲学，并有多篇论文在当地学术刊物上发表，产生了深远的影响。2002年，《创新学习研究与实验》课题，通过联合国教科文组织的审定，成为联合国教科文组织的研究项目，这在基础教育领域是非常罕见的。2002年5月，在香港召开了"创新学习国际学术研讨会"，香港教育署署长助理潘忠诚、香港立法会教育委员会主席杨耀忠出席会议，并做热情洋溢的发言："创新学习正在改变我们的学习方式，影响时代的发展，我们将用创新学习先进思想对香港老师进行培训，在全港推广。”2002年12月，国家教育部、国务院港澳办、国务院台办在北京人民大会堂召开“华夏园丁创新论坛”，龚先生作为唯一的内地专家，向大会作专题报告。2003年4月和7月，2004年2月，应美国北美华人国际教育协会、澳大利亚墨尔本理工大学教育文化学院、英国伦敦大学教育学院、美国教育研究会的邀请，龚先生参加了“2003国际教育发展大会”、“2004国际教育发展大会”及“全球第九届学习大会”、“全球第十届学习大会”，向大会作“创新学习策略与方法”、“创新学习：学生创新思维培养新途径”、“创新学习研究与发展”、“创新学习评价四边形论”等专题报告，得到几十个国家与会代表的好评。从此，创新学习走向了国际。美国印第安州玻尔大学心理教授、博士生导师、国际著名创造学家K·KUO博士说：“在香港，我听了创新学习报告，有点怀疑，但到了重庆，了解了学校的创新学习情况和听了老师的几节课，才发现了创新学习的魅力所在。这样大规模的创新学习研究真了不起，在美国是不能想象的。”美国NASA科学家、查尔斯顿大学院长、博士生导师、教授HAKKILA博士在研究龚先生的《创新学习论》一书后写道：“龚春燕先生已经对西方教育中影响创造力和想象力培养的有利因素进行了深入研究，并思考了如何将之创造性地融入中国的教育体系中去……寻求新的、有利于中国教育体系和下一代教育的教育方法，龚先生具有极大的勇气和创造性的视角，并有了自己的理论……他以具体的实验向世界宣布了创新学习。”

由于龚先生在创新学习研究领域的突出贡献，重庆市人民政府和全国一些研究机构、大专院校及境内外研究团体给予了他多项荣誉，如特级教师、政协重庆市第二届委员、市政协教科文卫体委员会委员、中国管理科学院终身研究员、中国社会科学研究院研究生授课专家、全国学习科学研究会副会长兼秘书长、香港创新研究会名誉会长、台湾中华创造力研究中心研究员、北美华人国际教育发展研究协会会员等18项。多项成果荣获重庆市人民政府、重庆市教委、中央教育科学研究所、全国学术团体一、二、三等奖，先后荣获“重庆市为三个文明作出突出贡献的先进个人”和“全国学习科学研究先进个人”称号。

“年华未老，青春仍在，回首过去，心潮澎湃，展望未来，豪情满怀”。这是龚春燕先生的自我表白。的确，未来的他有许多路要走；现在的他，有许多事要干。志存高远而又默默耕耘；老老实实而又清心寡欲；扎根于教育科研园地，而不企求追名逐利，这是他的自我价值观。在科研工作中，不断创造新成果，这是他追求的人生目标。他曾以“小草”自喻，祝愿他永远快乐地吟唱《小草之歌》，踏实地走好未来的人生道路。

9. 创新学习，学习科学研究的新领域

（南京师范大学教授、博士生导师　李如密）

随着科学技术的突飞猛进和知识经济的迅速兴起，创新人才的培养显得越来越迫切，创新学习已成为教育科学和学习科学研究的重要课题。最近由红旗出版社出版发行的龚春燕等同志主编的《创新学习论》就是着力探讨这一课题而取得的重要成果。通读全书，发现这本书具有如下几个突出特点：

第一，观点新颖。作者大胆立论，勇于创新，表现出可贵的学术勇气。对于学术界提出不久、尚无定论的创新学习，该书就给予了尝试性界定：“所谓创新学习，指的是学习者在学习已知知识的过程中，不拘泥于书本，不迷信于权威，不依循于常规，而以已知的知识为基础，结合当前的实践，独立思考，大胆探索，积极提出自己的新思想、新观点、新思路、新设计、新意图、新途径，标新立异，别出心裁。”并且进一步强调指出，这里的“新”不仅指新发现，也指新发展。因为不可能每个人都能揭示新的原理，发现新的方法，只要把人们已揭示的原理和发现的方法应用于不同的问题上，就是一种创新学习。该书中的许多观点新颖而实在，对大家从理论上更好地认识创新学习提供了有益的帮助。

第二，可操作性强。该书在实践经验的基础上，为人们进行创新学习提供了许多既有科学依据又具体可行的方法模式。如书中主要根据近年来认知心理学、学习科学、脑科学、生物节律学等实验研究成果，经过归纳总结，给读者推荐介绍了如自我调控创新学习方法、自我暗示创新学习方法、知识分类创新学习方法、问题解决创新学习方法、全脑协同创新学习方法、适应节律创新学习方法等几种收效显著的创新学习的一般方法。

第三，可读性强。该书每章的开头都设计了一段精彩优美、蕴含激情、发人深思的导读文字，有效地增强了这本学术著作的可读性。如该

书第三章“创新学习方法论”的导言是这样写的：“学习是一种快乐，创新是一种享受。”创新，已成为当今世界关注的焦点。创新，不是一蹴而就的，需要学习者有创新的方法，如头脑风暴法、逆向构思法、移植法……也需要创新的技巧，做生活中的有心人——时刻准备迎接新发现，充分联想——走进神话，旧成分新组合——巧思出智慧……在每章导读之后，还精心设计了一页引导读者深入思考的问题，让人耳目一新。这似乎也可以看做是学术著作写作形式的一种创新。

（李如密教授系全国现代教育艺术研究会副会长兼秘书长）

10. 创新学习，香港教改新领域

（香港教育工作者联会会长 杨耀忠）

创新学习理论与实践国际学术研讨会，是创新教学工作者的一次盛会。来自美国、新加坡、澳门、台湾、内地和香港的知名学者和教师共二百多人欢聚一堂，共同探讨创新学习的理论与实践，分享各地在创新学习方面所取得的成果和经验。

香港虽然培养出了崔琦、徐立之等世界级的科学家，但香港的基础教育和高等教育发展仍有相当多不尽如人意的地方。尤其是我们的教育长期以来受应试教育的束缚，严重地影响了学生创造能力的开发和培养。而传媒宣传的焦点往往会放在考十个、九个状元上面，青少年创新活动未成气候、十分薄弱。例如：在一九九七年的一次国际数学及科学测验中，新加坡、南韩、日本及香港儿童的数学成绩分别高居世界第一、二、三、四位，英国在第25位，美国在第28位。然而，在较需要创意思维的科学测验中，新加坡学生的科学测验的成绩仍高居世界排行榜的榜首，而香港学生的成绩却远远落后于新加坡，仅占第24位。据一项调查研究表示，香港青少年对自身创造人格和创造力的评价均不如内地青少年；与内地学生比较，香港学生对有助创造力培养的课外活动的参与程度明显偏低，获奖比例更远不及内地。教联会于2001年11月和内地同时进行的一项中小学生创造性调查问卷结果亦显示，小学生比中学生有较多创造性或创意。这说明我们的教育体制，即升学考试制度束缚了学生创意的发挥，学生学习的经验越多，创意反而越来越少。这是值得我们深思并需要加以改革的。因此，创新学习是香港推进教育创新的重要举措。

香港要在21世纪发展成为一个类似于纽约、伦敦的国际大都会，一定要确保香港的人力资源是高素质和高创意的，香港的产品和服务是高增值和高竞争力的。否则，在激烈的竞争中，香港就要落后于人。因此，强化创新意识，开发创新能力，培养创新人才，应当成为二十一世纪香港教育改革的一曲主旋律。

虽然香港近年来开展了《校本创意思维培训计划》及《创意教学推广计划》，一些学校在教育基金的资助下亦做了一些有益的探索和尝试，但相比发达国家、邻近国家和地区以及中国内地，香港在推动创新学习的广度、深度和力度方面仍有很大的不足，落后于形势的要求，必须奋起直追，花大气力抓好创新学习。

这是一次难得的学习机会。各地的创新学习有不少都走在香港前面，其宝贵经验值得香港教育界学习和借鉴。相信这次研讨会将对香港的教育改革产生良性的推动作用。我希望在教育界和社会各界人士的共同努力下，创新学习可以在香港不断生根、开花并结出丰硕的果实。

（杨耀忠会长系香港议员，香港议会教育委员会主席）

11. 创新学习研究意义重大

（香港教育署助理署长 潘忠诚）

踏入二十一世纪，世界瞬息万变，新科技、新概念不断涌现，知识型的社会已成为世界发展的主流，知识的创造、更新及应用成为个人和社会成功的关键因素。单靠传统智慧已远远不够，我们必须要与时并进，时刻保持警觉，留意身边发生的事情，并经常怀着好奇心，不断探求新的知识。终身学习已是世界教育发展的一大趋势，而创新学习就是我们处于知识日新月异的社会必备的条件。

创新学习的目的在于培养学习者创新的意识和思维。并协助学习者掌握创新的方法及能力。所谓“新”，可以是个人对事物的理解的提升，亦可以是与别人不一样的见解。创新学习着重让学习者在已有的知识基础上，经过新经验的提取、内化、组合和探索，从而建构新的知识和能力，提高自己的素质。这对学生融于知识型社会尤为重要，因为知识的半衰期越来越短，今日学生在学校所学得的知识，未必足以应付将来工作上的需要，所以他必须透过其他学习层面吸取经验，加强自己的共通能力，才能掌握新的知识和技巧。

传统的教育制度深受“考试主导”的影响，比较强调对学生进行知识的传授。在整个学习过程中，学生较被动地接受知识，故未能引发内在学习动机；教师注重知识传授，轻视学生创新能力的培养，学生不是真正学习主体，培养出来的人才只习惯按常规办事，只善于模仿和继承。这样的教育实在不利于培养具独立思考能力、富创意而又能灵活变通的新世纪优秀人才。

创新学习则在注重知识传授的同时，强调应把学生的学习作为主体，注重学习的过程，以培养学生终生学习为目标。创新学习强调教师不只是知识的传播者，而且是教学的组织者、指导者、引导者。创新学习注重学生在教学过程中的反思，并培养他们的自学能力。创新学习的关键是培养学生的创新动机，即主动学习、不断探索、敢于创新、勇于探求学问。除了动机外，学生还需要有创新的能力，尤其是自省能力及研习能力，并作高层次的思考，经过自我反思，建构新知识，从新的角度看事物。

香港特别行政区政府自成立以来，一直以提升教育的素质为施政重点。为确保香港不会在全球化的知识型经济中失去优势，特区政府已将教育列为首要工作，全力改善教育的质量，以保持竞争力，实现香港作为知识型国际大都会的理想。目前，香港的教育改革正进行得如火如荼，教育的目标不再是传统灌输知识，更重要的是培养学生自学的兴趣和能力，让他们“学会学习”。而教育改革的最终目的，正是要培养学生重分析、会思考、能自学、肯承担、敢创新，即“乐于学习，善于沟通，勇于承担，敢于创新”。

学习的方向和理论确立后，实践才是真正的考验。我们推行的课程改革，就是以“学会学习”为中心，强调学生应掌握九种共通能力，即协作能力、沟通能力、创造力、批判性思考能力、应用资讯科技能力、运算能力、解决问题能力、自我管理能力和研习能力。我们推行四个关键项目，即德育及公民教育、从阅读中学习、专题研习及资讯科技的应用。

我们更致力于推动“全方位学习”，营造开放型学习环境，开拓更广阔的学习空间，引入多元化的学习模式、课程内容及评估方法。因此，学习并不局限于课堂，我们鼓励学校为学生提供建构知识的环境，以及更多“跑出课堂”的学习机会以支持全方位学习，将社会资源引进学校，通过举办各类型的活动，例如探访及社区服务，以扩展学生的学习经历，使学生视学习为一种乐趣及享受。学生通过亲身的体验，发展自己的认识能力，使自己能更有效地吸收、处理及创造知识。

要达到创新学习的目标，教育功能需要重新定位，即由“学知识”的教育向“学会学习”的教育的转变。因此，创新学习不仅是教育制度上的改变、教学方法上的改革，或教学内容上的增减，更是教学价值观的改变。创新学习能否成功实践，关键就在于教育工作者能否抱着开放的态度，是否愿意打破前人固有的思想框框，改变过于偏重知识传授的教学模式，从而注重培养学生的创新思维。

创新学习意义重大。我很高兴这个研讨会有来自不同地方的学者和教育工作者在“创新学习”这个主题上和我们分享研究和实践的经验和成果。我深切希望各位珍惜这次研讨会宝贵的机会，吸取其他地方在创新学习中的研究结果及实践经验，集思广益，让我们协助学生发挥潜能，鼓励他们敢于创新，实现终身学习和全人教育的目标。

12. 创新学习影响巨大

（台北实践大学创造与思考研究所所长、教授　陈龙安博士）

社会的变迁日新月异，我们不能用过去所学的，教现在的孩子去适应未来的生活。这也就是为什么“创新学习”成为当今世界各国教育改革的趋势的最大理由。

二十几年来，我一直致力于创造力的研究与教学，我在自己写的《创造思考教学的理论与实际》一书的自序中写道：“一个人的生命有限，知识是浩瀚无涯！如果能穷毕生之力量，专注于某一个领域，资料搜集得比别人多，看的、想的比别人多，研究也比别人深入，而又有自己一套的人，就会成为这方面的专家。”2001年10月，龚春燕老师给我寄来了《创新学习论》及他近期发表的一系列论文、课题研究的成果和学生使用的创新学习实验教材，拜读后深受感动。龚老师就是在这一个领域研究颇深、成果甚丰的学者。他所研究的课题是一项意义重大、很有前瞻性的项目，也是教育改革的重要指标。在这方面，如我开篇所说，多年在一个领域研究，就成了这方面的专家。今天再细读龚老师的近作《创新学习：学习方式的革命》，总结出它有如下特点：

第一，观点新颖。创新学习是一个新的学习理念，作者认为是学习者学习方式的革命，我很赞同。纵观全书，观点新颖，如“创新学习指的是学习者在学习过程中，不拘泥于书本，不迷信于权威，不依循于常规，而是用已有的知识为基础，结合当前的实践，独立思考，大胆探索，别出心裁，积极提出自己的新思想、新观点、新思路、新设计、新意图、新途径、新方法、新点子……的学习活动。”“教师传道授业解惑是一个方面，但更重要的是教师是学生学习活动的组织者、引导者。”“学习要从学会到会学再到创新学。”“创新学习是学会学习的目的。”“教为主导、学为主体、疑为主轴、动为主线的‘四为主’教学原则。”……书中处处是闪光点，处处是作者新奇的观点。

第二，体系完整。全书共有十二个专题，从创新学习的内涵、创新学习的特征、创新学习的理论基础、创新学习相关因素、创新学习的原则，到创新学习的方法、创新学习的思维、创新学习的策略、创新学习的问题、创新学习的途径，再到创新学习的课堂、创新学习的环境，环环相扣，逻辑严密，构建起了较为完整的创新学习理论与操作体系。

第三，策略具体。创新学习，既是一种全新的学习观，同时它又存在着一些具体的方法与策略。作者构思的自主学习法、问题学习法、开放学习法、案例学习法、课题学习法及获取与联想策略、逆反与编码策略、搜集与重组策略等，操作性强，使创新学习在内地22个省、市的近1000所实验学校得到验证。

第四，影响巨大。从龚老师的资料和一些内地学术刊物显示，创新学习已居内地众多省、市实验研究四年多，中国国家教育部机关刊物《人民教育》进行13次计10万字的报道，中国教育电视台、中国教育报、中国教育信息网及各省市媒体报道了100余次，已有22个省、市、自治区的100多个教育考察团到重庆实地察看，同时香港教育界也在积极地参与研究。龚春燕老师还应邀在内地、香港和台湾作学术报告200余场次，听众30万人次之多。最近该项研究被列入联合国教科文组织研究课题，他的研究成果更会向国际化迈进。

目前启发学生创造力的教育已成为世界各国教育发展的趋势，我所创立的台北市师范学院创造思考教育中心和龚春燕老师创立的重庆市（全国）创新学习研究，应该说有很多相同的研究领域，我们正在积极地整合，为两岸教育尤其是创新学习的发展作贡献。

（陈龙安教授系中华创造学研究会理事长、国际知名创造学专家，

在全球各地作创造学学术报告一千多场）

13. 创新教学的蓝图

——龚春燕著《创新学习：学习方式的革命》评价

（新加坡南洋理工大学高级院士、国立教育学院教授　苏启祯博士）

龚春燕老师的新著《创新学习：学习方式的革命》使我叹羡不已。龚春燕先生的《创新学习：学习方式的革命》是我多年以来所读的有关创意的群书当中，最引人深思的一部。

该书的写述，秉承了中国教育学家的传统，讲求体系的建立，注重理论的推演，在必要处援引适当的实例佐证。虽然这本书的涵盖面巨大无比，但它的思路网络和课题发挥，都能引导读者跟随作者一同探究，毫无在浩瀚大海中迷失方向的感觉。

该书先从创新学习的界定着手，带出创新学习的特征，进而充实以创新学习的哲学、教育学、心理学与脑科学的基础，以及各种与创新学习相关的因素，然后推演出创新学习的原则。这是非常富有逻辑性也非常科学化的动作方式，能帮读者对创新学习的理论根据作全方位的认识。

龚先生给创新学习所作的界定是，在学习过程中，不拘泥于书本，不迷信于权威，不依循于常规，而以自己已有的知识为基础，结合当前的实践，独立思考，大胆探索，标新立异，别出心裁，积极提出自己的新思想、新观点、新思路、新设计、新意图、新途径、新方法……的学习活动。

以这个定义作起点，龚春燕先生对创新学习和创新教学之间的关系，作了很清楚的区别。他认为创意教学应该容入创新教学，成为后者的手段。这种看法和西方学者认为创新的较低层次是创意的看法，恰恰相反。

但是，龚先生强调自主学习、问题学习、开放学习和案例学习、课题学习。点出了未来学生的终生学习的需要和途径，并认为教育的最高目标在于培养创新人才。这个建议在目前的传统教育体系中可能一时还不能被全面认可进而付诸实践，但这却最符合知识型社会的需求。

该书前五章着重理论的探讨、分析和推衍，后七章则以实践为主。创新学习的四个原则（动机性、差异性、开放性和实践性）被演化为方法与策略。

《创新学习的方法》（第 6 章）介绍了自主、问题、开放、案例和课题五种学习方法。其中案例法是目前在管理学中非常通行的，而课题法则在中小学普遍使用。例如，新加坡中小学生每年都要完成至少一项专题作业，即课题作业。而专题作业也是升入大学的必备条件之一。龚先生在这一章里，列举重庆市一些中小学生的作品为例，将理论和现实结合，读来有真实感。这些实例不但生动有趣，更重要的是，它们是如何将理论转化为实践的有效导引。

《创新学习的思维》（第 7 章）介绍了批判思考、发散思考和聚合思考的步骤与过程。在研究的文献中，一般将批判思考和创意思考（包括发散思考和聚合思考）当做两个独立课题处理。

《创新学习与问题》（第 9 章）和《创新学习的环境》（第12章）互相呼应，从个人（学生）和环境（课堂与学校）的立场，探讨有利于创新学习所必需的主观和客观条件，对教师和学校行政人员多有启示。《创新学习的途径》（第10章）先举出美国小课题实验的例子，再以中国本土例子作探讨，兼顾科学与文化。这应当是一般教师最欢迎的部分，因为它们给教师介绍了实际的具体范例，让有意尝试创新教学的教师可以从模仿渐进，达到教师自己的创新。

课堂气氛和课堂管理是教学的两个重要的相关课题，而这在创新教学中更是不可忽视的，因为创新学习是“不拘泥于书本，不迷信于权威，不依循于常规”（如上所引龚教授的定义）的学习方式，这很容易被看做是离经背道，不守章法，这可能是一般传统教师和学校行政人员所不能容忍或不愿接受的。《创新学习的课堂》（第11章）提出开放的和有心理安全的课堂，以及对学生提出的问题和他们的情感的对策，能帮教师和行政人员调整对课堂秩序的态度，从而提供创新学习所需要的课堂和学校气氛。

总的来说，龚春燕教授的《创新学习：学习方式的革命》，从理论开始到原则的定立，再将原则转化为实践并充实以实际经验例证，逐步推衍，是一部思路缜密、写述严谨的难得好书。它既能引发创新（创意）学者的深思，又能开导有意创新教学的教师，充实他们的认识和增强他们的信心。假以时日，该部书对创新教学的发展会有显著的贡献。它具有逻辑性和系统化，说它可以作为创新教学今后发展的蓝图，并不是言过其实。

14. 创新学习，国际瞩目

（英国纽卡斯尔大学国际中心教育主任、教授 Soerbot博士）

2002年7月在北京举行的“全球第九届学习大会”上，我认识了龚春燕。会议期间，我们多次讨论。听了龚先生的报告后，我发现我们在培养年轻人的终身学习及创造性的重要性方面有很多共同的想法与观点。

“创新学习研究与实验”这个由联合国教科文组织设立的令人激动的课题，在今天这个教改的时代具有重要的意义。国际教育者们已把重心放在了如何使学校和课堂更具有吸纳性、包容性和创造性方面，他们把重心放在教师通过什么方式帮助学生发展学习能力，从而使学生成为学习中更积极的合作与创新者。最近对思维分类学的研究，增加了我们对发展学生技能、对学习类型的理解以及学习需要的重要性的理解。为了达到这一点，对于教材来讲，一个重要的角色就是要发展学生的元认知，即思考自己的思考过程。培养学生元认知，对于促进学生成为独立的、自律的学习者这一目标非常重要。自律的学生能适应新的挑战环境，并对科技快速发展的二十一世纪作出敏捷的反应，他们能在自己的领域中，灵活应用并有创造性；他们能积极地、充满渴望地面对学习的机会，并能认识自己的学习，帮助和锻炼自己达到目标。

创新学习课题的开展，将会改进教师的教学，提高教学能力，培养学生的创新性，从而对中国的素质教育作出贡献。

15. 网上评述

读《龚春燕与创新学习》有感

书犹药也，善读可以医愚。因而，我利用闲暇之时品读了《龚春燕与创新学习》这本书。通过细细品味，我懂得了不少知识，受益匪浅。现在就自己的一点体会谈出来与大家一同分享。

第一，他不怕吃苦， 勤于思考。龚老师为了在数学教学中大胆尝试培养学生自学能力的做法，在没有结果之前，各种意见都有，其中不乏尖锐的批评与责难。但他顶住各种压力，坚持三年，取得了良好的改革效果。他根据自己的研究特色和基础，选择了“学习学”这门学科作为研究内容。他从外因教学入手，研究兴趣教学，探讨用怎样的方式促使学生有兴趣地学习。他把过去写的教学反思、教育案例、教育随笔、教改实验研究数据、报告全翻出来，并查阅研究文献，整理出兴趣教学的原则与方法并在教学中实施，不断总结归纳，写出了论文《兴趣学习的思考》。他也是一个善于思考的人。他最爱在读书中做“对比归纳”。经常分析老师讲课的特点，把书本知识做归纳整理，总结出“见物思理，思理想物”的方法。龚老师的确是一个不怕吃苦、善于思考、善于总结的人，我一定要以他为榜样，不断总结、不断改进自己的教学方法，积极投身于课堂教学教改之中。

第二，他爱生如子，倾注无数心血。他坚持对学生坦诚相待，学生和他亲密无间。学生病了，他掏钱陪孩子看病；学生家中亲人去世，他组织班上同学一起去祭奠；有个学生因不小心腿骨折不能来校上课，他就每天到学生家为这名学生补课；他还和喜欢书法的学生练习书法，和喜欢音乐的学生一起弹琴、听音乐；同学们比赛他就自任拉拉队；个别男生有较严重的不良习惯，他就让这些同学搬到他的寝室和他同吃同住，以帮助他们改变不良习惯，通过言传身教，晓之以理，动之以情，一段时间之后，这些男生身上的坏习惯就慢慢改掉了。在以后的教育教学工作中我也要把这种爱心洒向每一颗心灵的幼苗，让孩子们健康茁壮地成长起来；我要有一颗慈母般的心，时刻关爱他们；我要做他们的良师益友，创建一个自信、快乐、乐观、向上、文明、守纪的班集体。

龚老师一生不断地读书、学习、钻研、探索，令人佩服。我要把书当成知识财富，不断地挖掘品读，让书香伴我成长。

（佚名）

勤奋，让农村娃变成教育家

我读了《龚春燕与创新学习》一书，本书的作者龚春燕是我国教育界的杰出人物。本书既凝聚了他多年的心血，又反映了他的成功实践；既有深刻、先进的教育思想理论，又有丰富多彩的经验总结；既体现了他的智慧和业务上的精益求精，更体现了他对教育事业的全身心投入和对学生的热爱。有人可能认为，像龚春燕、魏书生等教育家，他们是天才，我们怎能和他们相比呢？看过本书后，我觉得他们的确是普普通通的人，只不过他们付出的比常人实在多得多，才成为了名人。龚春燕小学三年级时，语文、数学考试总是不及格。尤其是数学，每次都考很低的分数。有一次数学考试卷上只有27分，但老师却给出了72分，他也不知道老师当时是搞错了还是有意弄错了，但从那一次开始，他就对学习有了兴趣，几次考试之后，他就永别了数学的不及格分数，后来更是喜欢上了数学，高考竟考出了接近满分的好成绩，被录取到涪陵师范学院数学系。他从一个普通的农村孩子，到一名普通的教师，再到今天从事教育科学研究并有所成就，走过的是一条曲折的道路。可以说艰辛和欢乐并存，挫折与成功同在。很多人都问他，创新学习研究取得成功的秘诀是什么？用台湾实践大学教授、国际著名创造学专家陈龙安博士给他的评价再准确不过了："龚春燕老师创新学习科学领域十多年，看的、想的、做的都比别人多，当然就能有他自己的一套，所以他的创新学习真了不起。"其实陈博士话外之音是"勤奋"。的确，勤奋是龚老师一生的财富。

（佚名）

创新学习与教学有效性

新课程实施好多年了，学校教师们普遍感觉困惑：一方面是强调素质教育、个性化发展、能力与技能培养、智能多元化、教材多元化、探索式学习方式、课堂教学的互动等新理念，而另一方面，实实在在的考试评价体系、升学压力却一点也没有松动的迹象，教师和学生们依然背负着沉重的升学压力，不敢有任何的怠慢。双重压力之下，学生的学习负担反而成倍增加，课程改革的实际作用完全违背了其本来的减轻学生负担的基本宗旨。大家颇感困惑，课程改革也步入了形式主义的怪圈。今天龚春燕研究员的讲座中的两个命题：创新学习与有效教学，我认为恰恰切中了当前课程改革的主要矛盾。我尤其欣赏他的三个观点：

第一，创新学（习）、学会（知识）、会学（习）三者形成互为促进、相互依存的三角关系。这一观点，不仅纠正了课程改革中过分强调教学的创新性而忽视基本知识内容学习的错误思想，也进一步明晰了"创新必须以基本知识的积累和学习能力的形成作为基础"这一基本原则。

第二，充分强调了教学的有效性。任何形式的教学，都必须追求效率最大化。无论是讲授式的课堂教学模式，还是探究型学习模式；无论是以训练考试为目的的应试教育，还是以提高学生基本能力的素质教育，在教学有效性这个主题上，都能够得到和谐的统一。而教学的有效性，其实也还包括了学习的有效性，学习有效性就是指"会学习"和"能学习"。因此龚春燕研究员提出的这个"学习三角关系"，我认为应该能够成为破解当前课程改革诸多矛盾问题的理论依据。

第三，教学共同体理论。以前的新课程理念强调了一个转变——从以教师为主体转变成学生为主题，在这样的思想指导下，课堂教学追求以学生自主探究活动为主，有时甚至花费大量的时间，将一个简单的教学问题，互动成极其复杂的课堂讨论，在这样的讨论中，教师似乎成了欲言而不能言的旁观者。教学共同体理论认为：教师、学生、课程、环境是构成教学系统的四个要素，它们形成“共同体”，教学的有效性，其实必须同时考虑四个要素的相互作用。我觉得这个理论比起教师为主的教授式学习模式和以学生为主的探索式学习模式，都更具有实际应用的价值。

总的来说，今天的讲座颇有新意，学员们普遍评价较高。

（厦门教育科学研究院 庄力群）

建设师生共同发展的课堂文化

一周以来的培训，印象最深刻的应当是龚春燕教授的课，讲的是后现代教育，一种对现代化教育的批判与反思。龚教授的课最能触动我的不是那缜密清晰的思维、旁征博引的论证，也不是那激情四射的脸部表情、妙趣横生的比喻，而是那发自内心的对学生的人文关怀。在他的叙述中，我体会到什么是我们应当极力去追求的最为理想化的课堂，那就是能让学生展示自我、发现自我、发展自我的课堂，也就是最有利于学生成长的课堂。他进一步认为，这样的课堂应当是开放的、互动的、问题的、动手的、安全的和情感的。

他的声情并茂的演讲深深地吸引了我。我一边无比崇拜地吸收了他的观点，一边进行思考。最后，我认为他的观点还可以有以下两个发展：

第一，课堂还应当是有文化的，也就是还应当把“提高课堂教学质量”上升到“建设课堂文化”的层次上。我们知道，教育改革最终发生在课堂上，从某种程度上说，课堂是教育改革成败的关键所在。课堂是学校教学的主要场所，课堂学习是学生传承人类文化的基本形式。课堂既是一种研究的趋势，也是提高教学质量的根本所在，甚至专家们也提出了“改革最终发生在课堂上”的观点，所以龚教授不遗余力地提倡课堂教学质量的提高。但是现在教育界更进一步提出的层次是推进课堂文化建设。如何实现课堂文化？上述龚教授的阐述已经涉及许多角度，这里就不一一赘述了。

第二，真正人文关怀的课堂不仅应当以学生的发展为本，还应当关注教师。没有教师的发展，哪有学生的发展？当所有的教师在其教学生涯中，都体会不到由衷的快乐，而是到处都在发出“职业倦怠”之类的抱怨时；当学生的快乐成长建立在教师的痛苦奉献基础上时，这样的课堂难道是人本主义的吗？所以，我更愿意把龚教授的理想课堂描述为：能让学生和教师都展示自我、发现自我、发展自我的课堂，也就是最有利于学生和教师一起成长的课堂。

（厦门市双十中学 陈温柔）

教育评价面临新的变革

2010年11月16日晚，重庆市教育评估院、重庆市基础教育质量监测中心的龚春燕院长就“教育检测与评估”这一研究与我们共同分享了他的见解。龚教授给我们简要介绍了国家中长期教育发展规划，并阐述基于这样一个大的方向指导下如何开展质量监测与评估，强调“提高教育质量是由‘大国’变为‘强国’的关键，监测与评估是提高教育质量的重要措施”。龚教授的讲座，给予我思想极大的冲击，其实自新课程改革以来人们越来越关注课堂评价改革，但有多少人能站在如此高的层面去思考教育评价所面临的变革呢？俗话说：“革新必先革心。”评价改革需要一种正确的观念做引导，才能造就正确的评价方法，从龚教授所介绍的质量监测与统考统测的区别我们可以明确看出，今后的教育教学评价必须注意以下几点：

第一，重视发展，淡化甄别与选拔，关注人的终身发展，体现对人的终极关怀。

第二，注重发展过程，终结性评价与形成性评价相结合，培养终身学习的愿望与能力和科学探究精神。

第三，注重综合评价，实现评价内容的多元化（如目前国际流行的监测工具之一PISA就涵盖阅读、数学、科学等方面的监测与评价）。

第四，强调质性评价、定性与定量相结合，实现评价方法多样化。

第五，本着实事求是的原则，充分依据事实与数据进行价值的判断。

总之，对于我们来说，评价改革工作充满着新的挑战，我们将在这个充满研究魅力的领域，不断探索，不断创新，让它真正成为提高教育质量的重要措施，最终实现我国由“人才大国”向“人才强国”的转变！

（海南省海口市龙峰小学 莫壮宏）

第八部分

每个人都可能成为名师
——写给年轻教师的话

教育部2005年首次编撰的《教育家成长丛书》中20位教育家都是从教育一线干起的，他们“先天”做教师的本事都不高，像魏书生只有初中毕业文凭，其他十位中青年派，基本上是中师或师专毕业。他们之所以能成为名师，其关键是比他人努力一点，读书多一点，思考多一点，并有坚定的理想而已。

一、树立理想：不畏挫折

理想是人生的奋斗目标，是人们对未来的一种有可能实现的想象。理想是超越现实的飞翔，理想不一定全部变为现实，也不一定马上变为现实，但理想使人超越，使人坚持。教育的理想是指导教育行为的精神追求。所有从事教育工作的人都应当树立崇高的教育理想。一名普通的教师想成为全国名师，毋庸置疑，他必须要树立成为名师的远大理想，由理想形成强大的动力，促使其向目标一步步靠近，最终达到目标。朱永新教授对教育与理想关系的论述同样说明了理想力的功能作用：“教育与理想是一对孪生兄弟”。教育是培养人的事业。人是物质与精神的统一体，人不同于其他动物的重要特点是人的精神性。人的精神性注定人不仅仅是为了当下而活着，支撑人活着的往往是理想。我们一直认为，理想是教师的第一个条件，就是要有教育理想。魏书生怀揣着当教师的理想，申请了170多次当教师，尽管当时教师的待遇不好，但正因为有这样的理想，他不顾社会、家庭的反对，毅然选择了当教师。

从学校毕业至今，我始终有自己的追求。为了实现自己的追求，我比他人付出的要多得多。既然选择了教师这个职业，就确立了做有思想的教师理想，于是几乎所有教师课余都打麻将，但我却每天泡在图书馆，借了一批又一批书。我之所以取得较好的成绩，是与“勤奋”分不开的。不论酷暑与寒冬，不论节日与上班，每天晚上都坚持读书、写作到12点或1点，惜时如金，与扑克、麻将无缘。曾经有人问我，忙于繁重的教育研究工作中的我，如何能够挤出时间写出那么多的文章，并且提出创新学习的课题进行深入的研究，最终竟产生了全国性的影响。我当时半开玩笑地回答他：“只要挤，时间总会有的。就像那些小伙子谈恋爱，工作再忙，也能挤出时间来约会或写情书。原因何在？就在于他们思想上重视，心中有个‘她’。”的确，这些年来，我的心中一直从服务基础教育工作出发，大胆设想，勤奋研究，以党的教育方针为指导，不断学习，提高自身理论素养，爱岗敬业，无私奉献，和同志合作，一起探讨着如何更好地把握教育教学中固有的规律，总结出适合中国国情的教育新思想。有了想法，然后团结志同道合的研究者，克服困难，迎接挑战，展开实验研究。苏轼说：“人有悲欢离合，月有阴晴圆缺，此事古难全。”人生不可能样样如意，事业不可能一帆风顺，自参加工作以来，我遇到过一个又一个困难，经受过一个又一个挫折。无论是来自外界还是产生于内心的困扰，我都尽可能用一颗平和、宁静的心去承受、化解，力求最终达到对生活中坎坷烦恼的完全超越、弱化甚至消除消极因素对工作可能产生的干扰。所以，我不但能在一般情况下严谨、认真、负责地对待工作，以一颗平和、宽厚的心对待教育科研，即使在遭遇有人不理解，写信到教育部……反映创新学习的“不实”情况时，我从不怨恨写信的人，倒是认为研究还要更认真，让更多的人了解，并从反面去思考问题，人家也是在关心你，也让它变为我发展的动力。正因如此，我和同志们没有被困难吓倒，没有因实验研究过程中的波折而退缩，终于一步一个脚印走到了今天。

卞小娟老师走上工作岗位——在村小教书，她为自己设置了一个为之奋斗的目标——做一名受学生欢迎的老师，于是她牺牲休息时间，走村串户，利用农村的资源开发教具，提高了课堂效率。年青教师只有设置这样一个个目标，才会不断增强责任意识和使命感，才能不断地进行自我挑战，否则就会走弯路，就会浪费时间及精力。一个优秀的教师，应该天生不安分、会做梦。对于一个优秀的教师来说，教育的每一天都是新的，每一天的内涵和主题都不一样。教师只有具有强烈的冲动、愿望和使命感、责任感，才能提出问题，才会自找“麻烦”，也才能拥有快乐的、幸福的教育生活。有了理想，遇到什么磨难，他都仰视天上的星星——自己的理想，于是有了方向。正因为这样，我应美国等多个国家或地区邀请，在境外做了上百场演讲或报告，推广了创新学习成果。同时，理想还帮助你具有前瞻性。我1997年开始研究创新学习，当时全国研究的人还比较少或没有人研究，但凭着教育的理想，提出创新学习概念，引领了全国创新的研究。国家人力资源与社会保障部编撰全国专业技术人员的培训教材，全国选择33个案例，神七上天、袁隆平杂交水稻等全国重大科研成果被列入其中，创新学习团队也被选入。

二、爱好读书：增益学问

古人云：“凡物静观皆有得”。又说：“于书无所不读，凡物皆有可观。”

从读书到工作，我都脚踏实地、认认真真做好每一件事，并实践着“读书，应该是每一个人的习惯”这句格言。

每一次出差，买回的东西中书是最多的，不仅有教育方面的，还有哲学、传统文化的书籍。20多年来，书架上有6000多册图书。我总结出了一套属于自己的有效的读书方法“读—思—悟”。“买书——读书——写书”成了嗜好。著名思想家王充在《论衡》中写道：“人有知学，则有力矣。”这几千册书，给了我知识，也给了我力量。尤其是细细品读与教育相关的书籍时，就像一脚踏进了理性的原野， 在教育思辨的河流中畅游、思考、感慨……常常是伴着夜来香的幽情， 与教育概念亲吻，细嚼着《外国哲学史》、《中国学习史》与《教育名著精典》，与教育原理对话，在批判、对话中， 领略后现代主义的秀丽风光；在解读教育热点中，阐释“创新学习”、“创新学习评价四边形理论” 与“创新学习与学习型社会建设”、“创新智能教学” 等一系列基本问题。

最近两三年，我读了很多古文化的书，如《论语别裁》、《二十五史》、《易与人类思维》、《大学》、《老子为道》等好几百册，每天都读一点，积淀下来，提高了文学修养，写出了《创新学习赋》：

“天行健兮，以葆常新；地旋疾兮，而载万物。无创造兮，即无进步；有学习兮，乃有更新。伟哉创新，合天地运行之机！大哉学习，破古今慧悟之秘！……尽善兮，宇宙苍穹，创新无止境；尽美兮，乾坤无极，学习无穷期。走实验研究之路，攀理论探索之颠。"

除有字之书外，天地万物皆可读。宇宙就是一本无字大书。静观世间万象，体悟自然法则，思考人生本位，我要不断增益学问，开发智慧，力求领悟对人的生命价值的最深刻的理解，更好地服务于教育科研工作。

有人问我取得一些成绩的秘诀是什么？我总是回答："勤奋"。勤奋是我一生的财富，不论是读书期间，还是在工作的27年中，我都惜时如金，几乎每天都是学习到深夜。我读书不只是简单地了解别人的观点和见解，还尽力把人家的观点融会于心，变成自已的，这大概就是不要死读书吧。有了厚积，自然薄发，迄今为止，我发表的著述已逾600万字。

三、注重思考：淬砺思想

儿时的记忆中，有五个和我一般大的玩伴。农村的孩子善良而淳朴，但又常带一些野性。"金刚雄且壮，终日守山门。我佛慈悲像，端居称世尊。"这是《后西游记》中的偈语。小伙伴之间，和乐平等，无所谓谁尊不尊，可几个小伙伴在玩乐嬉戏中却最听我的话，有争执时也总认为我的意见最公正。现在想来，我虽外表比较文静，但却爱好思索。当彼此发生矛盾时，我的同情与支持相对更为理智，遇事又思考得多一些，小伙伴们就觉得我说的多半有道理而愿意照着去做了。无论遇到什么困难，我总是尽力想办法去克服，要是没有成功，我就再想别的法子。不轻易放弃，凡事多思，这是我孩提时就有的一大特点。记得有一次，我们为了弄清楚"青山寺"200米悬崖上一块突出地方上的"秘密"，大家都想不出既安全又能上去的方法。后来我提议通过拉绳子和拴木凳的方法上去，大家分工合作，终于攀上去了。在后来的教育科研中，我也充分发挥这一特点，凡事多思考，并尽可能地使用逆向思维和发散思维，穷追到底，解决研究过程中的难题。

我在参与"八五"、"九五"研究课题——"学生学习研究"时，积累了大量的素材。但如何深化则成了最大的难题。于是不论是在去偏僻乡村学校的路上，还是在家做饭的时候，我都在思考着实验研究的问题。夜的黑暗总是要被阳光驱散的，长时间的思考后，以培养学生创新学习能力为核心的学习法研究在大脑中闪现，于是有了“创新学习”的初步构想。作为课题组的组长、创新学习的倡导者，我每周都要用3天时间到三所实验学校听课，和教师交流，解答实验中的问题。为了获得更为真切的体验，我常自己上课，探寻有效的实验方法。十几年来，我累积的材料堆成了“小山”，整理材料，提炼成果，让其有可操作性，这是实验研究必须要做的事情。这时，自己用在《易经杂说》中学到的三条原则，即变易、简易、不易来简化自己的研究，归纳出了创新学习研究的宗旨、目标及方法。自己戏对曰：

或问创新学习，魅力何在？其必曰：“法”作书山捷径，“乐”为学海导航。或问创新学习，追求为何？其必曰：令学习充满情趣，让校园成为天堂，“广学为主体，教为主导，疑为主轴，动为主线”，四个为主，乃其核心思想。启疑激思，教之根本，善问敢创，学之愿景；“四导”模式，堪称有效流程。“安全情感，互动开放，问题实践”，六大境界，构筑课堂极致！

27年来，我坚持每天把所感、所思、所悟、所得记下来，日积月累，形成了很珍贵的原始素材。经过多次整理，写了不少的文章。为了让大家更了解创新学习的内涵，我撰写了《创新学习：21世纪的学习观》、《创新学习界定及特征》、《创新学习的哲学思考》、《创新学习再认识》等文章，后来又写了《创新学习的方法》、《创新学习研究与探索》、《创新学习开展的有效途径》、《创新学习的模式》等50多篇论文，出版了《创新学习论》、《创新学习：学习方式的革命》、《创新学习论纲》、《创新智能教学论》、《On in》等专著8部，主编了18部创新学习系列著述和30册从小学到高中的学生实验与综合实践教材。在写作中，我梳理着思想，不断反省，反复思考，追求一种一定要与他人、与过去的我有所不同，反映自己独到的思想创新的境界。

四、追求悟创：成就事业

读书，勤而多思；科研，思中求悟。因思得悟，悟中创新，研究自有成果。

很多人都在感叹“现在有思想的人越来越少”。春秋战国时期，虽然人口很少，却有很多思想家，不少著述流传至今。这些伟大思想的锤炼，是若干次感悟与反省的结果。从1999年开始，我曾多次到境外作学术报告，但每一次我的主题内容都不一样。2002年底，国家教育部和国务院港澳办、台办在北京人民大会堂召开“华夏园丁创新论坛”，我作为唯一的内地专家向大会作题为“创新学习：培养学生创新思维新途径”的学术报告，其主要内容是通过若干案例总结学生思维的一般规律。2003年应美国邀请到芝加哥作了“创新学习”专题报告。关于报告的内容，我思索了很久。讲教育、心理学是不行的，美国是这些学科的发源地。最后我选择从中国博大的古文化中挖掘创新的内容作报告的框架，从中找到创新学习的基础，得到听众的广泛好评。2004年，又应邀赴美国在“世界教育大会”和“教育研究与发展大会”上作专题发言，我运用我的数学基础，写成了论文“创新学习评价四边形理论”，把知识（方法）、环境（机遇）、性格（品质）、思维（问题）四条线段，构成四边形，根据围成图形的有效面积多少来评价创新学习的成效。国外的教育、心理、创造学专家们给予了高度的评价。最近，自己把十几年前研究的20万字的“幻方构造”重新翻出来，认真思考，仔细琢磨，出版了“从幻方构造谈创新学习思维培养”，我在香港为福建中学学生执教研究课时就用了这些内容，效果还不错。

教育科研是教育改革与发展的第一生产力，但教育科研的最大障碍却是推广，这既有教育环境的问题，也有成果自身的问题。创新学习研究也不例外。带着这样的问题，我读了大量的著述并结合实际思考，最终想到通过软件来转化，让更多的老师、学生受益。2002年8月，我主持课题组开发“创新智能教学软件”，简称“I3S”，其目的是在新课程背景下，把创新学习多年研究的成果转化为实际应用技术，为广大教师教学服务。其中的困难是可想而知的，不知熬了多少个通宵，也不知牺牲了多少个节假日。2005年10月完成软件开发，一共有7万多条代码和13G的资源，通过使用，有效提高了教学效率，教师们反映还不错。同时“I3S软件”被国家信息产业部确认为“全国电子推广项目”，被国家科技部、财政部批准为“科技创新基金项目”。软件的开发还需要不断地把成果应用于实践，在实践中感悟，在感悟中修改，无数次的头脑风暴与感悟，才把理论或实践成果转化为编程模块，实现了创新教学的最大优化。

回首过去，心潮澎湃。当初“入行”，有的同行劝我科研工作平凡而枯燥，认为我改行前景当会更好。对此，我却缺乏自信，至今仍觉得自己也许除了读书、写书、勤奋研究之外，别的什么事也干不成。如今的我，年华未老，青春仍在。展望未来，豪情满怀！未来的我，还有许多路要走。关注现在，还有许多事要干。志存高远而又默默耕耘，老老实实保持寡欲平淡，扎根于自己的科研园地，不奢求在追名逐利上有大的收获，只希望在科研与评估工作中能不断取得新的成果，对我而言，这最实在!

作为一个教育者，要有自己的内涵：第一要立志。要树立远大的志向，像陶行知说的人生要做一件大事情。在我们的时代，就是要立志带给世人更好的教育。第二要立功。要有实践，让教育科研与评估成果最大限度地推广开来，服务于我国乃至世界的教育。第三要立言。要勇敢地摈弃那些价值有限、往往成为过眼烟云的各种花样翻新的理论，乐于思考，敢于怀疑，不迷信权威，不断总结提升自己的理论，修正自己的见地，建立无限趋近于永恒的科学的教育学说体系。第四要立德。以极大的勇气承受旧说歧见持有者的攻击和责难，以舍我其谁的气概冲破固有偏见的樊篱，为世人树立为正确思想而斗争的典范。